中国地质大学（北京）珠宝学院
何雪梅工作室珠宝首饰系列丛书

慧眼识宝

珠宝玉石选购鉴赏一本通

何雪梅 主编

GUANGXI NORMAL UNIVERSITY PRESS
广西师范大学出版社
·桂 林·

慧眼识宝
Huiyanshibao

图书在版编目（CIP）数据

慧眼识宝：珠宝玉石选购鉴赏一本通 / 何雪梅主编.
桂林：广西师范大学出版社，2016.7
（中国地质大学（北京）珠宝学院何雪梅工作室珠
宝首饰系列丛书）

ISBN 978-7-5495-8524-3

Ⅰ．①慧… Ⅱ．①何… Ⅲ．①宝石－选购②玉石－
选购③宝石－鉴赏④玉石－鉴赏 Ⅳ．①F768.7②TS933.21

中国版本图书馆 CIP 数据核字（2016）第 162946 号

广西师范大学出版社出版发行

（ 广西桂林市中华路 22 号　邮政编码：541001 ）
　网址：http://www.bbtpress.com
出版人：张艺兵
全国新华书店经销
桂林广大印务有限责任公司印刷
（桂林市临桂县秧塘工业园西城大道北侧广西师范大学出版社集团
有限公司创意产业园　邮政编码：541100）
开本：787 mm × 1 092 mm　1/16
印张：20　　　字数：250 千字
2016 年 7 月第 1 版　　2016 年 7 月第 1 次印刷
印数：0 001~3 500 册　　定价：128.00 元

如发现印装质量问题，影响阅读，请与印刷厂联系调换。

编委会

主 编

何雪梅

参编人员

李 擘	仇龄莉	董一丹	潘 羽	贾依曼	刘 畅
许 彦	苟智楠	陈泽津	李 佳	贺宇强	张 格
张雪梅	王 然	于 帅	吴 帆	陈 晨	张春双
吴璘洁	顾旭楠	郭梦羹

策 划

焦国梁

本书部分编创人员在 CCTV "一槌定音" 鉴宝栏目留影

编者的话

大自然洒下了万千精灵，它们用心经营了一个关于珠宝的梦田，璀璨而珍贵。经过了千万年的静谧时光，珠宝玉石吸取天地的精华，日月的养分，携着一身灿烂展现于世人面前。人们赋予珠宝玉石美丽的身份，臣服于它们神圣的地位，沉醉于它们引领的财富庄园。珠宝玉石也寄托着人类真、善、美的情感，贴近我们的生活。

钻石璀璨夺目，却也充盈着最坚硬的浪漫，它是表达爱意的最佳载体；深沉宁静的祖母绿散发着魅力女神的光芒，为人们带来和谐、安定的气息；美丽的红宝石、蓝宝石秉着神的恩宠给予人类恩典：火焰般的热情和天空般的纯情；散落人间的彩虹仙子幻化成颗颗缤纷的碧玺，而自然的魔术师也创造出了欧泊的色彩传奇；柔美恬静的月光石也以月亮之名，祈祷幸福。

被誉为"玉之君子"的和田玉温润洁白、礼仪众生；葱郁润泽的翡翠也有其端庄身姿，通灵多变；千姿百态的玛瑙和玉髓丰富人们的生活……石的灵韵、美妙、温润，给予人们无限启发和灵感，论古，有老子被褐怀玉、孔子爱玉成痴的典故，说今，更有无数巧夺天工的玉雕作品被世人收藏、仰望。

珠宝玉石灵孕万物，形态迥异，不同的款式也表达出不同的禀性，我们渴望认知它们，正确品鉴它们。珠宝玉石不解饥渴，不畏严寒，每件珠宝背后都有比光芒更动人的故事情节和人文价值。

旧时岁月，珠宝玉石给予我们巨大的的精神财富，而这也源于人们对珠宝玉石倾注的欣赏和信赖。如今，珠宝玉石贴近我们的生活，

陪伴我们迎接喜悦，告别忧伤。未来生活，珠宝玉石会继续散发精灵般的力量，装点我们瑰丽多彩的人生。

　　本书力求既具有一定的科学性和专业性，又兼有一定的文化性和科普性，同时结合当前的珠宝玉石市场情况，选择最常见且具有一定发展潜力的 26 个珠宝玉石品种进行介绍，并附有珠宝玉石中英文名称对照、国外著名珠宝品牌、常见宝石的主要产地、珠宝玉石商业用语、生辰石与生辰玉等一览表，采用丰富多彩的图片展示，尽可能以简练而通俗的语言准确描述各种珠宝玉石的鉴别特征及评价标准，书中的每个数据与参数均参照国家标准及国际经典的宝石学教科书，每个宝石品种的描述也尽可能符合市场表现，希望本书既可作为专业人士的工具书，也可作为普通消费者学习珠宝玉石知识的进阶书。

　　在本书的编写过程中，华彩玉品（北京）文化传播有限公司焦国梁先生及美术编辑张蔷女士给予了大力支持，国际彩色宝石协会（ICA）、安德首饰公司（ANDE Jewelry Inc.）、玉神公司、熙润堂、祥云阁、一品一珠宝公司等为本书提供了部分精美图片，鲁智云、陈孝华、潘彦枚、李珊珊、金芯羽等参与了本书的校对工作，在此一并表示衷心的感谢！

何雪梅

2016 年 3 月

目 录

宝石之王

Diamond

钻石

"钻石恒久远，一颗永流传。"在宝石家族中，钻石因其纯洁美丽的外观、坚硬稳定的性质、最高比例的珠宝贸易额以及深厚的历史文化寓意而成为当之无愧的"宝石之王"。

钻石，英文名称 Diamond，源于希腊文金刚——Adamas，意为"无可征服"。从古至今，这种诞生于地壳深处、在高温和高压的煎熬下勇敢结晶而成的美丽石头一直深受人们的青睐。钻石是已知宝石矿物中唯一由单一碳元素组成的晶体，所以被视为纯洁的象征。

标准圆钻琢型钻石

钻石的矿物名称为金刚石，以坚硬耐久而闻名于世，是神秘、力量、勇气和无敌的化身。钻石叙写了高尚与邪恶并存的古老传说，见证了拥有与背弃的莫测爱情，甚至左右了辉煌与落寞交替的沧桑帝国。钻石是坚贞不渝婚约的象征，权力与财富的化身，传递真挚情感的纽带，被誉为四月的生辰石和结婚 60 周年的纪念石。

目前世界上有 30 多个国家发现钻石矿床，其中南非、扎伊尔、安哥拉、博兹瓦纳、纳米比亚、俄罗斯、澳大利亚和加拿大等为钻石的重要产地。

钻石的基本特征

钻石之所以能够长盛不衰、一直处于珠宝贸易的"恒久"霸主地位，与其自身的性质密不可分。

钻石基本特征一览表

矿物名称	金刚石
化学成分	C，可含有 N、B、H 等微量元素
结晶状态	晶质体——等轴晶系
颜色	无色—浅黄（褐、灰）色系列：无色、淡黄、浅黄、浅褐、浅灰色 彩色系列：由浅及深的黄、橙黄、绿、蓝、粉红、紫红、红、黑色
光泽	金刚光泽
透明度	透明
光性特征	均质体，偶见异常消光
色散值	0.044
折射率	2.417
相对密度	3.52
摩氏硬度	10
紫外荧光	无至强，蓝、蓝白、红、黄和黄绿；可见磷光
吸收光谱	415nm、453nm、478nm、594nm 吸收线； 无色至浅黄色钻石：415nm；褐至绿色钻石：504nm 处有一条吸收窄带

钻石的特性

除了具有人们所熟知的一系列常规宝石学性质外，钻石还具有一些特性，可在选矿、鉴定、加工及工业领域中得以应用。

◆ 钻石的亲油性

钻石对油脂具有较强的亲和性，这一性质被运用于钻石的分选和回收工作中（即在涂满油脂的传送带上可将钻石从矿石中分离出来）。

◆ 钻石的导热性

钻石是极好的热导体，热导率为 870w/(m·k) ～ 2010w/(m·k)，比大部分仿制品具有更好的导热性，因此可以用热导仪来鉴定钻石。

◆ 钻石的导电性

纯净的钻石是不导电的绝缘体，但当钻石中含有硼时会产生自由电子，使其成为半导体。

◆ 钻石的化学稳定性

钻石十分稳定，可抵抗各种化学腐蚀。一般情况下，钻石不溶于强酸和强碱，加工钻石时常用王水进行清洗钻石毛坯。

◆ 钻石的解理

钻石具有平行 {111} 方向的四组中等解理，加工钻石时能够将钻石劈开正是利用了这一特性。

钻石的经验鉴定

钻石的基本性质和特性有别于其他宝石，因而可以在一定情况下凭借经验进行鉴定。

◆ 观察晶形与颜色

钻石晶体多为透明的单晶，其形态常见八面体、菱形十二面体和立方体单形，也有一些双晶或聚形。由于熔蚀作用，自然界实际产出的钻石晶形常呈浑圆状或歪晶，并且晶面上常常留有蚀像（如八面体晶面上可见倒三角形的凹坑蚀像，菱形十二面体晶面上可见线理或显微圆盘状花纹）。

钻石晶体

自然界产出的钻石绝大多数为无色－浅色系列的单晶，彩色系列单晶钻石非常稀少，而黑色钻石常为多晶集合体。

◆ 观察光泽与火彩

在天然无色透明宝石矿物中，钻石具有最大的折射率值，因此切磨抛光良好的钻石具有很强的金刚光泽，有别

钻石晶面特征

于其他无色透明宝石的亚金刚光泽、玻璃光泽等。

钻石具有高折射率和高色散值，因此在切磨比例适当时，钻石会呈现出特殊的五光十色、柔和自然的火彩。但是合成立方氧化锆、人造钛酸锶、合成金红石等钻石仿制品因为也具有很高的折射率和色散会出现类似于钻石的火彩，但其"火彩"要么过于刺眼，要么显得苍白不自然，可据此进行识别。

钻石及仿制品的火彩

◆ 哈气实验

对钻石表面哈气，因其热导率高，钻石表面的水汽会很快消失。

◆ 线条试验

将宝石台面向下放在一张画有黑线的纸上，如果是钻石则看不到纸上的黑线；若能看到黑线，则说明是其他折射率较低的钻石仿制品。

◆ 托水性试验

将小水滴点在宝石台面上，若水滴能在宝石表面保持很长时间，则说明是钻石；若水滴很快散开，则说明是钻石的仿制品。

◆ 亲油性实验

油性墨水笔在钻石表面划过时，可留下清晰而连续的线条；而对于钻石仿制品，油笔划过则为不连续的小液滴定向排列。

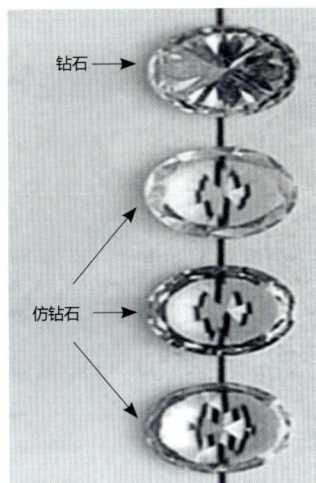

线条实验

钻石与相似宝石的鉴别

钻石具有很高的导热性，因此可以利用热导仪进行鉴别除合成碳硅石（又称"莫桑石""美神莱"）以外的仿制品，并可利用电子克拉天平检测宝石的相对密度值进行鉴别。天然宝石中，无色的蓝宝石、尖晶石、托帕石、水晶、尖晶石等与钻石外观相似，但其折射率均低于钻石；在人工合成宝石中，合成碳硅石、合成立方氧化锆、铅玻璃、人造钇铝榴石、人造钆镓榴石、人造钛酸锶等常用来仿钻石，其折射率与钻石的相近，某些宝石的色散也高于钻石，但往往其硬度低于钻石，可以进行鉴别。

【小贴士】合成碳硅石也具有很好的导热性，因此导热性不能成为钻石区别于其他一切仿制品的特征。

钻石的内部通常会含有一定的矿物包裹体（如橄榄石、石榴石、石墨和透辉石等）、生长结构等天然信息，因此可以通过 10 倍放大镜或显微镜观察内外部特征包裹体来鉴别钻石及其仿制品。放大观察时，可发现大多数的钻石都含有特征的包裹体，如细小矿物点状颗粒、形似羽毛的小裂隙、细小裂纹深入内部而形成的须状腰，以及内凹原始晶面、破口、击痕等。质量上乘的钻石，其包裹体特征在 10 倍放大镜下不易见或不可见。

钻石内部的羽状裂隙

钻石内部的红色石榴石包裹体

钻石内部的透明矿物包裹体

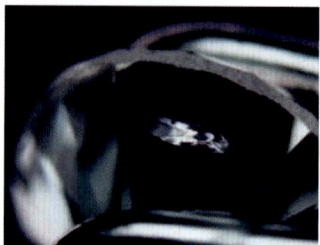
钻石内部的面状裂隙

钻石的硬度较高，加工质量要求也高，所以钻石的棱线都很平直、锐利、清晰，切磨比率适中，修饰度好。若钻石在加工时腰部不抛光，腰围及其附近常保持原始晶面，可发现三角形、阶梯状生长纹等。

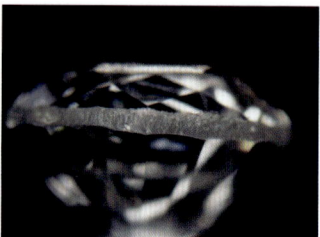
钻石的须状腰

钻石腰部的内凹原始晶面

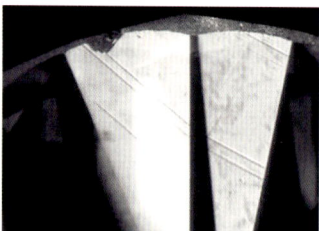
钻石腰部的破口、生长纹

目前市场上常见与钻石相似的无色宝石鉴别特征

名　称	偏光性	色散	摩氏硬度	折射率	相对密度	放大检查
钻　石	均质体	0.044	10	2.417	3.52	表面光洁，棱尖锐，可见矿物包裹体
合成立方氧化锆	均质体	0.060	8.5	2.150	5.8	内部洁净
铅玻璃	均质体	0.031	5～6	1.470～1.700	2.5～4.5	内部洁净，可见气泡
合成碳硅石	非均质体	0.104	9.25	2.65～2.69	3.22	可见点状、丝状包裹体
水　晶	非均质体	0.013	7	1.544～1.553	2.65	不规则排列气液两相包裹体及矿物包裹体
托帕石	非均质体	0.014	8	1.619～1.627	3.53	气态包裹体或两种互不混溶的液态包裹体
蓝宝石	非均质体	0.018	9	1.762～1.770	4.00	絮绺状白色液态包裹体和指纹状包裹体
碧　玺	非均质体	0.017	7～8	1.624～1.644	3.06	管状包裹体密集平行排列；裂隙发育
尖晶石	均质体	0.020	8	1.718	3.60	小八面体单个存在或密集形成指纹状

合成及优化、处理钻石的鉴别

由于天然钻石的稀少性，市场上也有一些合成钻石和优化处理的钻石出现。合成钻石通常是采用高温高压（HPHT）法和化学气相沉淀（CVD）法合成的，优化处理钻石主要有改善颜色的辐照、镀膜处理类型和改善内部净度的激光打孔、裂隙充填处理类型。

对于合成钻石主要从其晶形、异常双折射、发光性、内部包裹体和特征吸收光谱等方面进行鉴别。HPHT 法合成钻石晶形多为"塔型"，CVD 法合成钻石晶形为片状，而天然钻石多为八面体晶形。

HPHT法合成钻石晶形
HPHT法合成钻石剖面
CVD法合成钻石晶形
天然钻石晶形

合成钻石与天然钻石

　　HPHT 法和 CVD 法均具有异常双折射、磷光。其中HPHT 法合成钻石阴极发光分布呈几何图形，放大检查可见触媒金属包裹体沿内部生长区间的边界分布，大多数具有磁性；CVD 法合成钻石阴极发光分布不同于天然钻石和 HPHT 法合成钻石，放大检查可见倾斜密集生长纹，偶见点状包裹体，具特有的光谱特征。优化、处理钻石的

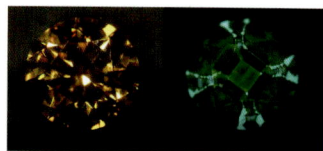

HPHT 合成黄色钻石荧光

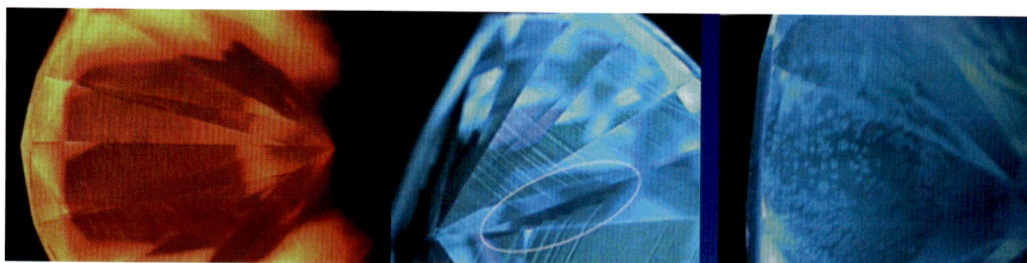

CVD 合成钻石内部包裹体

鉴定重点在于放大检查，并结合光谱特征进行甄别。

　　激光打孔的钻石放大检查可见内部白色、管状物和钻石表面的发丝现象和圆形开口；充填处理钻石可见充填裂隙处呈现的闪光效应，暗域照明下呈橙黄或紫至紫红、粉红色等闪光，亮域照明下呈蓝至蓝绿、绿黄、黄色等闪光，充填物中可有残留气泡流动构造和细小裂隙；镀膜处理的钻石可见云雾状纹或有薄膜脱落现象，用小刀或针尖可将薄膜刮掉；辐照处理的彩色钻石在显微镜下油浸观察时，可见亭部有色带、色斑或亭部钻尖处有伞状暗影。

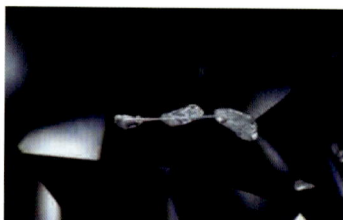

激光打孔钻石

充填处理钻石（左：处理前，右：处理后）

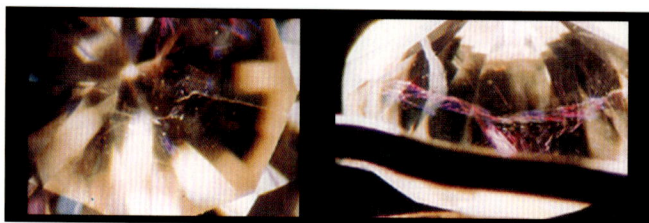

充填处理钻石的闪光效应

辐照处理后的钻石

钻石的评价

购买钻石前需了解钻石的优劣，才能做到有的放矢，买到心仪的钻石。

钻石按照颜色可分为两个系列，下面分别进行介绍：

◆ 无色 - 浅黄色系列钻石

国际上使用 4C 分级体系对该系列钻石进行评价，指的是从颜色 (Color)、净度 (Clarity)、切工 (Cut)、克拉重量 (Carat Weight) 四个方面，对钻石进行综合评价而确定其价值，并取这四个要素的英文首字母而命名为"4C"。

国际上比较有影响的钻石分级机构有：GIA——美国宝石学院、CIBJO——国际珠宝联合会、HRD——比利时钻石高层议会等等。我国参照这些机构的分级标准制定的最新钻石分级国家标准（GB/T16554-2010）也基本遵循 4C 原则，但与其略有差异。

颜色（Color）

不同国家或地区对钻石颜色级别有着不同的表示方法，总体来说，颜色级别的划分体系大致有 3 种：GIA 体系、欧洲体系和中国体系。无论哪种颜色分级体系，钻石颜色越白，其价值越高，而且颜色每上升一个级别，价格呈几何倍数增长。颜色分级需要在无阳光直射的室内环境中、由专门技术人员进行操作，需要使用比色石或仪器等专业工具才能够科学准确地确定钻石的颜色级别。

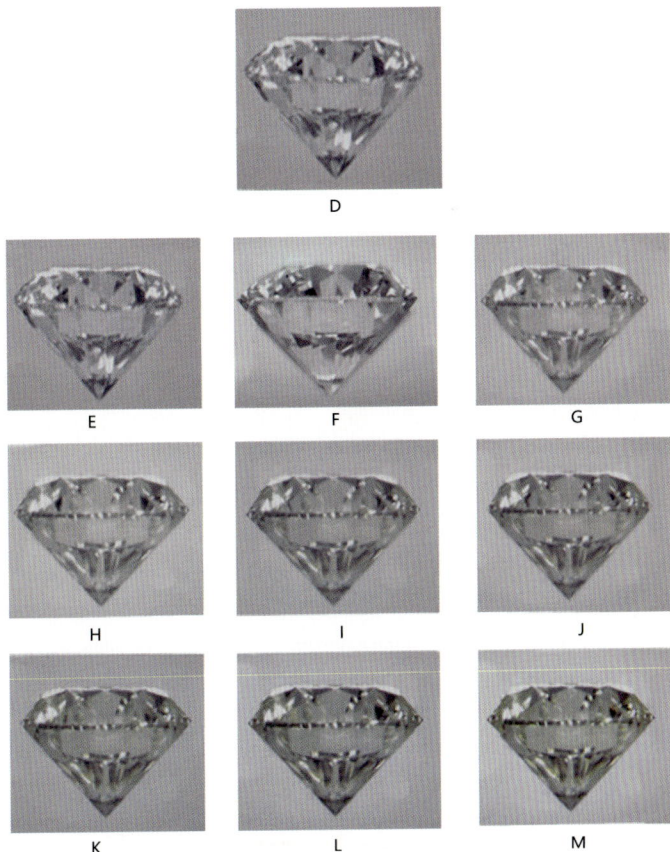

无色 - 浅黄色系列钻石的颜色对照表

【小贴士】在非标准光源的自然光下观察，蓝白色荧光会提高钻石的色级，但过强会影响钻石的透明度。

各颜色分级体系及特征对照表

GIA 体系	欧洲体系	中国体系 （GB/T 16554-2010）		特征
D	Exceptional white+ （极白 +）	D	100	纯净无色，极透明，可见极淡的蓝色
E	Exceptional white （极白）	E	99	纯净无色，极透明
F	Rare white + （优白 +）	F	98	任何角度观察均为无色透明
G	Rare white （优白）	G	97	1ct 以下的钻石从冠部、亭部观察均为无色透明，1ct 以上的钻石从亭部观察显示似有似无的黄（褐、灰）色调
H	White （白）	H	96	1ct 以下的钻石从冠部观察看不出任何颜色色调，从亭部观察，可见似有似无的黄（褐、灰）色调
I	Slightly tinted white （微黄白）	I	95	1ct 以下的钻石冠部观察无色，亭部观察呈微黄（褐、灰）色
J		J	94	1ct 以下的钻石冠部观察近无色，亭部观察呈微黄（褐、灰）色
K	Tinted white （浅黄白）	K	93	冠部观察呈浅黄（褐、灰）白色，亭部观察呈很浅的黄（褐、灰）白色
L		L	92	冠部观察呈浅黄（褐、灰）色，亭部观察呈浅黄（褐、灰）色
M	Tinted colour （浅黄）	M	91	冠部观察呈浅黄（褐、灰）色，亭部观察带有明显的浅黄（褐、灰）色
N		N	90	从任何角度观察钻石均带有明显的浅黄（褐、灰）色
O—Z		<N	<90	明显的黄（褐、灰）色

净度（Clarity）

钻石的净度分级是指在 10 倍放大镜下，对钻石的内部和外部特征进行等级划分。

钻石的内部特征是指包含或延伸至钻石内部的天然包裹体、生长痕迹和人为造成的缺陷，如矿物包裹体、羽状纹、内部纹理和激光孔等；

钻石的外部特征是指暴露在钻石外表的天然生长痕迹和人为造成的缺陷，如原始晶面、表面纹理、抛光纹等。

根据钻石的内外部特征（包括其位置大小、数量、可见度和对钻石美观、寿命的影响），我国国标（GB/T1655-2010）将钻石的净度分为 LC、VVS、VS、SI、P 五个大级别，又细分为 FL、IF、VVS1、VVS2、VS1、VS2、SI1、SI2、P1、P2、P3 共 11 个级别，详见"我国国标（GB/T1655-2010）钻石净度级别及特征"表。钻石的内、外部特征越少，钻石的净度级别越高，其价值相对也就越高。

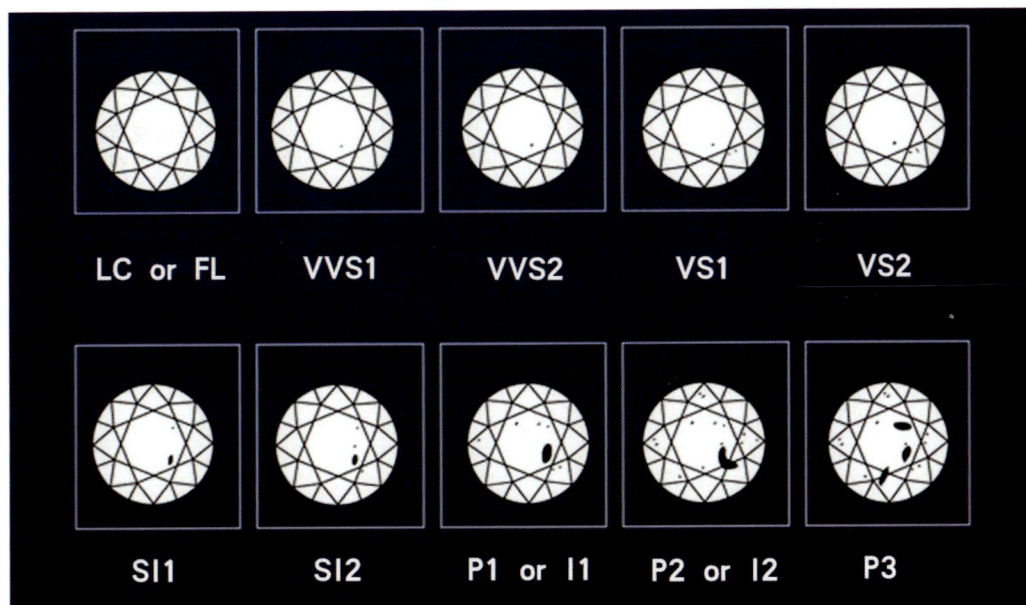

10 倍放大镜下各个净度级别的钻石

我国国标（GB/T1655-2010）钻石净度级别及特征

净度级别		特征
LC	FL	10 倍放大镜下，未见钻石具内、外部特征
	IF	10 倍放大镜下，未见钻石具内部特征，或可见极轻微外部特征，经轻微抛光后可去除
VVS	VVS1	钻石具极微小的内、外部特征，10 倍放大镜下极难观察
	VVS2	钻石具极微小的内、外部特征，10 倍放大镜下 很难观察
VS	VS1	钻石具细小的内、外部特征，10 倍放大镜下难以观察
	VS2	钻石具细小的内、外部特征，10 倍放大镜下比较容易观察
SI	SI1	钻石具明显的内、外部特征，10 倍放大镜下容易观察
	SI2	钻石具明显的内、外部特征，10 倍放大镜下很容易观察
P	P1	钻石具明显的内、外部特征，肉眼可见
	P2	钻石具很明显的内、外部特征，肉眼易见
	P3	钻石具极明显的内、外部特征，肉眼极易见并可能影响钻石的坚固度

切工（Cut）

切工在钻石的品质评价中同样占有重要的地位，只有经过精良的切割，钻石才能充分地展示出其美丽的颜色、亮度和火彩，达到璀璨夺目的效果。

切工分级是指通过测量和观察，从比率和修饰度两个方面对钻石加工的工艺完美性进行等级划分。钻石切工分级的对象主要针对标准圆钻型切工的钻石，也适用部分花式切工。

钻石的花式切工

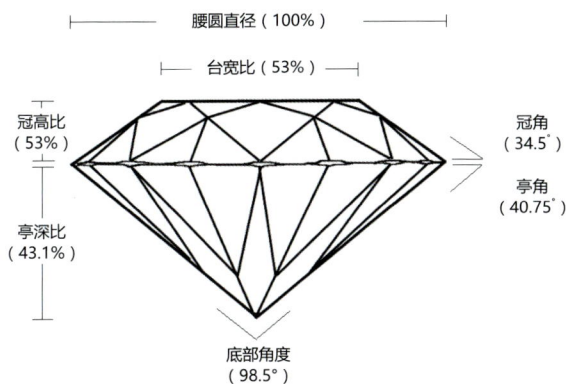

钻石完美的加工比率值

腰圆直径（100%）

台宽比（53%）

冠高比（53%）

亭深比（43.1%）

冠角（34.5°）

亭角（40.75°）

底部角度（98.5°）

切工的比率包括台宽比、冠高比、腰厚比、亭深比、全深比、底尖比、星刻面长度比、下腰面长度比等方面。切工级别按各比例情况可分为极好（Excellent，简写为 EX）、很好（Very Good，简写为 VG）、好（Good，简写为 G）、一般（Fair，简写为 F）、差（Poor，简写为 P）五个递减的级别。

修饰度分级包括对称性分级和抛光分级，以对称度和抛光分级中的较低级别为修饰度级别，分为同比率相同的五个级别。根据比率级别和修饰度级别可以得出钻石的切工级别。

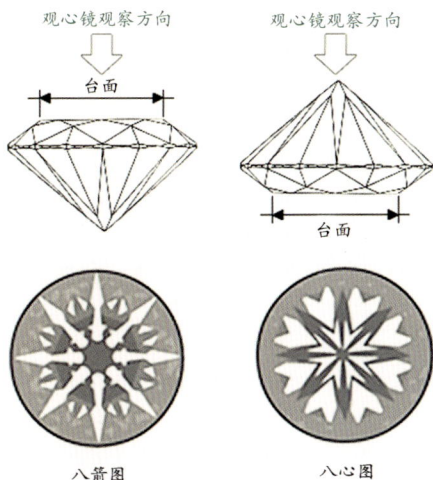

观心镜观察方向

台面

观心镜观察方向

台面

八箭图

八心图

钻石的"八箭八心"

【小贴士】市面上有人以是否能观察到"八箭八心"来衡量钻石切工的好坏，事实上，"八箭八心"属于标准切工范畴内的一种，只是钻石商家为切工打造的一种概念。值得说明的是，"八箭八心"必须通过专用的"观心镜"才能观察到。

钻石的切工级别表

切工级别		修饰度级别				
		极好 EX	很好 VG	好 G	一般 F	差 P
比率级别	极好 EX	极好	极好	很好	好	差
	很好 VG	很好	很好	很好	好	差
	好 G	好	好	好	一般	差
	一般 F	一般	一般	一般	一般	差
	差 P	差	差	差	差	差

克拉重量（Carat Weight）

"克拉 (Carat，简写为 ct)" 是国际通用的的宝石质量单位，1 克拉 =0.2 克。抛光钻石的质量用 "克拉" 来表示时，要求精确到小数点后两位，第三位八舍九入，如 0.998ct

重 量：	0.25ct	0.5ct	0.75ct	1ct	1.5ct	2ct	3ct	4ct	5ct
圆形	4.1 mm	5.1 mm	5.8 mm	6.4 mm	7.4 mm	8.1 mm	9.3 mm	10.2 mm	11 mm
公主方形	3.5 mm	4.4 mm	5 mm	5.5 mm	6.4 mm	7 mm	8 mm	9 mm	9.5 mm
祖母绿形	4.5x3 mm	5.5x4 mm	6x4.5 mm	6.5x5 mm	7.5x5.5 mm	8.5x6 mm	9.5x7 mm	10.5x7.5 mm	11.5x8.5 mm
方祖母绿形	3.7 mm	4.4 mm	5 mm	5.5 mm	6.4 mm	7 mm	8.1 mm	9 mm	9.6 mm
马眼形	6.5x3 mm	8.5x4 mm	9.5x4.5 mm	10.5x5 mm	12x6 mm	13x6.5 mm	14x7 mm	16x8 mm	17x8.5 mm
椭圆形	5x3 mm	6x4 mm	7.5x5 mm	8x5.5 mm	9x6 mm	10.5x7 mm	11.5x7.5 mm	13x8.5 mm	14x9.5 mm
雷帝恩形	3.5x3 mm	5x4.5 mm	5.5x5 mm	6x5.5 mm	7x6 mm	7.5x7 mm	8.5x7.5 mm	9.5x8.5 mm	10x9 mm
梨形	5.5x3.5 mm	7x4.5 mm	8x5 mm	8.5x5.5 mm	10x6.5 mm	10.5x7 mm	12.5x8 mm	13.5x9 mm	15x10 mm
心形	4.2 ct	5.4 ct	6.0 ct	6.7 ct	7.6 ct	8.3 ct	9.5 ct	10.3 ct	11 mm
垫形	4x3.5 mm	5x4.5 mm	6x5 mm	6.5x5.5 mm	7.5x6.5 mm	8x7 mm	9x8 mm	10x8.5 mm	10.5x9 mm

钻石直径与克拉重量的关系对照表

应记为 0.99ct；而 0.999ct 则可记为 1.00ct。

克拉重量对评价钻石的价值具有很重要的意义，在颜色、净度、切工相同的情况下，钻石质量越大，则其越稀有，价值就越高。但是钻石的价格与重量之间并不是简单的正相关关系，而是具有克拉溢价的特点，即一般以半克拉或整克拉为界点，钻石的克拉单价呈几何倍数增长。一般是遵循重量平方原则：

钻石价格=（重量）^{2}× 基础价 × 市场系数

由此可见一颗 2 克拉的钻石要比两颗 1 克拉的钻石要贵。需要说明的是，重量平方原则只是一个粗略的估计，钻石的价格还要受到供给情况和市场环境等因素的影响。

◆ 彩钻的分级

钻石最常见的颜色是无色至浅黄色，除此之外，品质达到宝石级的有色钻石被称为彩色钻石 (简称彩钻)，如黄色、绿色、蓝色、粉红色、橙色、红色、紫色、黑色等彩色钻石。

彩色钻石是世界上十分罕见的钻石，据不完全统计，每 10 万颗宝石级钻石中才可能有一颗彩色钻石，产出概率仅为 1/100000。

各种颜色的裸钻

彩色钻石的魅力主要源于其独特稀有的色泽，因此，与无色钻石分级相比较，彩色钻石分级更注重的评价因素是颜色，也就是说，彩色钻石的价值主要由钻石颜色的稀有性及其颜色的浓艳程度来确定（即彩色钻石的颜色越罕见、颜色越浓艳，其价值也就越高），而净度、切工与重量等评价因素则退为其次。当然，同种颜色等级的彩色钻石，净度、切工与重量等级越高者价值也越高。

由于彩色钻石的分级在实际操作过程中尚有难度，所以至今未有成熟的分级体系。彩色钻石的净度、切工与重量可参照无色钻石的分级标准进行评价，而彩色钻石的颜色，目前，在商业上通常被划分为如下九个等级：

（1）微色（faint）：颜色色调似有似无；

（2）微浅色（very light）：可以看出颜色色调；

（3）浅色（light）：颜色很浅；

（4）淡彩色（fancy light）：颜色浅，有一定的饱和度和亮度；

（5）中彩色（fancy）：具有中等饱和度和亮度的颜色；

（6）暗彩色（fancy dark）：具有较高饱和度和较低亮度的颜色；

（7）浓彩色（fancy intense）：具有较高饱和度和一定亮度的颜色；

（8）深彩色（fancy deep）：具有高饱和度和中等亮度的颜色；

（9）艳彩色（fancy vivid）：具有高饱和度和高亮度的颜色。

彩色钻石中，黄色系列钻石数量较多，因此其价值相对较低；而稀有的红色系列钻石价值最高；蓝色与绿色系列钻石次之；黑色钻石的价值最低。

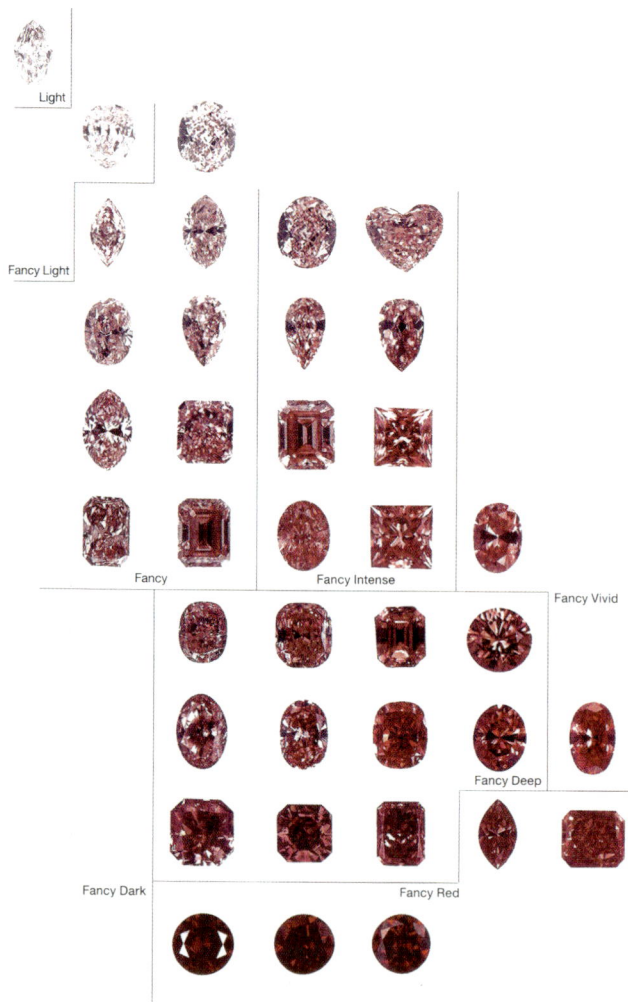

GIA 美国实验室粉 - 红钻分级标准样本

橙色钻石

蓝色钻石戒指

钻石的选购

　　钻石的美丽深入人心，钻石所寄托的感情象征也使得钻饰成为人们在恋爱结婚时的必备之选。但是在市场上，仍然有一些无良商家在进行虚假宣传，蒙蔽缺乏专业知识的消费者，因此在选购钻石时一定要谨慎小心。

◆ 请商家出具鉴定证书

　　普通消费者仅凭肉眼无法辨别钻石的真假，除了运用钻石的经验鉴定之外，在购买钻石时一定要请商家出具权威的检验证书，以保证购买的钻石是真正的天然钻石，以防止买到的是合成钻石、钻石仿制品以及优化处理的钻石。

　　目前比较权威的国际证书有 GIA（美国宝石学院）、HRD（比利时钻石高层议会）、IGI（国际宝石学院）等出具的证书，国内权威的检测机构为 NGTC（国家珠宝玉石质量监督检验中心）。证书中会标注钻石的 4C 等级，级别越高的钻石价值越高，级别很低而且设计死板、做工粗糙的钻石饰品价值相对较低。

GIA、IGI、HRD、NGTC 钻石分级证书

【小贴士】 但是要特别注意证书与钻石是否匹配，防止商家偷梁换柱。

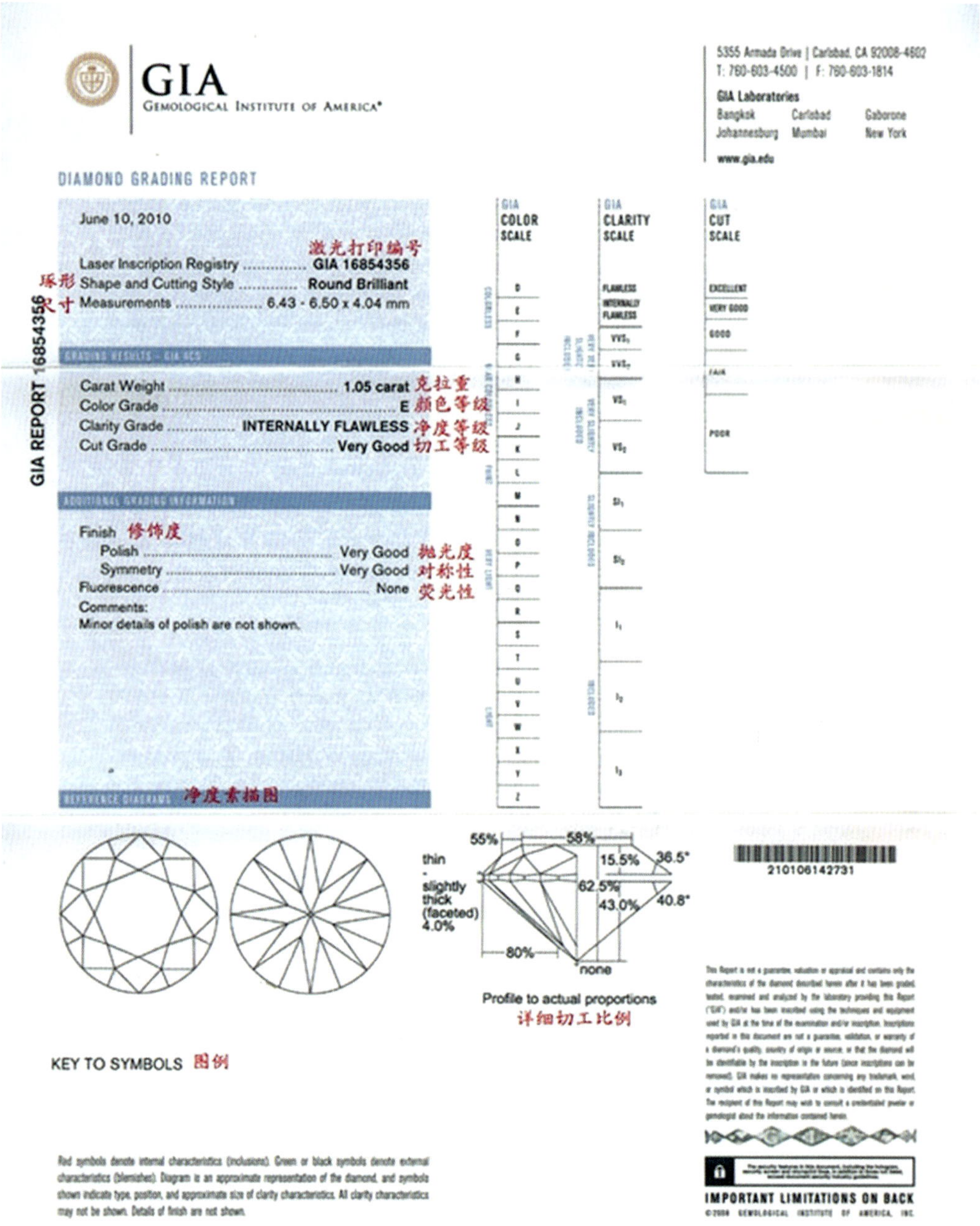

GIA
GEMOLOGICAL INSTITUTE OF AMERICA®

5355 Armada Drive | Carlsbad, CA 92008-4602
T: 760-603-4500 | F: 760-603-1814

GIA Laboratories
Bangkok Carlsbad Gaborone
Johannesburg Mumbai New York

www.gia.edu

DIAMOND GRADING REPORT

GIA REPORT 16854356

June 10, 2010

激光打印编号
Laser Inscription Registry .... GIA 16854356
琢形 Shape and Cutting Style .... Round Brilliant
尺寸 Measurements .... 6.43 - 6.50 x 4.04 mm

GRADING RESULTS – GIA 4CS

Carat Weight .... 1.05 carat 克拉重
Color Grade .... E 颜色等级
Clarity Grade .... INTERNALLY FLAWLESS 净度等级
Cut Grade .... Very Good 切工等级

ADDITIONAL GRADING INFORMATION

Finish 修饰度
Polish .... Very Good 抛光度
Symmetry .... Very Good 对称性
Fluorescence .... None 荧光性
Comments:
Minor details of polish are not shown.

REFERENCE DIAGRAMS 净度素描图

GIA COLOR SCALE: D E F G H I J K L M N O P Q R S T U V W X Y Z

GIA CLARITY SCALE: FLAWLESS, INTERNALLY FLAWLESS, VVS_1, VVS_2, VS_1, VS_2, SI_1, SI_2, I_1, I_2, I_3

GIA CUT SCALE: EXCELLENT, VERY GOOD, GOOD, FAIR, POOR

55% 58% 15.5% 36.5°
thin - slightly thick (faceted) 4.0%
62.5% 43.0% 40.8°
80% none

Profile to actual proportions
详细切工比例

210106142731

KEY TO SYMBOLS 图例

Red symbols denote internal characteristics (inclusions). Green or black symbols denote external characteristics (blemishes). Diagram is an approximate representation of the diamond, and symbols shown indicate type, position, and approximate size of clarity characteristics. All clarity characteristics may not be shown. Details of finish are not shown.

This Report is not a guarantee, valuation or appraisal and contains only the characteristics of the diamond described herein after it has been graded, tested, examined and analyzed by the laboratory providing this Report ("GIA") and/or has been inscribed using the techniques and equipment used by GIA at the time of the examination and/or inscription. Inscriptions reported in this document are not a guarantee, validation, or warranty of a diamond's quality, country of origin or source, or that the diamond will be identifiable by the inscription in the future (since inscriptions can be removed). GIA makes no representation concerning any trademark, word, or symbol which is inscribed by GIA or which is identified on this Report. The recipient of this Report may wish to consult a credentialed jeweler or gemologist about the information contained herein.

IMPORTANT LIMITATIONS ON BACK
©2008 GEMOLOGICAL INSTITUTE OF AMERICA, INC.

GIA 钻石分级证书

◆ 关注彩钻的颜色

在选购彩钻时，要注意钻石颜色的成因（天然色或改色）、等级。颜色艳丽、饱和度较高的彩钻非常罕见，因此价格不菲。

【小贴士】如果彩钻的颜色十分艳丽价格却相对很低，那就一定要提高警惕，验明商家话语的真实性。

◆ 注重钻饰的款式设计及镶嵌工艺

钻饰的设计、镶嵌工艺水平同样会影响钻石饰品的价值，因此在购买钻饰的时候要细心观察金属是否有毛边、凹痕，以及镶爪是否牢固、配石是否脱落等。

粉色钻石戒指

黄色钻石耳坠

钻石戒指

◆ 钻石的保养

虽然钻石的性质很稳定不易划伤，但是钻石的许多特性要求消费者在佩戴的时候应当注重保养，以使钻饰能够常戴常新。

钻石具有亲油性，佩戴时应尽量避免油污和有机溶剂，如果沾上了油脂或污垢，可将钻石放在溶有中性清洁剂的温水中浸泡 10~15 分钟，然后用牙刷轻轻刷洗，最后用干净的无棉绒布擦干，切忌将钻石直接放在水龙头下清洗，以免水的冲刷力使宝石脱落丢失。

有条件的话可将钻饰定期拿到珠宝店用专业的设备进行清洁保养，有小碎钻的首饰尽量避免用超声波清洗，防止碎钻脱落。

钻石的热膨胀系数极低，突然加温或者冷却对钻石的影响不大，但钻石在有氧的环境中加热到 650℃将开始缓慢燃烧并转变为二氧化碳气体。同时，若钻石中含有热膨胀性较大的矿物包裹体或者裂隙时不宜加热，否则会导致钻石破裂，所以高温作业条件下请勿佩戴钻石。

在平时佩戴钻饰时，应注意避免重击，定期查看镶爪是否松脱磨损。

不佩戴时，应注意将钻饰与其他首饰分开独立存放，以免钻石剐蹭其他硬度较低的宝石。

绿色宝石之冠

Emerald

祖母绿

祖母绿自古就是最珍贵的宝石之一，其名称源自波斯语 Zumurud(绿宝石)，后演化成拉丁语 Smaragdus，而后英文拼写为 Emerald, 汉语名称则为波斯语的音译。

祖母绿因其独具魅力的绿色及稀少程度，位于世界五大名贵宝石之列，被誉为"绿色宝石之冠"。祖母绿是 5 月生辰石，也是结婚 55 周年的纪念石，象征着春意盎然、生机勃发、平安与幸福。

祖母绿的主要产地有哥伦比亚、巴西、津巴布韦、俄罗斯、赞比亚、南非、印度等。

祖母绿晶体

祖母绿的特征性质

祖母绿是一种含铍铝的硅酸盐，因含致色元素铬离子及钒离子而呈现出柔和浓郁的绿色，属于绿柱石家族中最"高贵"的一员。

祖母绿基本特征一览表

矿物名称	绿柱石
化学成分	$Be_3Al_2Si_6O_{18}$，可含有 Cr、Fe、Ti、V 等元素
结晶状态	晶质体——六方晶系
颜色	浅至深的绿色、蓝绿色、黄绿色
光泽	玻璃光泽
透明度	透明至半透明
光性特征	非均质体——一轴晶，负光性
色散值	0.014
多色性	中等至强的二色性：蓝绿 - 黄绿
折射率	1.577 ～ 1.583；双折射率：0.005 ～ 0.009
相对密度	2.72
摩氏硬度	7.5 ～ 8
紫外荧光	惰性；偶见弱，红、橙红
吸收光谱	683nm、680nm 强吸收线；662nm、646nm 弱吸收线；630 ～ 580nm 部分吸收带；紫光区全吸收
特殊光学效应	猫眼效应（少见）；星光效应（罕见）

祖母绿的特殊品种

除常见的祖母绿外，根据其特殊光学效应和特殊现象，祖母绿还有三个特殊品种。

常见祖母绿戒面

◆ 祖母绿猫眼（Eye's Emerald）

当祖母绿内部含有一组密集平行排列的细管状包裹体时，平行该包裹体方向切磨成弧面型宝石，在聚光光源照射下便可观察到一条明亮的光带，随着光源的转动而灵活地移动，恰似猫的眼睛即猫眼效应，称为祖母绿猫眼。

祖母绿猫眼戒面

◆ 星光祖母绿 (Star Emerald)

当宝石内部存在两组或两组以上密集平行排列的纤维状包裹体时，定向切磨成弧面型宝石，在聚光光源照射下便可形成四射或六射明亮的光带，酷似夜空中的星星，即星光效应。

祖母绿有可能形成星光效应，因为在某些祖母绿内部可含有平行于一个方向的管状包裹体，在另外两个方向可分别含有一组密集平行排列的微细颗粒物，可以形成星光效应，称为星光祖母绿。但星光祖母绿极为稀少，仅偶有发现。

星光祖母绿戒面

◆ 达碧兹祖母绿 (Trapiche Emerald)

达碧兹祖母绿是一种特殊类型的祖母绿，1946 年在哥伦比亚著名祖母绿矿区姆佐（Muzo）的比亚博兰卡（Pena Blanca）首次发现。达碧兹的西班牙文原意是：研磨蔗糖的轱辘。因宝石中心有一六边形的核心，由此放射出太阳光芒似的六道线条，形成一个星状的图案，因此得名。

当地人深信这是神的特别恩赐，每一道线条都是上天对人类的祝福，分别代表着：健康、财富、爱情、幸运、智慧、快乐。

达碧兹祖母绿的成因是在晶体生长过程中，祖母绿晶体将暗色矿物杂质压缩到了六方晶系生长结构之间所致。因为达碧兹祖母绿宝石的特殊性质，故均切磨成弧面型。

达碧兹祖母绿主要产于哥伦比亚的姆佐地区和契沃尔地区。姆佐产出的达碧兹在绿色的祖母绿中间有暗色核和放射状的臂；契沃尔出产的达碧兹祖母绿，中心为绿色六边形。

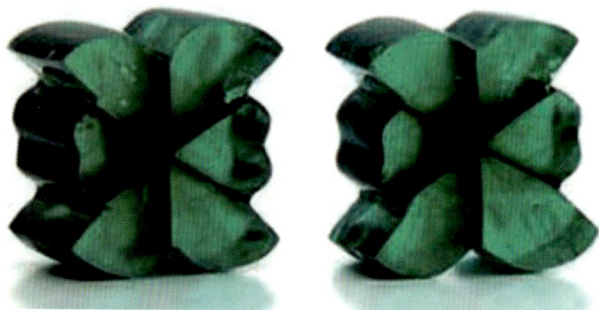

姆佐产出的达碧兹祖母绿

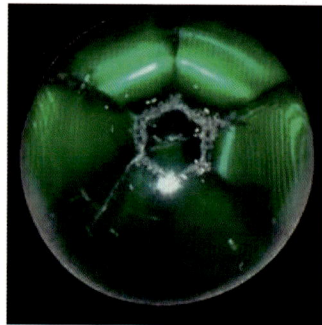

契沃尔产出的达碧兹祖母绿

经验鉴定

祖母绿常呈颜色单一的绿色，透明或半透明，因其色散值较低（0.014）和较深体色的掩盖，视觉上通常感觉无"火彩"。

一般情况下，祖母绿的净度不是很高，几乎所有的祖母绿都含有种类不同、数量不一的二相、三相矿物包裹体，并且因产地的不同各有差异。因此，宝石业界通常根据祖母绿内部所含的特征包裹体进行产地的识别。

此外，祖母绿的色调以及查尔斯滤色镜下的特征也可作为其产地鉴别的辅助手段。例如哥伦比亚祖母绿颜色一般为翠绿色或稍带蓝的深绿色，滤色镜下呈红色；与此相比，南非祖母绿由于含云母包裹体较多，绿色偏深，滤色镜下呈绿色。

世界主要产地祖母绿的鉴定特征

产 地		颜 色	查尔斯滤色镜	典型包裹体
哥伦比亚	契沃尔	翠绿、蓝绿	淡红～红	三相包裹体、方解石、黄铁矿、铁质氧化物包裹体
	姆佐	深绿、翠绿	淡红～红	粒状黄褐色氟碳钙铈矿、三相包裹体、方解石
	科斯快茨	淡黄绿至微蓝暗绿	淡红～红	三相包裹体、云雾状包裹体
巴西		微蓝、翠绿	棕红、绿	云朵状长石、黄铁矿、云母片、磁铁矿、乳滴状气液包裹体
南非		深绿	绿	紫红或绿色云母片、三相包裹体、辉钼矿以及羽状或雪花状微裂隙
津巴布韦	桑达瓦纳	深绿	绿	针状、弯曲状或破碎状透闪石
	麦钦格维	深绿	微红、绿	针状或放射状透闪石／阳起石
印度		浅绿、深绿	绿	逗号状二相包裹体
俄罗斯		黄绿	淡红～红	绿色竹节状阳起石、萤石、电气石、褐色片状黑云母
坦桑尼亚		黄绿、蓝绿	绿	黑云母、气液二相包裹体
赞比亚		深绿、灰绿、蓝绿	微红、绿	斑点状或碎片状黑云母、金红石、赤铁矿、金绿宝石、褐铁矿

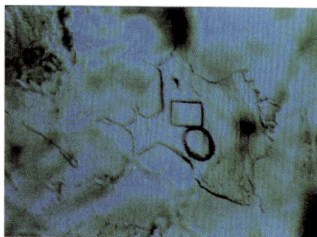

哥伦比亚 - 气液固三相包裹体

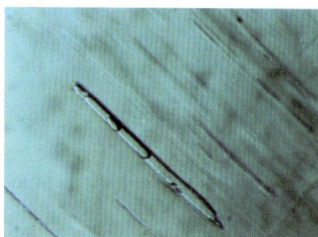

哥伦比亚 - 管状气液包裹体

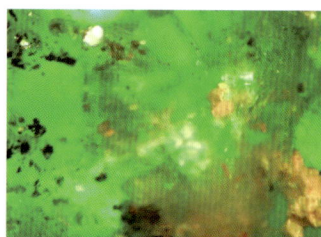

巴西 - 黄铁矿、磁铁矿、长石包裹体

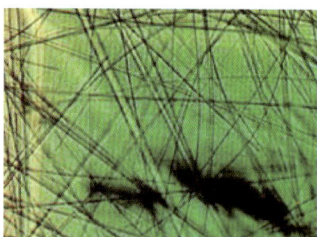

津巴布韦 - 针状透闪石包裹体

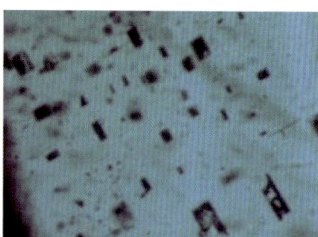

印度 - 逗号状气液两相包裹体

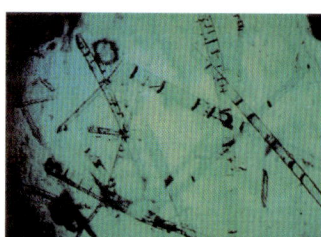

俄罗斯 - 竹节状阳起石包裹体

祖母绿与相似宝石的鉴别

与祖母绿相似的天然宝石主要有翡翠、碧玺、铬透辉石、橄榄石、萤石、钙铁榴石、铬钒钙铝榴石、磷灰石、锂辉石等，人工宝石中与祖母绿相似的主要有合成立方氧化锆、绿色玻璃等，可依据其各自的宝石学特征（折射率、相对密度、放大检查等）进行鉴别。

弧面型的祖母绿和优质的翡翠非常相似，但二者最大的区别在于，祖母绿是透明的单晶体，优质的翡翠是多晶集合体，用宝石偏光镜可以迅速将其分开。有经验的人可以直接从其色泽、透明度、内部包裹体及结构特点将二者区分开来，祖母绿颜色浓艳可有微蓝色调，透明度高，内部多含多种包裹体或微裂隙；优质翡翠颜色鲜艳但很少有蓝色调，半透明，极少含有矿物包裹体，纤维交织结构。

除绿色玻璃外，这些与祖母绿相似的绿色宝石相对密度均高于祖母绿的相对密度值；除了绿色萤石和绿色玻璃外，其余相似宝石品种的折射率也均高于祖母绿的折射率值；翠榴石、察沃石、萤石、合成立方氧化锆和玻璃是均质体，无多色性，而绿色碧玺具强二色性，橄榄石具弱三色性，有别于祖母绿；祖母绿典型的吸收光谱（铬谱）也有别于其他绿色宝石品种。

尽管与祖母绿相似的宝石品种均为绿色，但其色调、明亮度和饱和度均无法与祖母绿相比。祖母绿那一抹绿色，无论阴天还是晴天，无论人工光源还是自然光源，总是发出柔和而浓艳的光芒，呈现出独特的魅力与神秘。

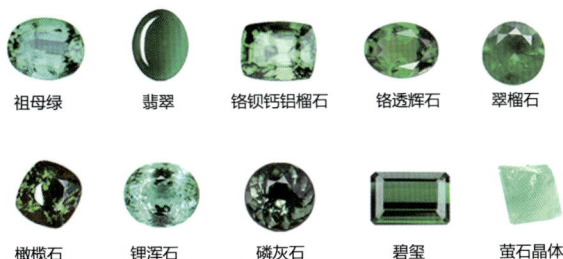

祖母绿　翡翠　铬钒钙铝榴石　铬透辉石　翠榴石

橄榄石　锂浑石　磷灰石　碧玺　萤石晶体

祖母绿与其相似宝石

合成立方氧化锆

祖母绿与相似宝石鉴别特征一览表

名　称	折射率	相对密度	放大检查	其　他
祖母绿	1.577～1.583	2.72	固态、气液两相及气液固三相包裹体（依产地而不同）	颜色均一，浓艳
翡翠	1.66	3.34	纤维交织结构	集合体，翠性
碧玺	1.624～1.644	3.06	含有大量充满液体的扁平状、不规则状包裹体，平行线状包裹体；重影	黄绿、灰绿、蓝绿色；强二色性；沿 c 轴强吸收
铬透辉石	1.675～1.701	3.29	丝状气液包裹体；内部包裹体及裂隙较少；重影	翠绿色；强三色性
橄榄石	1.654～1.690	3.34	"睡莲叶"包裹体；重影	弱三色性
磷灰石	1.634～1.638	3.18	气液两相包裹体和固体矿物包裹体	黄绿色较浅，弱三色性
萤　石	1.434	3.18	色带；两相或三相包裹体；解理纹呈三角形	浅绿色；可有磷光；硬度低，刻面棱线粗糙
钙铁榴石（翠榴石）	1.888	3.84	"马尾状"包裹体	翠绿色；常具异常消光
铬钒钙铝榴石（察沃石）	1.740	3.61	短柱或浑圆状晶体包裹体	黄绿、翠绿色；常具异常消光；光泽强
锂辉石	1.660～1.676	3.18	液态包裹体	浅翠绿；强三色性：深绿 - 蓝绿 - 淡黄
合成立方氧化锆	2.150	5.80	通常洁净；有时有未熔的氧化锆残余或气泡	色散强
玻　璃	1.470～1.700	2.30～4.50	气泡、凹坑、流纹线；"桔皮"效应；刻面棱线粗糙	加铅或稀土者折射率和密度均会提高

合成及优化、处理祖母绿的鉴别

祖母绿在世界上的产量极为稀少，据统计，每100万颗绿柱石矿物中仅有一颗是祖母绿，优质的祖母绿更是少之又少，因此祖母绿是绿色宝石的代表，更是矿物中的珍品。

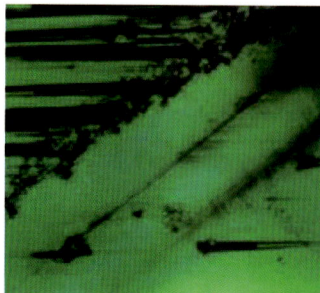

水热法合成祖母绿的钉状包体

◆ 合成祖母绿的鉴别

祖母绿的稀少性，市场上出现了相当数量的合成祖母绿。最为常见的合成祖母绿方法有助熔剂法和水热法两种。由于合成祖母绿的国内外生产商有很多，所以不同商家或机构由于合成工艺的差异其合成祖母绿的特征也存在着微小的差异。

合成祖母绿的折射率、密度、摩氏硬度、多色性等宝石学性质与天然祖母绿基本相同，但合成祖母绿的内部包裹体、紫外荧光及查尔斯滤色镜下特征与天然祖母绿大不相同。

水热法合成祖母绿波浪状生长纹

水热法合成祖母绿的特征包裹体为硅铍石晶体、钉状包裹体以及管状包裹体等，可有波浪状生长纹；助熔剂法合成祖母绿的特征包裹体则为面纱状、网状或呈小滴状助熔剂包裹体。

无论在长波还是短波紫外光下，合成祖母绿的荧光均强于天然祖母绿且呈强红色；在查尔斯滤色镜下，合成祖母绿呈鲜艳的红色也均强于天然祖母绿。

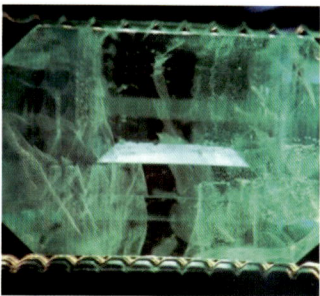

助熔剂法合成祖母绿助熔剂残余

红外光谱可以有效地鉴定助熔剂法合成的祖母绿，因为助熔剂法合成的祖母绿是在无水的环境中生长的，所以红外光谱中没有水的吸收峰。而天然祖母绿和水热法合成祖母绿的红外光谱均有水的吸收峰。

此外，在观察可见光吸收光谱时应注意：许多天然祖母绿因颜色较浅其谱线不易观察，而多数合成祖母绿颜色鲜艳其吸收谱线较明显。

◆ 优化、处理祖母绿的鉴别

正是由于优质祖母绿的稀缺性，对质量欠佳的祖母绿进行优化处理的方法也应运而生了。目前市场上常见的祖母绿优化处理方法为浸油、染色、充填和覆膜。

【小贴士】天然的祖母绿几乎90%以上都含有细微的裂纹，因此祖母绿多少都经过一定的油浸处理。注油较多的祖母绿保存时最好密封放置于阴凉处，防止油的流失。

浸油祖母绿

浸无色油对于祖母绿是极为普遍的，通常刚开采出来的祖母绿均需浸入油中，才会不使祖母绿开裂。同时注油可掩蔽裂隙，改善透明度。但是随着时间的推移，油将干涸，而使祖母绿原来的裂隙更明显。

浸油祖母绿具有天然祖母绿的包裹体；裂隙较发育，其表面裂隙呈无色或淡黄色反光；长波紫外光下可呈黄绿色或绿黄色荧光；红外光谱检测有油的吸收峰；热针靠近会"出汗"。

浸油祖母绿

染色祖母绿

染色祖母绿是用化学颜料将色浅的祖母绿染成深绿色，可采用浸有色油的方法来实现。

染色祖母绿的绿色油沿裂隙分布，其表面裂隙呈绿色反光，油干涸后的裂隙处可见绿色染料。油受热后会从裂隙中渗出，用棉纸或镜头纸擦拭可检验渗出现象，包装纸上的绿色油迹也指出祖母绿经过了有色油处理。某些有色油在紫外光下可发出荧光。

染色祖母绿

充填祖母绿

注胶是近代充填祖母绿裂隙的方法。注胶充填祖母绿裂隙不明显，充填区有时呈雾状，可见流动构造和残留的气泡。反射光下充填裂隙可见黄色的干涉色，即所谓的闪光效应。出露到表面的充填物光泽较弱，硬度较低，钢针可刺入。

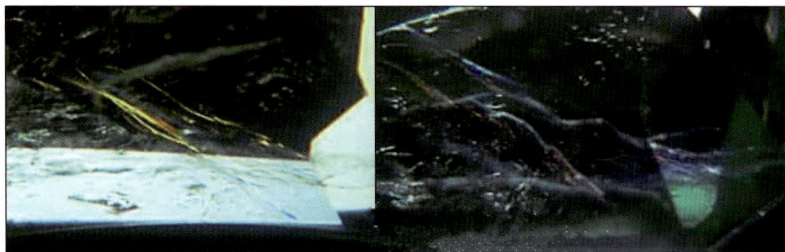

充填前后的祖母绿（左为充填前，右为充填后）

【小贴士】若祖母绿首饰封底闷镶，要仔细检查，警惕镀膜处理的可能性，最好请商家出具权威鉴定机构的鉴定证书。

◆ **覆膜祖母绿**

覆膜祖母绿有两种：一种为底衬处理，是在祖母绿戒面底部衬上一层绿色薄膜，并用闷镶的形式进行镶嵌，以加深浅色祖母绿的颜色；另一种被称为表面附生处理，是将无色的绿柱石戒面放入水热炉中在外层生长一层绿色的合成祖母绿，外层仅 0.5 毫米厚，这种祖母绿也被看成是一种具有特殊种晶的合成祖母绿。

底衬处理的祖母绿不易察觉，通常无二色性和祖母绿典型的吸收光谱；放大检查可发现底部近表面处有接合缝以及其内的气泡残留；有时会发现有薄膜脱落或起皱等现象。

表面附生处理的祖母绿表面常产生网状裂纹，浸泡于水中观察，可见棱角处颜色明显集中，表面颜色深于内部的特征。

祖母绿的评价

祖母绿质量的评价主要包括颜色、净度、切工及重量等方面因素，其中颜色最为重要，因为彩色宝石的颜色因素通常可占宝石整体评价的半数以上。

此外，祖母绿品种的稀有性及产地来源也影响着祖母绿的价值。

◆ 颜色

对祖母绿颜色的评价应关注绿色的色调、绿色的明亮鲜艳程度、绿色的深浅程度以及颜色分布的均匀程度。以不带杂色或稍带有黄或蓝色色调，中至深绿色为好，绿色带灰者质量较差。祖母绿的颜色以绿色偏微蓝为最佳。

◆ 净度

祖母绿的内部常有一些包裹体和裂隙的存在，内部杂质、裂隙较少、净度较高的祖母绿较为少见，俗话说的"十宝九裂"宝石就包括祖母绿。高质量的祖母绿要求内部瑕疵小而少，肉眼基本不见。

◆ 切工

祖母绿一般磨成四边形阶梯状，四个角常常被磨去，称为祖母绿型切工。这种切工可将祖母绿较深的绿色很好地体现出来。品质好的祖母绿一般都采用祖母绿型切工。此外，为了保重，也可切磨成圆形、椭圆形、水滴形、橄榄形、枕形或方形刻面型等形状；包裹体或裂隙较多的祖母绿一般切磨成弧面型或做链珠。

祖母绿切磨角度非常重要，台面方向与光轴垂直时，常显示黄绿色；台面平行光轴时，则可显示蓝绿色。精确的切工能够将祖母绿的美感完全展现出来。

◆ 重量

一般祖母绿的晶体不大，经切磨后，质量极优且重量在 2 克拉以上者，已属罕见，如重量在 5 克拉以上更是难得。

除上述因素外，市场上少见的祖母绿猫眼和达碧兹祖母绿品种，还要评价其猫眼眼线的明亮、平直、居中和灵活程度，以及达碧兹六条射线的完整性和中央核心的形状、颜色、透明度及居中度。

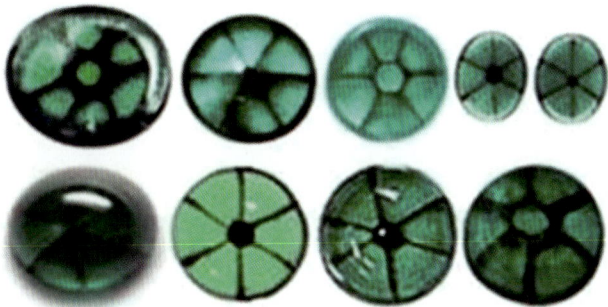

不同品级的达碧兹祖母绿

此外，祖母绿的价值还深受"血统"的影响。通常相同品级的祖母绿，产于哥伦比亚的价值要比产于其他地区的价格高。

哥伦比亚祖母绿 - 祖母绿型

哥伦比亚祖母绿 - 水滴刻面型

祖母绿的选购

消费者选购祖母绿时，应结合评价标准，根据需求和喜好的不同，在可接受的价格范围内进行挑选。消费者应当了解，不同类型的祖母绿产品具有不同的选购标准和要领。

◆ 祖母绿观赏石

祖母绿观赏石是指带有围岩的祖母绿矿物晶体。理想的祖母绿矿物晶体为标准的六方柱形态，因此，选购时，消费者可从晶体的颜色、内部裂隙、晶体的完整性、围岩的色彩与形态、整体的美观性以及产地等方面进行综合考评。

◆ 祖母绿裸石

购买切磨好的祖母绿裸石最好都需商家出具权威鉴定证书，保证是天然祖母绿而非合成宝石或其他相似宝石。

消费者在根据祖母绿评价标准判断其价值的同时，还应询问并观察该祖母绿注油的程度（市场上绝大部分祖母绿均经过注油，但注油的程度不同其价值也大不相同），若祖母绿内部裂隙较多，注油干涸后会影响宝石的耐久性。

祖母绿观赏石

◆ 祖母绿首饰

　　购买祖母绿成品首饰时，需观察主石是否有破损（祖母绿性脆）、配石的大小和质量、贵金属的材质、设计款式以及镶嵌工艺等。对于耳坠、耳钉、手链等还需考虑祖母绿颜色及琢型的协调性，使首饰整体和谐一致。

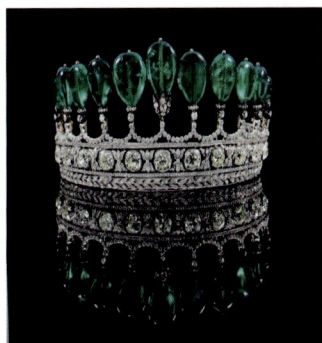

祖母绿王冠

祖母绿胸针

祖母绿耳坠

祖母绿戒指

祖母绿吊坠

祖母绿首饰套装

【小贴士】祖母绿性脆，佩戴和保存时要避免与硬物相碰撞。消费者清洗祖母绿首饰时，若使用酸、碱、酒精、乙醚等液体就会破坏其内部的充填物质，降低其透明度。所以，最好用清水清洗或布物擦拭祖母绿首饰。尤其要注意，祖母绿首饰不能用超声波清洗，否则可能会对宝石造成无法挽回的损失。

姊妹宝石

Ruby and Sapphire

红宝石和蓝宝石

红宝石和蓝色蓝宝石——这对来自刚玉家族的姐妹，一个有着火一样的热情，一个却有着天空一样的恬静，但相同的血统使得她们都拥有着浓淡相宜的颜色、优雅高贵的气质，并以其超凡脱俗的魅力在众多彩色宝石中脱颖而出，成为当之无愧的彩宝之冠，赢得了万千宠爱，享受着百般赞誉。红宝石为 7 月的生辰石，象征着高贵的品德、热烈的爱情，同时也是结婚 40 周年的纪念石；蓝色蓝宝石为 9 月的生辰石，象征着诚实的品格、高贵与安详，同时也是结婚 45 周年的纪念石。

红宝石的英文名称"Ruby"来源于拉丁文"Ruber"，是"红色"的意思；在梵语中称"Ratnaraj"，意为"宝石之王"。蓝宝石的英文名"Sapphire"一词是从拉丁语"Spphirus"、希腊语"Sappherirs"、希伯来语"Sappir"及梵语"Sanipriga"中演化而来的。

大自然毫不吝啬对红、蓝宝石的投入，使得它们呈现出十分丰富的颜色，几乎包括了可见光光谱中的红、橙、黄、绿、青、蓝、紫的所有颜色。其中，除了红色以外的所有达到宝石级别的刚玉都称为蓝宝石。

红宝石的产地主要有缅甸、泰国、斯里兰卡、坦桑尼亚、越南等。蓝宝石的产地主要有缅甸、斯里兰卡、泰国、克什米尔地区、澳大利亚、中国等。

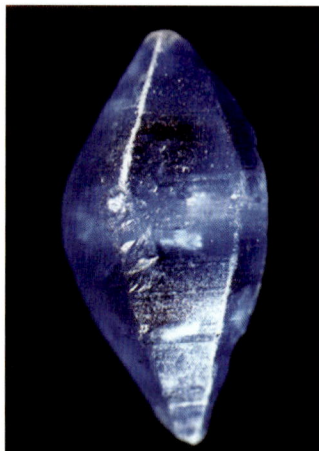

蓝宝石晶体

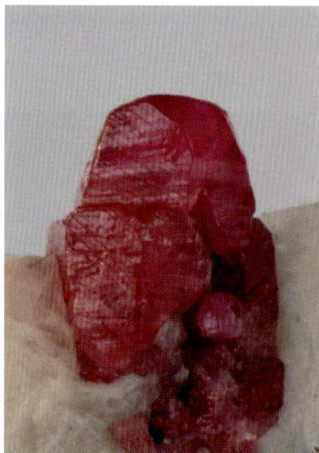

红宝石晶体

红、蓝宝石的基本特征

在刚玉家族中，只有达到宝石级的刚玉（Corundum）才能被称为"红宝石"或"蓝宝石"。红、蓝宝石的主要成分是铝的氧化物（Al_2O_3），纯净的刚玉晶体是无色的，当晶体中含有不同的微量元素时，刚玉晶体就会呈现出不同的颜色。

各种颜色的红、蓝宝石

当含有微量的铬（Cr）元素时会呈现红色，含有微量的镍（Ni）元素时会呈现黄色，当同时含有铁（Fe）和钛（Ti）元素时会呈现蓝色，同时含有铬（Cr）和镍（Ni）元素时会呈现金黄至橙红色，同时含有钛（Ti）、铁（Fe）、铬（Cr）元素时会呈现紫色，同时含有钴（Co）、钒（V）、镍（Ni）元素时会呈现绿色。此外，当含有微量的钒（V）元素时则会出现具有变色效应的蓝宝石。

红、蓝宝石基本特征一览表

矿物名称	刚玉
化学成分	Al_2O_3，可含有 Ti、Fe、Cr、V、Mn 等元素
结晶状态	非均质体——三方晶系
颜色	颜色十分丰富，几乎包括了可见光谱中的红、橙、黄、绿、青、蓝、紫的所有颜色
光泽	明亮的玻璃光泽至亚金刚光泽
透明度	透明至不透明
光性特征	非均质体——一轴晶，负光性
多色性	强二色性，颜色与宝石的体色相关
折射率	1.762 ～ 1.770 双折射率：0.008 ～ 0.010
色散率	0.018
相对密度	4.00
摩氏硬度	9
紫外荧光	红宝石具红色荧光；蓝宝石发光与体色相关
吸收光谱	红、蓝宝石根据所含杂质的不同而具有不同的吸收光谱
特殊光学效应	星光效应；变色效应

红、蓝宝石的特殊光学效应

红、蓝宝石除了颜色丰富外，还可具有两种特殊光学效应，使其呈现出更加美丽的光彩。

星光红宝石

◆ 星光红宝石和星光蓝宝石

当红、蓝宝石内部含有密集平行排列的三组针状包裹体（互成 60°角相交），被加工成弧面宝石时，在聚光光源的照射下，弧面上可见六射星光，偶尔也可见十二射星光，根据其体色不同可分别称为星光红宝石和星光蓝宝石，其中星光蓝宝石可有多种颜色，如紫色星光蓝宝石、蓝色星光蓝宝石等。

星光蓝宝石

◆ 变色蓝宝石

少数蓝宝石具有变色效应，通常在日光下呈蓝色或灰蓝色，在白炽灯下呈暗红色或紫红色。

变色蓝宝石（左 日光下，右 白炽灯下）

红宝石的"百叶窗"式双晶纹

经验鉴定

红、蓝宝石一般为透明至不透明，抛光表面具明亮玻璃光泽至亚金刚光泽。因为红、蓝宝石的摩氏硬度为 9，在天然宝石中仅次于钻石，所以红、蓝宝石表面一般划痕较少。某些红宝石可见"百叶窗"式双晶纹，某些蓝宝石可见平直角状色带。

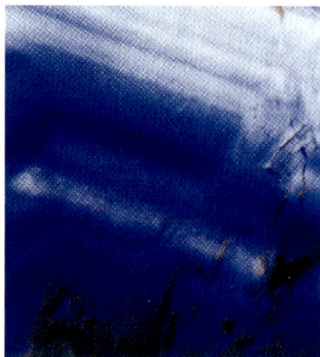

蓝宝石的平直角状色带

　　红、蓝宝石为非均质体，在正交偏光镜下旋转宝石一周，呈四明四暗现象。红宝石与有色蓝宝石具二色性，二色性的强弱及色调取决于体色及其颜色深浅程度。

　　几乎所有的天然红、蓝宝石都含包裹体。不同产地的红、蓝宝石基本成分大致相同，但是由于成矿类型以及温度、压力、微量元素的影响，会具有不同的颜色特征及内部典型的包裹体，可据此判断红、蓝宝石的产地。

缅甸达碧兹红宝石

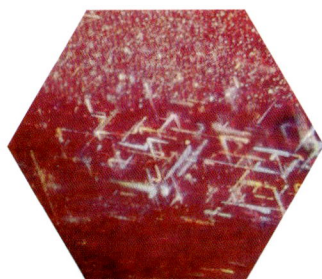

泰国红宝石中"煎蛋"状包裹体

缅甸抹谷红宝石中金红石针状包裹体

斯里兰卡红宝石中长针状金红石包裹体

泰国蓝宝石中流体包裹体

斯里兰卡蓝宝石中长针状和流体包裹体

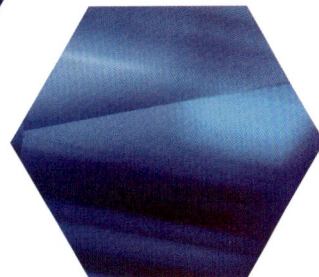

印控克什米尔蓝宝石乳浊状条带和透明条带交替形成的色带

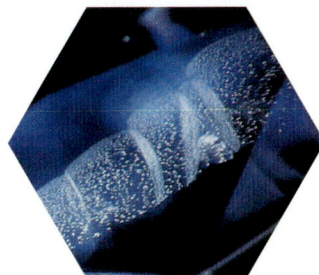

缅甸蓝宝石中"褶曲状"包裹体

红宝石产地与典型包裹体一览表

产　地		颜色特征	典型包裹体
缅甸	抹谷	鲜艳的玫瑰红色至红色、"鸽血红（Pigeon Blood）"色	颜色往往分布不均匀，常呈现浓淡不一的絮状、团块状，宝石内部很少见流体包裹体，但金红石等固态包裹体十分丰富，且金红石的针体细小，分布不均匀；有时可见"百叶窗"式双晶纹
	孟素	多呈褐红色、深紫红色	常具有蓝色或黑色的核心，缺少丰富的金红石包裹体，双晶发育，可出现"达碧兹"红宝石
泰国		棕红至暗红等较深的颜色	内部缺失金红石包裹体，富含水铝矿包裹体，流体包裹体较为丰富，且多聚集成指纹状、羽状、圆盘状，常形成一种典型的"煎蛋"状图案，常见聚片双晶
斯里兰卡		浅红至红色	含有金红石、锆石等固态包裹体和丰富的流体包裹体，且流体包裹体具有一定的定向性，构成精美图案
莫桑比克		颜色分布均匀，与缅甸红宝石的颜色接近，透明度较高	内部有较粗的、长短不一的针状包裹体
坦桑尼亚		红至紫红色	色带和生长条纹发育较为规则，负晶、裂隙发育
越南		介于缅甸红宝石与泰国红宝石之间，表现为紫红色、红紫色	颜色也会表现出流动的漩涡状构造，同时相伴一些粉红色、橘红色，甚至是无色、蓝色的色带。越南红宝石含有较丰富的固态包裹体，愈合裂隙发育

蓝宝石产地与典型包裹体一览表

产　地	颜色特征	典型包裹体
印控克什米尔	浅蓝至深蓝，优质者为略带紫色色调的浓重的蓝色——矢车菊蓝（Cornflower Blue）	特征的电气石、钠闪石和一种微粒状包裹体，微粒包体成分尚不明确，可呈线状、雪花状、云雾状
缅甸	具有浅蓝至深蓝的各种颜色，可出现纯正的蓝色或漂亮的紫蓝色	固态包裹体相对较少，而流体包裹体较为丰富，可出现"褶曲状"或"撕裂状"
泰国	颜色较深，主要有深蓝色、略带紫色色调的蓝色、灰蓝色三种颜色，还产出黄色、绿色蓝宝石，以及黑色星光蓝宝石	固态包裹体品种繁多，流体包裹体的特征与其红宝石相同，可形成假星光现象
斯里兰卡	颜色较浅，可有灰蓝、浅蓝、海蓝、蓝等多种颜色，还产出绿色、橙色、紫色、无色蓝宝石	包裹体特征与其红宝石大致相同，液态包裹体十分丰富，可见指纹状愈合裂隙，长条状负晶
柬埔寨	明亮且纯正的蓝色、浅蓝色，个别略带紫色调	内部一般很干净，有时可见聚片双晶
澳大利亚	主要是深蓝色、黑蓝色，另有从乳白色到灰绿色、黄色的多种颜色	内部一般比较干净，有时会出现少量赤铁矿等包裹体，可产出黑色六射或十二射星光蓝宝石
美国蒙大拿州	中等深浅的蓝色，少数为淡紫色	固态和流体包裹体较少，有时可见聚片双晶
中国山东	颜色较深的蓝色和黄色、花色蓝宝石	内部固态包裹体种类较多，但数量不多，常见指纹状、羽状气液包裹体

红、蓝宝石与相似宝石的鉴别

◆ 红宝石与相似宝石的鉴别

与红宝石相似的宝石主要有红色石榴石、红尖晶石、红锆石、红碧玺等，可重点从红色色调、光性特征、多色性、紫外荧光、折射率、相对密度、放大检查等方面进行鉴别。

红宝石、红锆石和红碧玺为非均质体，正交偏光镜下四明四暗，具各自不同的多色性；红色石榴石、红尖晶石为均质体，正交偏光镜下全暗（其中石榴石可有异常消光），无多色性。

红宝石和红尖晶石的紫外荧光分别为弱至强的红色与弱至强的红或橙红，且同一样品的长波紫外荧光强度大于短波紫外荧光强度；红色石榴石紫外荧光常呈惰性；红锆石的长波紫外荧光为弱紫红色，短波紫外荧光为中等的紫红或紫褐色；红碧玺的长短波紫外荧光均为弱的红色至紫色。

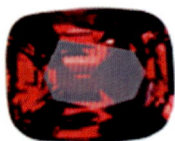
红宝石

尖晶石

碧玺

镁铝榴石

铁铝榴石

锰铝榴石

锆石

红宝石与其相似宝石

红宝石与相似宝石鉴别特征一览表

名称	颜色	多色性	折射率	相对密度	放大检查
红宝石	红、橙红、紫红、红	强二色性：红 - 紫红或红 - 橙红	1.762 ～ 1.770	4.00	可见丝状、针状、指纹状、雾状包裹体及负晶；矿物包裹体；生长色带；"百叶窗"式双晶纹
镁铝榴石	橙红、紫红	无	1.714 ～ 1.742	3.78	常见固态锆石、磷灰石包裹体；可见液态包裹体
锰铝榴石	橙至橙红	无	1.790 ～ 1.814	4.15	波状（像裂隙）气液包裹体
铁铝榴石	紫红至橙红	无	1.760 ～ 1.820	4.05	针状金红石、钛铁矿、磁铁矿、磷灰石、具应力环的锆石晶体以及不规则分布的糖浆状包裹体
红尖晶石	红、橙红、粉红、紫红	无	1.718	3.60	细小的八面体负晶，可单个或呈指纹状分布；可有裂纹和其他矿物包裹体
红锆石	橙红、红	中等二色性：紫红 - 紫褐	1.925 ～ 1.984	4.73	絮绺状的白色液态包裹体及愈合裂隙，后刻面棱线重影明显
红碧玺	各种色调的红色	中至强的二色性：红 - 橙红	1.624 ～ 1.644	3.06	可见不规则管状包裹体；平行长轴的裂纹

◆ 蓝色蓝宝石与相似宝石的鉴别

与蓝色蓝宝石相似的宝石主要有坦桑石、蓝碧玺、董青石、蓝晶石、蓝尖晶石、蓝锥矿等，可依据蓝色色调、光性特征、折射率、相对密度、多色性、放大检查等特征进行鉴别。

蓝宝石的折射率和密度相对较大，在常见蓝色宝石中，较容易被鉴别出来。蓝尖晶石为均质体，其余宝石均为非均质体，可以根据各自的多色性特点进行识别。

蓝宝石、蓝碧玺、蓝尖晶石、坦桑石、董青石紫外荧光均呈惰性；蓝晶石长波紫外光下为弱红色，短波紫外光下呈惰性；蓝锥矿长波紫外光下惰性，短波紫外光下可呈强蓝白色荧光。

此外，蓝宝石的摩氏硬度为9，大于与其相似的其他蓝色宝石，因而刻面蓝宝石的棱线比其他相似刻面宝石的棱线尖锐。

蓝宝石

坦桑石

蓝锥矿

董青石

尖晶石

碧玺

托帕石

蓝宝石与其相似宝石

蓝宝石与相似宝石鉴别特征一览表

宝石名称	颜色	多色性	折射率	相对密度	放大检查
蓝宝石	紫蓝、蓝	强二色性：蓝-浅蓝或蓝-绿蓝	1.762～1.770	4.00	可见丝状、针状、指纹状、雾状包裹体及负晶；矿物包裹体、平直角状色带
坦桑石	紫蓝、蓝紫	强三色性：蓝-紫红-绿黄	1.691～1.700	3.35	气液包裹体；可见阳起石、石墨和十字石等矿物包裹体
堇青石	蓝	强三色性：深紫-蓝灰-无色	1.542～1.551	2.61	颜色分带；气液包裹体
蓝碧玺	灰蓝、绿蓝	中至强二色性：绿蓝-灰蓝	1.624～1.644	3.06	可见气液包裹体，平行线状包裹体
蓝晶石	浅蓝、灰蓝	中等三色性：无色-深蓝-紫蓝	1.716～1.731	3.68	矿物包裹体，解理纹，色带
蓝尖晶石	灰蓝	无	1.718	3.60	自形八面体负晶定向排列，多裂隙
蓝锥矿	紫蓝、蓝	强二色性：蓝-无色	1.757～1.804	3.68	指纹状包裹体，矿物包裹体，色带，重影

◆ 合成红、蓝宝石的鉴别

红、蓝宝石非常名贵并且高质量的红、蓝宝石产量较低，所以一百年前就已经诞生了红、蓝宝石的人工合成技术，并且随着科学技术的进步，人工合成宝石技术也在不断更新与发展。

市场上常见的合成红宝石产品主要由焰熔法、助熔剂法和水热法等方法制得，合成蓝宝石除了以上三种合成方法以外还有晶体提拉法。

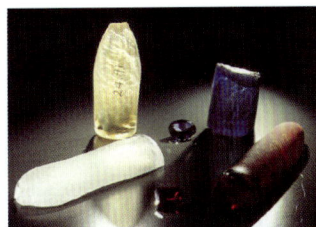

合成红、蓝宝石

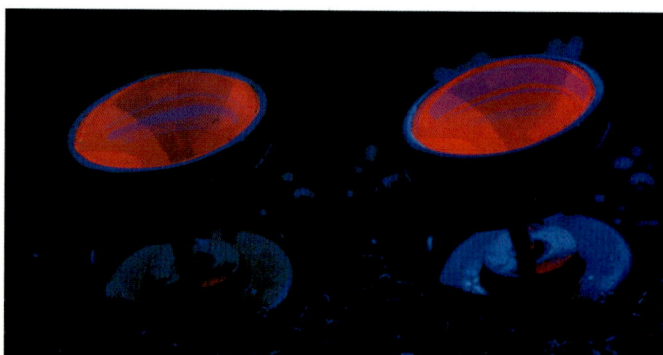

合成红宝石的紫外荧光特征（左 - 自然光下；中 - 长波紫外光下；右 - 短波紫外光下）

　　合成红、蓝宝石的光性特征（非均质体）、折射率（1.762 ～ 1.770）、相对密度
（4.00）、摩氏硬度（9）等方面的物理性质与天然红、蓝宝石完全相同，但在紫外荧光、
内部包裹体特征、吸收光谱等方面有着较大的差异，可据此鉴别。

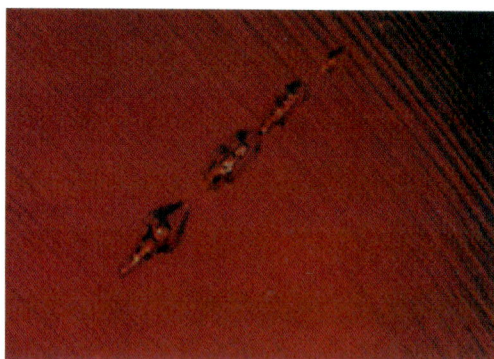

焰熔法合成红宝石内部的弧形生长纹及串珠状气泡

助熔剂法合成红宝石内部的助熔剂包裹体残余

焰熔法合成蓝宝石内部的弧形生长纹和未熔的面包渣状粉末
包裹体

助熔剂法合成蓝宝石内部的浆状助熔剂残余及呈三角形铂金
属片

合成红、蓝宝石鉴别特征一览表

名　称	紫外荧光	放大检查		其他特征
合成红宝石	强于天然红宝石，为强红色，且短波荧光强度大于长波荧光强度	焰熔法：气泡，弧形生长纹，偶见未熔的面包渣状粉末包裹体		水热法合成红宝石的红外光谱在 3800～2800 cm^{-1} 范围内有明显吸收
		助熔剂法：彗星状、浆状助熔剂包裹体，呈三角形或六边形的铂金属片		
		水热法：无色透明的纱网状或指纹状包裹体，偶见籽晶片和气泡，生长纹理呈平直带状相间分布		
合成蓝宝石	除蓝色者惰性外，其他颜色者发光与体色相关且荧光强于相应天然蓝宝石	焰熔法：弧形生长纹和气泡，偶见未熔的面包渣状粉末包裹体		焰熔法合成蓝宝石的吸收光谱：绿色者具三条特征谱线和 530nm 吸收线；黄色者具 690nm 铬吸收线和 460nm 荧光线截止边；变色者具 690nm、474nm 吸收线
		助熔剂法：助熔剂小滴、浆状包裹体和呈三角形或六边形状的铂金属片		
		水热法：不规则枝状、放射状或粒状包裹体，絮状微晶，籽晶片		
		提拉法：金属包裹体，位错、拉长气泡和细密的弯曲生长条纹		

合成星光红、蓝宝石的鉴定

合成星光红、蓝宝石的方法主要为焰熔法，可通过观察其表面的星光、星线特征及放大检查其内部特征进行鉴别。

合成星光红、蓝宝石

◆ 外部特征

天然星光宝石的颜色自然，星光柔和且发自宝石内部，星线多呈波浪状向前伸延，星线的交汇处常有加宽加亮现象，即有"光"有"辉"；而合成星光宝石的颜色呆板，星光刺眼且浮在宝石表面，星线尖锐、平直向前延伸，星线交汇处无加宽加亮现象，即有"光"无"辉"。

天然星光红、蓝宝石

◆ 放大检查

天然星光宝石可见平直色带或天然包裹体，而合成星光宝石从背面观察可见弧形生长纹、极细的白色粉末或分散的金红石或钛酸铝包裹体。

优化处理红、蓝宝石的鉴别

自然界产出的红、蓝宝石多有颜色或净度等方面的不足，促使了优化处理红、蓝宝石技术的不断发展，红、蓝宝石的优化处理产品也在市场上频繁出现。

目前，对红、蓝宝石进行优化处理的方法主要有热处理、扩散处理、注油或染色处理、充填处理及拼合处理等。优化处理的红、蓝宝石可依据其技术特点重点观察其紫外荧光、内部包裹体等方面特征进行鉴别。

热处理蓝宝石内部包裹体周围环状应力裂纹

◆ 红、蓝宝石的热处理

通过模拟自然环境对色泽晦暗的红、蓝宝石进行加热，以提高红、蓝宝石颜色的鲜艳明亮度，并增强其"反火"程度的方法，称为红、蓝宝石的热处理。由于没有加入外来物质，热处理的红、蓝宝石被业内划归为优化范畴，可以等同于天然红、蓝宝石进行出售。但未经热处理的优质红、蓝宝石价值远远高于经过热处理的同等质量的红、蓝宝石。

◆ 红、蓝宝石的扩散处理

利用高温使外来的离子进入红、蓝宝石表面的晶格中，形成一薄层扩散颜色，该技术称为红、蓝宝石的扩散处理。

通常使用铬（Cr）离子可在浅色红宝石表面产生红色扩散层；

使用铁（Fe）、钛（Ti）或钴（Co）可产生蓝色扩散层；近十年出现的铍（Be）扩散处理红、蓝宝石可产生黄色、橙色或者棕色色调，同时可以深入宝石内部。

另外，天然红、蓝宝石可经表面扩散产生星光蓝宝石和星光红宝石。表面扩散的星光蓝宝石整体多为黑灰色调的深蓝色，表面偶见红色斑块，星线完美均匀，其折射率、密度、气液包裹体特征均与天然蓝宝石相同，但不含有天然星光蓝宝石中的三组金红石针状包裹体。

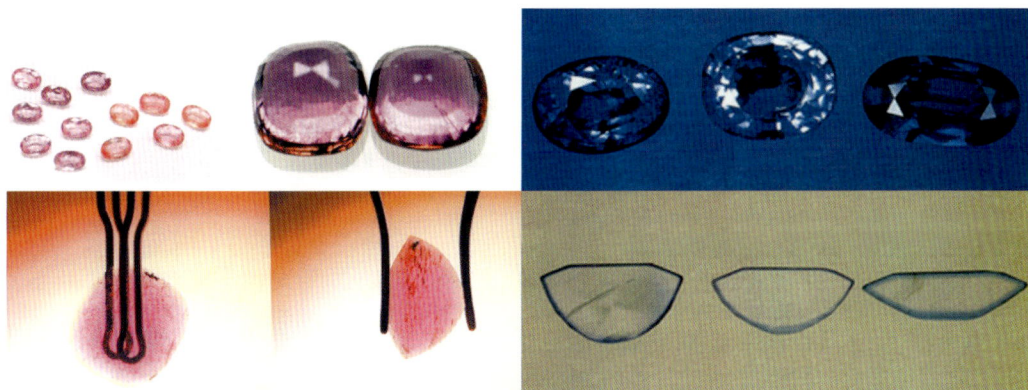

扩散处理红、蓝宝石

◆ 红、蓝宝石的注油处理

将裂隙较多的红、蓝宝石浸泡在油料里以改善其透明度的方法，称为红、蓝宝石的注油处理。

◆ 红、蓝宝石的染色处理

将颜色浅淡、裂隙较多的红、蓝宝石放进有机染料溶液中浸泡、加温，使之染上颜色的方法，称为红、蓝宝石的染色处理。

染色星光红宝石

◆ 红、蓝宝石的充填处理

将充填材料注入或填充到红、蓝宝石的裂隙、孔洞和空隙中，以掩盖其裂隙缺陷，减少内反射，进而达到提高宝石的亮度、透明度和改善红宝石颜色的效果，该方法称为红、蓝宝石的充填处理。

◆ 红、蓝宝石的拼合处理

将天然红、蓝宝石切磨成冠部，合成红、蓝宝石切磨成亭部，并用无色胶粘合为一整体的方法，称为红、蓝宝石的拼合处理。最常见的拼合红、蓝宝石是冠部为天然红宝石或蓝宝石，亭部为焰熔法合成红、蓝宝石。

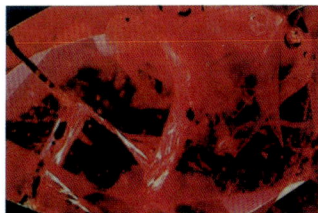

裂隙充填红宝石

优化处理红、蓝宝石鉴别特征一览表

名　称	紫外荧光	放大检查	其他特征
热处理红、蓝宝石	某些热处理蓝色蓝宝石在短波下呈弱淡黄色或淡蓝色；长波下惰性	颜色条带或色团有扩散现象；包裹体周围出现片状、环状应力裂纹，负晶外围呈熔蚀状或浑圆状，丝状和针状包裹体呈断续状或微小点状	热处理黄色和蓝色蓝宝石缺失450nm吸收带
扩散红、蓝宝石	扩散红宝石在短波紫外光下可呈斑状蓝白色磷光；扩散蓝宝石在长短波紫外光下可呈蓝色、绿色或橙色	裂隙或凹坑等边缘或内部有颜色集中；油浸可见颜色在刻面棱线及腰围边缘处集中，呈网状分布；铍扩散红、蓝宝石可见表面微晶化，锆石包裹体有重结晶现象；钴扩散蓝宝石表面可见浅蓝色斑点	铬扩散红宝石折射率可高达1.788~1.790；有些扩散处理的蓝色蓝宝石无450nm吸收带，钴扩散蓝宝石可见钴的特征吸收带
扩散星光蓝宝石	长短波下均无反应，部分表面红色色斑发红色荧光	"星光"仅存在于表面，表层可见白点组成的絮状物；油浸观察可见表面呈红色	化学分析可发现表面Cr_2O_3含量异常高
注油红、蓝宝石	某些油在紫外光下有荧光	裂隙处轮廓模糊，可见干涉色，偶见气泡及部分油挥发后留下的斑痕或渣状沉淀物	用热针检测可见油珠析出
染色红、蓝宝石	可见染料引起的特殊荧光，如染色红宝石可有橙黄、橙红色荧光	染料集中于裂隙中	多色性、吸收光谱异常；用酒精、丙酮擦试会掉色；红外光谱出现染料吸收峰
充填红、蓝宝石	高铅玻璃充填红宝石紫外光下可见充填物强蓝色荧光	裂隙或表面空洞中可见玻璃状充填物及残留气泡；被充填的部分表面光泽较差；高铅玻璃充填红宝石中充填物呈不规则网脉状、斑块状沿裂隙分布，并有不同程度的蓝-蓝紫色"闪光"	可用红外光谱或拉曼光谱等分析测定成分，可见铅含量异常
拼合红、蓝宝石	拼合红宝石的冠部与亭部红色荧光强度不同	平行腰围方向观察，可见冠部与亭部颜色差别明显；冠部和亭部的包裹体不同：冠部可有天然包裹体或平直色带，亭部可有气泡和弧形生长纹等合成宝石特征；拼合界面处可见扁平的气泡；某些角度可见拼合面反光	拼合红、蓝宝石多为混合切工：冠部采用明亮式切工，而亭部采用阶梯式切工

红、蓝宝石的评价

红、蓝宝石作为世界上公认的珍贵彩色宝石品种，不同产地来源使其在颜色、净度等方面存在着一定的差异，因此红、蓝宝石难以建立统一量化通用的评价体系。缅甸、泰国、美国、日本、中国香港及中国大陆都曾提出过红、蓝宝石的质量评价标准，总体倾向于借鉴钻石的评估方法，从颜色、净度、切工、重量来进行评价。

◆ 颜色

颜色在红、蓝宝石的评价中占有较大比重，鲜艳的颜色是红、蓝宝石魅力的来源，颜色的纯正度、鲜艳度、明亮程度和饱和度决定着它们的价值。

红宝石

红宝石的颜色以纯正、浓艳、鲜亮为标准，缅甸抹谷的红宝石最高品质的颜色是一种高饱和度纯正的红色，被称为"鸽血红"色，在国际珠宝市场上占有重要地位，其次为鲜红、纯红、玫瑰红、橙红、紫红、粉红、褐红、棕红、暗红等依次递减。颜色越均匀、多色性越不明显的红宝石价值越高。

"鸽血红"红宝石

【小贴士】目前国际市场上，红宝石的销售仍然存在着"血统"观念，同样达到"鸽血红"的红宝石，产于缅甸者的价位要高于其他产地。

蓝宝石

蓝宝石的商业贸易中，通常将蓝色蓝宝石的颜色划分为七大商业品级：（1）"矢车菊"蓝色，为最稀少也是最华贵的品级；（2）"皇家蓝（royal blue）"色，仅次于矢车菊蓝的一种浓艳蓝色；（3）带有微紫色调的鲜艳蓝色；（4）颜色稍深或带灰色调的蓝色；（5）浅紫蓝色；（6）透明度较高的灰蓝色；（7）透明度较差的黑蓝色。

"矢车菊"蓝宝石

粉红色蓝宝石首饰

彩色蓝宝石

彩色蓝宝石颜色丰富，主要包括蓝绿色、绿色、黄色、橙色、粉色、紫色等多种颜色。彩色蓝宝石的颜色以纯正、浓艳、鲜亮为佳。

星光红、蓝宝石

星光红、蓝宝石的价值主要决定于其星光效应的优劣，星光效应好（即星线完整，星光明亮、居中）的红、蓝宝石，若其透明度和颜色俱佳，则会大大提高其价值。

变色蓝宝石

变色蓝宝石较为稀少，对其颜色进行评价需考虑到在不同光源下的颜色变化的差异。变色效应强且颜色纯正者则价值高。

◆ 净度

净度对于红、蓝宝石的评价十分重要，宝石内部瑕疵越少、越清澈透明，其价值越大。对于星光红、蓝宝石来说，因其特殊的光学效应是由于内部含有三组或三组以上定向排列的平行针状包裹体所引起，所以最佳的质地是没有其他包裹体和裂隙的存在且呈半透明状。

◆ **切工**

红、蓝宝石的切工常为标准圆钻型、多面型、阶梯型、混合型等，要求切工尽量细致，使得宝石内部的反射火彩能最大限度地展现出来。

星光红、蓝宝石为了体现其特殊的光学效应，一般采用弧面型切工，要求形状规整，比例适中，能使其星光效应最完美地呈现。

◆ **克拉重量**

重量越大，高质量红、蓝宝石越稀少，其价值随之升高。

此外，红宝石、蓝宝石的价格还会受到供求状况、市场成熟程度等条件的影响，其价格会随着这些外在因素的改变而不断浮动。

红、蓝宝石的选购

红、蓝宝石因其美丽的颜色，稀有的产出以及仅次于钻石的硬度一直深受着人们的喜爱，能拥有一颗浓艳的红宝石或一颗高贵的蓝宝石是很多人的美好心愿。

"鸽血红"红宝石戒指

◆ 根据自身的需求选购

红、蓝宝石的颜色丰富多彩，在未经过人工优化处理的红、蓝宝石中，颜色越纯正其价值越高，消费者应根据个人喜好选购。

购买红蓝宝石镶嵌首饰时，应考虑主石与配石的大小和质量、贵金属的材质、设计款式以及镶嵌工艺等。

红宝石首饰

【小贴士】红宝石、蓝宝石首饰有很多群镶的款式，但因为群镶所用配石往往颗粒较小且数量众多，镶嵌后难免不够牢固，所以日常佩戴中要尽量避免磕碰，若发现配石松动，不可继续佩戴，要尽快维修补配，防止大面积配石松动脱落。

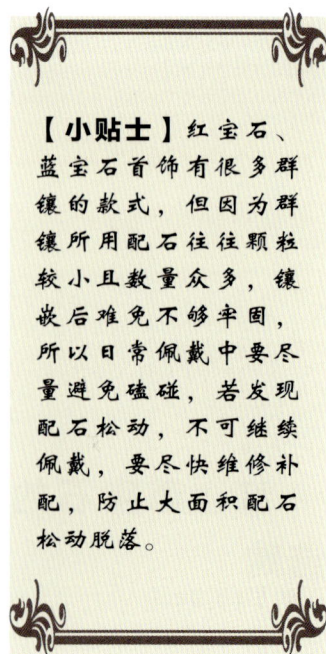

◆ 关于彩色蓝宝石的选购

同红宝石和蓝色蓝宝石一样，颜色越正、净度越高、切工越好、重量越大的彩色蓝宝石价值越高，但消费者在选购过程中需注意那些鲜艳夺目的颜色是否是经过人工处理产生的，可要求商家出具权威鉴定证书。

另外，在彩色蓝宝石中有一个特殊的品种，就是具有高品质亮度和饱和度的粉橙

色名为帕德玛 (Padparadscha) 的蓝宝石，也称为"帕帕拉恰"。帕德玛一词源自梵语 padmaraga，代表莲花的颜色。这种粉橙色蓝宝石的价格要比其他颜色蓝宝石高出许多。

"皇家蓝"蓝宝石戒指

蒂凡尼品牌粉红色蓝宝石镶钻戒指

◆ 关于星光红、蓝宝石的选购

　　消费者在购买星光红、蓝宝石的时候首先应当注意宝石的星线是否明亮、锐利、对称、完整和居中，其次观察其颜色是否纯正。过于完美的星光宝石，应小心其是否为人工合成或经优化处理。

◆ 购买时要求出具权威机构检测证书

　　红、蓝宝石价值较高，产地众多，优化处理手段常见，消费者在购买红、蓝宝石时，应当要求商家出具权威机构检测证书来确定是否天然或经过优化处理。

　　在红、蓝宝交易中常见的证书有：GRS ——Gem research Laboratory（瑞士宝石研究实验室）、IGI—— International Gemological Institute（国际宝石学院）、ICA—— International Colored Gemstone Association（国际彩色宝石协会）、NGTC—— National Gemstone Testing Centre（中国国家珠宝玉石质量监督检验中心）等。一些机构的检测证书会标明产地以及颜色，消费者可以根据红、蓝宝石的产地与颜色的关联性进行选购。

奇异宝石

Cat's eye and alexandrite

猫眼石和变石

　　猫眼石和变石并列为世界第五大名贵宝石，它们是金绿宝石 (Chrysoberyl) 家族中十分珍贵的两个品种。

　　猫眼石的英文名称为 Cat's eye，是指具有猫眼效应的金绿宝石，其弧形观赏面在光的照射下，可以呈现出一条明亮的光带，转动猫眼宝石，光带会一开一合，酷似猫儿的眼睛，因此得名。猫眼石的产地主要有巴西、斯里兰卡、印度、缅甸等，其中以斯里兰卡产出的猫眼石最为著名。

　　变石，也称亚历山大石 (Alexandrite)，是指具有变色效应的金绿宝石。据说，俄国沙皇亚历山大二世生日的那天，发现了变石，故将其命名为亚历山大石。变石在白色光源（如日光或日光灯）下呈现绿色，而在黄色光源（如白炽灯光下或烛光）下则呈现红色，故被誉为"白昼里的祖母绿，黑夜里的红宝石"。变石的著名产地是俄罗斯乌拉尔山脉，目前市场上的变石多来自巴西、斯里兰卡和印度等国。

猫眼石

变石

猫眼石和变石是彩色宝石中最为稀有的品种之一。猫眼石中灵动的眼线、变石变幻的色彩，让人不由惊叹大自然造物的奇妙，猫眼石和变石这对彩色宝石中的奇珍异宝，深受各国人民的喜爱，被誉为"奇异宝石"。

猫眼石和变石都是金绿宝石家族的成员，它们的基本性质大体相同，仅所具有的特殊光学效应不同。猫眼石因内部含有一组密集平行排列的纤维状包裹体而具有猫眼效应，变石的变色效应是因其含有微量的 Cr 和 V 元素。

【小贴士】只有具有猫眼效应和变色效应的金绿宝石可以直接命名为猫眼和变石，其他具有猫眼或变色效应的宝石，在命名时则需要加上宝石的名称。

猫眼石和变石基本特征一览表

名称	猫眼石	变石
矿物成分	金绿宝石	
化学成分	$BeAl_2O_4$	
结晶状态	晶质体——斜方晶系	
颜色	黄色、黄绿色、褐黄色	日光下绿色；白炽灯下红色
光泽	玻璃光泽	
透明度	亚透明至半透明	透明（变石猫眼通常为亚透明至半透明）
光性特征	非均质体——二轴晶正光性	
多色性	弱三色性，黄 - 黄绿 - 橙色	强三色性，绿 - 橙黄 - 紫红色
折射率	1.746 ～ 1.755；双折射率：0.008 ～ 0.010	
相对密度	3.73	
摩氏硬度	8 ～ 8.5	
紫外荧光	惰性	弱至中等的红色荧光
特殊光学效应	猫眼效应	变色效应

◆ **猫眼石和变石的经验鉴定**

猫眼石可呈现多种颜色，如蜜黄、黄绿、褐绿、黄褐、褐色等，并具有独特的乳白蜜黄效应，即在45°斜射光下，猫眼石的向光一半呈现其体色，而另一半则呈现乳白色。

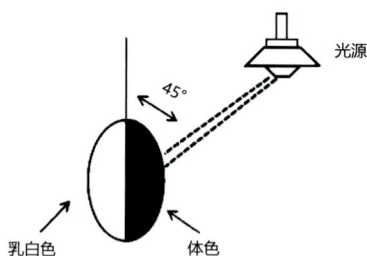

乳白蜜黄效应

乳白蜜黄效应

变石的经验鉴定则可根据特征的变色效应进行鉴别。

猫眼石和变石的折射率为 1.746 ~ 1.755，相对密度通常为3.73。

放大镜检查，猫眼石内部可见密集平行排列的丝状包裹体；变石内部通常含有指纹状包体及丝状物。并且猫眼石和变石中可含有云母、阳起石、针铁矿、石英和磷灰石等固体矿物包裹体。

此外，猫眼石和变石还可以根据其明显的多色性来进行鉴别。

日光下

白炽灯下

不同光源下变石的变色效应

猫眼石与相似宝石及人造猫眼宝石的鉴别

具有猫眼效应的的宝石很多，如碧玺、海蓝宝石、矽线石、石英、磷灰石等宝石都可具有猫眼效应。可通过肉眼观察其颜色、猫眼眼线特征，并结合折射率、相对密度、摩氏硬度、放大检查等方面的检测进行——区分。

人造猫眼宝石主要是指玻璃猫眼，通过加热并拉成丝束状的细玻璃丝加工成弧面型宝石而产生出猫眼效应。在玻璃猫眼的侧面垂直于光带的方向，使用放大镜即可观察到蜂窝状结构，结合其过分完美的眼线使得玻璃猫眼易于识别。

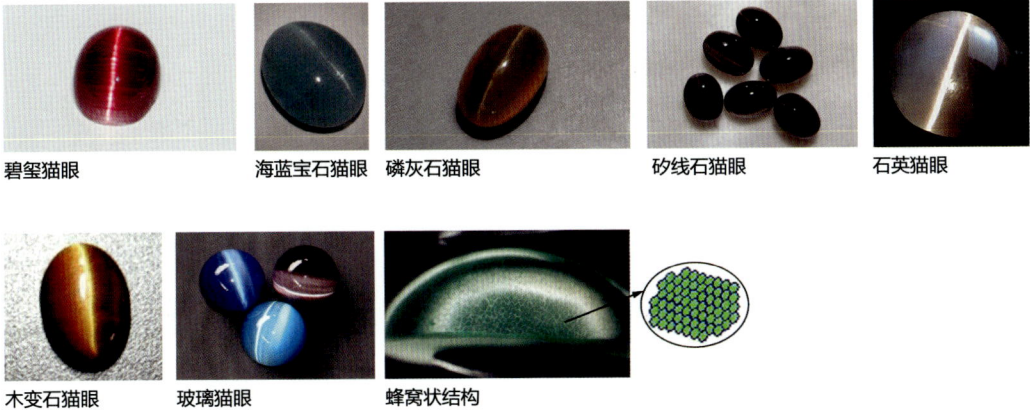

碧玺猫眼

海蓝宝石猫眼

磷灰石猫眼

矽线石猫眼

石英猫眼

木变石猫眼

玻璃猫眼

蜂窝状结构

猫眼石与相似宝石及人造猫眼宝石的鉴别特征一览表

名 称	颜色	折射率	相对密度	摩氏硬度	猫眼眼线	放大检查
猫眼石	蜜黄、褐黄	1.75	3.73	8 ～ 8.5	纤细、灵活、明亮	丝绢状包裹体
石英猫眼	灰白、灰褐、褐黄	1.54	2.66	7	宽、含糊不清、亮度较低	细管状包裹体
磷灰石猫眼	绿黄	1.63	3.18	5 ～ 5.5	中等粗细、较灵活	细管状包裹体
透辉石猫眼	浅绿黄	1.68	3.29	5 ～ 6	中等粗细、较灵活	细管状包裹体
碧玺猫眼	黄、棕绿、粉红、蓝绿	1.62	3.06	7 ～ 8	中等粗细、较灵活	长管状包裹体
阳起石猫眼	浅黄绿	1.63	3.00	5 ～ 6	中等粗细、较灵活	平行纤维结构
绿柱石猫眼	棕黄、褐黄、绿	1.58	2.72	7.5 ～ 8	中等粗细、较灵活	管状包裹体
矽线石猫眼	灰白、褐	1.67	3.25	6 ～ 7.5	中等粗细、较灵活	管状包裹体
长石猫眼	绿黄、棕黄	1.52	2.58	6 ～ 6.5	中等粗细、较灵活	聚片双晶纹
木变石猫眼	褐黄、棕红、灰蓝	1.54	2.64	7	宽、不灵活	纤维状结构
玻璃猫眼	各种颜色	1.54 或其他值	2.46 或其他值	5 ～ 5.5	异常明亮、闪光呆板	蜂窝状结构

变石与相似宝石及人工变色宝石的鉴别

　　除变石外，自然界中某些其他品种的宝石也具有变色效应，如变色石榴石、变色蓝宝石、变色尖晶石、变色萤石等。检测这些宝石的折射率、相对密度、摩氏硬度及放大检查内部特征，并结合其变色效应的特点可进行鉴别。

　　人工变色宝石的品种主要有合成变色蓝宝石、合成变石、合成变色尖晶石、合成变色立方氧化锆和变色玻璃等。其中合成变石的方法主要有助熔剂法和晶体提拉法等，合成变色蓝宝石和合成变色尖晶石的方法主要为焰熔法，合成变色立方氧化锆的方法为冷坩埚熔壳法，变色玻璃则为玻璃工艺制得。不同的人工合成方法产生不同特征的内部包裹体，结合折射率、相对密度、摩氏硬度和变色效应，可进行鉴别。

变色蓝宝石

变色石榴石

变色萤石

变石与相似宝石及人工变色宝石的鉴别特征一览表

名称	折射率	相对密度	摩氏硬度	变色现象	放大检查
变石	1.746～1.755	3.73	8～8.5	日光下：绿色 白炽灯下：红色	不规则气液包裹体
变色蓝宝石	1.762～1.770	4.00	9	日光下：绿、紫蓝色 白炽灯下：紫红色	平直色带 指纹状包裹体
变色红柱石	1.634～1.643	3.17	7～7.5	日光下：冷色调 白炽灯下：暖色调	气液及固态包裹体
变色锆石	1.925～1.984	4.17	6～7.5	日光下：冷色调 白炽灯下：暖色调	气液及固态包裹体
变色石榴石	1.710～1.830	3.78	7～7.5	日光下：冷色调 白炽灯下：暖色调	含针状包裹体
变色尖晶石	1.718	3.60	8	日光下：冷色调 白炽灯下：暖色调	洁净；偶见气泡
变色萤石	1.434	3.18	4	日光下：冷色调 白炽灯下：暖色调	色带；两相或三相包裹体
变色蓝晶石	1.716～1.731	3.68	4～7.5	日光下：冷色调 白炽灯下：暖色调	色带；解理纹或裂隙
合成变石	1.746～1.755	3.73	8～8.5	日光下：绿色 白炽灯下：红色	气泡；弯曲条纹；铂金片；助熔剂包裹体
合成变色蓝宝石	1.762～1.770	4.00	9	日光下：蓝灰色 白炽灯下：紫红色	气泡；弧形生长纹
合成变色尖晶石	1.728	3.64	8	日光下：冷色调 白炽灯下：暖色调	气泡；粉末状包裹体和弧形生长纹
合成变色立方氧化锆	2.150	5.80	8.5	日光下：冷色调 白炽灯下：暖色调	一般洁净；偶见气泡
变色玻璃	1.540	2.46	5.5	日光下：紫红色 白炽灯下：紫蓝色	气泡；棱线粗糙

猫眼石与变石的评价

　　猫眼石和变石作为具有特殊光学效应的宝石，其特殊光学效应的完美程度直接决定了价值的高低。优质的猫眼石眼线细而窄，界限清晰，张闭灵活，颜色与体色形成鲜明对比。顶级的变石能够在日光下呈现祖母绿色，而在白炽灯光下呈现红宝石色。

◆ 猫眼石的评价

　　猫眼石的质量评价因素主要为颜色、透明度、猫眼效应、琢型、重量等。

颜色

　　猫眼石的颜色有多种，棕黄色（蜜黄色）是猫眼石的最佳颜色，颜色好坏依次为蜜黄、黄绿色、褐绿色、褐黄色等。浅颜色的猫眼石会弱化眼线的清晰程度，导致价值降低。

透明度

　　猫眼石的最佳透明度一般以半透明为佳，这可使光带与体色对比更加清晰，过于透明会影响猫眼效应的明显程度。

重量

　　重量越大者越珍贵。一般情况下，十克拉以上的猫眼有很高的收藏价值。

琢型

　　琢型的匀称程度对价值有一定影响，比例适中、弧度与厚度协调的琢型可使猫眼石显示出较好的半透明度并使眼线清晰明显。

猫眼效应的完美程度

　　优质的猫眼石要求眼线平直、均匀、连续、清晰、明亮，且位于宝石的正中央。眼线的颜色应与背景形成鲜明对照，要显得干净利落。高品质猫眼石的眼线随入射光的变化可以灵活转动，俗称猫眼活光。

◆ 变石的评价

　　变石的质量主要从变色效应的完美程度、净度、重量和切工等方面进行评价。

变色效应

变色效应要明显，以在不同光源下呈现出的颜色对比强烈为佳。通常情况下在日光下颜色好坏依次为翠绿、绿、淡绿；白炽灯下颜色好坏依次为红、紫、淡粉色。

透明度和净度

透明度和净度越高，价值越高。

重量

由于变石脆性较强，易裂，所以重量尺寸大的变石晶体不多见。因此，重量对宝石价值的影响极大，重量越大，价值越高。

切工

变石往往被切磨成刻面型，如祖母绿型、公主方型、椭圆型和圆钻型等。切工质量越高，宝石价值越高。

◆ 变石猫眼的评价

在所有猫眼石和变石中，最为稀少和珍贵的当属集猫眼石和变石的美丽于一身的变石猫眼，既可见到猫眼石的灵动，又可欣赏到颜色变化的神奇美感，可谓稀世珍宝。

评价变石猫眼，特殊光学效应的因素排在首位，既要考量猫眼眼线的清晰、居中、明亮和灵活程度，也要考虑变色效应的色彩和明显程度，同时也要考虑宝石的琢型、净度、切工和重量尺寸大小。

既具有优质猫眼石品质，又具有优质变石特征的变石猫眼价值最高，是收藏中的极品。

变石猫眼

猫眼石与变石的选购

猫眼石和变石都是高档名贵宝石，价格不菲，选购时需要小心谨慎。

◆ 猫眼石的选购

猫眼石常被人们称为"高贵的宝石"，也常被认为是好运气的象征，有人相信通过佩戴猫眼石能够健康长寿。选购猫眼石时需注意以下几点：

按需求选择合适的琢型

猫眼石多加工成弧面型，为了使眼线更为清晰常常具有较高的弧面，同时为了减少光线穿透和散失而保持底面不抛光。

宝石工匠常常为了充分利用原石而增加底部的厚度。适当的宝石厚度会提高宝石的整体美观性；但不协调的厚底，不仅使宝石失去完整的美观性而降低价值，也增加了二次加工的可能及镶嵌的难度。

关注猫眼石首饰的整体效果

购买猫眼石首饰时，不仅要考虑主石的质量，也应该考虑配石的大小和质量、贵金属的材质、设计款式以及镶嵌工艺等。猫眼石首饰通常主要与白金和钻石搭配镶嵌，这样可以凸显其独特的猫眼效应和美丽的颜色。

另外，若是猫眼石耳坠、耳钉等套饰，不仅要选择与自身气质协调的款式，还需考虑各猫眼石颜色和眼线之间的协调性，使首饰整体协调美观，提高美感和价值。

仔细观察谨防买到其他相似宝石

市场上具有猫眼效应的宝石较多，有些商家会将具有猫眼效应的宝石统称为猫眼石以混淆视听。消费者在选购时要注意询问具体宝石品种，并根据鉴定特征把猫眼石与其他具有猫眼效应的宝石区分开来。

若是看到眼线十分完美的猫眼石要谨慎购买，可要求商家出具权威的鉴定证书，避免造成经济损失。

猫眼石首饰

变石的选购

变石自古以来就被认为是"皇室宝石"，可见其数量之少价值之高。选购时应注意以下几点：

◆ 综合考虑变石的评价因素

选购变石时，不仅要使用不同光源观察其变色效应的强弱，也要注意内部是否含有影响宝石耐久性的杂质或裂隙。

选购变石群镶首饰时还应注意变石变色效应的协调性及镶嵌牢固度。

◆ 要求商家出具权威鉴定证书

变色效应明显，内部极为洁净的变石较为罕见，但市面上有多种具有变色效应的宝石。若是特别完美的变色宝石要仔细观察，并可要求商家出具权威机构的鉴定证书，避免买到其他种类的变色宝石或人工合成的变色宝石。

变石戒指

变石戒指

【小贴士】猫眼石和变石属于珍稀宝石，也有一定的脆性，所以要妥善佩戴和谨慎保管。

画家的调色板

Opal

欧泊

古罗马自然科学家普林尼曾说："在一块欧泊石上，你可以看到红宝石的火焰，紫水晶般的色斑，祖母绿般的绿海，五彩缤纷，浑然一体，美不胜收。"

欧泊一词是由英文名称"Opal"音译而成，欧泊名称的由来源自拉丁文"opalus"，意思是"集宝石之美于一身"。欧泊以其特殊的变彩效应而闻名，欧泊变幻的绚丽色彩如画家的调色板，是大自然美丽景色的缩影，被定为金秋十月的生辰石。

澳大利亚是世界上最重要的欧泊产出国，主要产区有新南威尔士、南澳大利亚、昆士兰，其中最富盛名的是新南威尔士所产的优质黑欧泊。墨西哥以出产火欧泊和晶质欧泊而闻名。除此之外，埃塞俄比亚、巴西、美国、秘鲁等国也有欧泊产出。

白欧泊原石

黑欧泊原石

欧泊的基本特征

欧泊是非晶质体，由含水的SiO_2小球组合而成，颜色十分丰富，具有特殊的变彩效应，即在光源下转动欧泊可以看到五颜六色的色斑。

欧泊基本特征一览表

矿物组成	蛋白石
化学成分	$SiO_2 \cdot nH_2O$，含水量一般为 4% ~ 10%，最高可达到 20%
结晶状态	非晶质体
颜色	体色可有黑、白、深灰、绿、蓝、红、橙、棕等多种颜色
光泽	树脂光泽至玻璃光泽
透明度	透明至不透明
光性特征	均质体，火欧泊常见异常消光
折射率	1.42 ~ 1.43, 火欧泊可低至 1.37
相对密度	2.15
摩氏硬度	5 ~ 6
紫外荧光	可具无至中等强度的荧光，可有磷光
吸收光谱	绿色者具 660nm、470nm 吸收线
特殊光学效应	变彩效应，猫眼效应（稀少）

欧泊的种类

欧泊有许多品种，根据其体色、结构及成因的不同，可将欧泊分为白欧泊、黑欧泊、火欧泊、晶质欧泊、砾石欧泊、脉石欧泊、化石欧泊、欧泊猫眼和星光欧泊九大类。

◆ 白欧泊

体色为白色或浅灰色的欧泊品种。

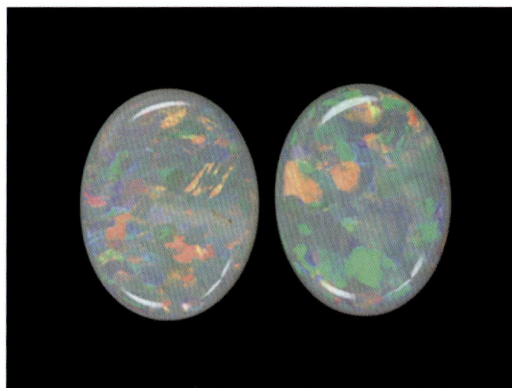

白欧泊

◆ **黑欧泊**

体色为黑色或深色的欧泊品种。

◆ **火欧泊**

通常呈半透明到透明，体色为红橙色调，变彩微弱。

◆ **晶质欧泊**

体色为无色，透明到半透明，净度高，变彩强烈的欧泊品种。有的晶质欧泊通体透明，酷似水晶，所以商业上也将这种晶质欧泊称为"水晶欧泊"。

◆ **砾石欧泊**

砾石欧泊指欧泊呈层状覆盖在围岩之上或者呈曲线状穿插于围岩之中。砾石欧泊的形态复杂多样，体现出自然的美感。目前市场上对围岩中铁含量较高的砾石欧泊也称为"铁欧泊"。

黑欧泊

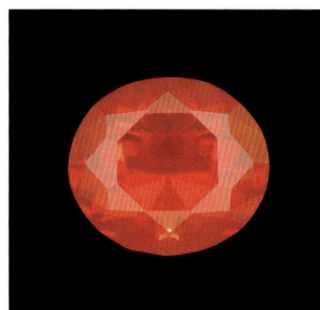

火欧泊

晶质欧泊

砾石欧泊

◆ 脉石欧泊

欧泊呈填充物的形式散乱在围岩的微小孔隙之间形成，称之为脉石欧泊。通常经过糖酸处理进行染色。

◆ 化石欧泊

是指欧泊交代贝壳或动物骨骼或动物的分泌物等之后形成的欧泊品种，通常具有动物骨骼的形态等特征。

约瓦脉状砾石欧泊

经糖酸处理的脉石欧泊

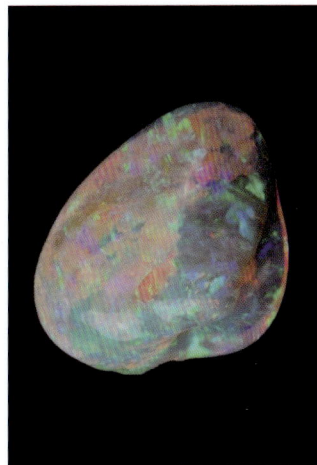

化石欧泊

◆ 欧泊猫眼

欧泊内部存在一组定向密集平行排列的纤维状或管状包裹体时，将其切磨成素面宝石，且其底面与包裹体所在平面平行时便可形成欧泊猫眼。火欧泊与黑欧泊品种中都可呈现猫眼效应。

◆ 星光欧泊

欧泊内部由于 SiO_2 小球的不规则排列导致欧泊内部形成了大量平行定向排列相互交叉的平面，形成了星光效应。

火欧泊猫眼　　　黑欧泊猫眼　　　星光欧泊　　　星光欧泊放大检查

欧泊的经验鉴定

欧泊特有的变彩效应是其主要鉴定依据，转动欧泊可以看到不同颜色富有立体感的交替变换，变彩灵动。

欧泊通常呈透明或不透明。色彩丰富，可有白色、黑色、深灰、蓝、绿、棕色、橙色、橙红色、红色等多种颜色。

欧泊的色斑特点为其主要鉴别特征，放大检查可呈现不规则的薄片，沿着同一个方向具有纤维状或条纹状结构，并具丝绢状外观。

不同产地及品种的欧泊各有其识别特征。

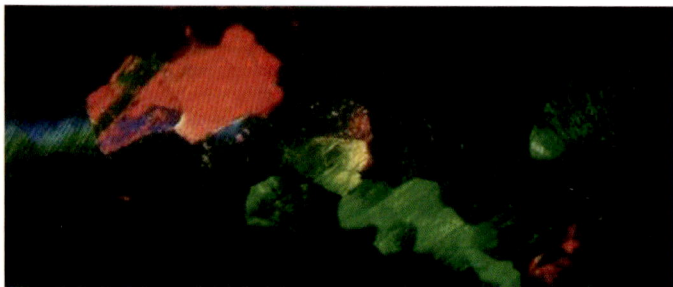

欧泊的色斑

欧泊产地及种类一览表

品种	外观特征	主要产地
白欧泊	体色为乳白、灰白、淡灰黄色；透明至不透明；变彩多为三彩，个别为五彩	澳大利亚、埃塞俄比亚
黑欧泊	体色为黑色、深灰、深蓝、深绿和褐色；强烈变彩；不透明；常为五色或七色彩片	澳大利亚、墨西哥
火欧泊	透明至半透明；多为单彩或三彩；体色为红、橙红至橙黄色，变彩不明显	墨西哥、美国
晶质欧泊	本体无色；个别呈现灵活的变彩；透明或近透明	澳大利亚、埃塞俄比亚、墨西哥
砾石欧泊	欧泊夹杂围岩或欧泊呈脉状穿插于围岩之中	澳大利亚
化石欧泊	欧泊交代贝壳等生物化石	澳大利亚
欧泊猫眼	欧泊表面可见眼线，欧泊猫眼十分罕见	澳大利亚、墨西哥
星光欧泊	欧泊表面可见星线，星光欧泊十分罕见	未知

欧泊与相似宝石的鉴别

自然界中，与欧泊相似的宝石有具有晕彩效应的拉长石和具有彩虹现象的火玛瑙，通常可以从折射率、密度和包裹体特征对其进行区分。

拉长石

火玛瑙和拉长石的折射率与相对密度都高于天然欧泊。欧泊内可有二相和三相的气液包裹体，可含有石英、萤石、石墨、黄铁矿等诸多的矿物包裹体，墨西哥欧泊中含有针状的角闪石。而长石有较发育的解理，并常见板条状或针状的黑色金属包裹体。

火玛瑙

欧泊与相似宝石的鉴别特征一览表

名　称	折射率	相对密度	特殊光学效应	其　他
欧泊	1.45	2.15	变彩效应，在不同角度颜色发生变化，并具立体感	贝壳状断口；体色丰富，有黑、白和橙等色
拉长石	1.56	2.70	晕彩效应，在不同角度从一光谱色变为另一光谱色，并非是单一的彩色晕彩	良好的解理，断面平整
火玛瑙	1.54	2.60	晕彩效应	体色总呈棕色

合成、优化处理欧泊的鉴定

优质的欧泊产量相对较少而价值较高，为了满足日益增长的市场需求，合成欧泊及优化处理欧泊逐渐在市场上出现了。

◆ 合成欧泊

目前市面上与天然欧泊最为相似的合成欧泊，大部分合成欧泊是吉尔森公司（Gilson Company）通过化学沉淀法制造出来的，通常可以合成白欧泊、黑欧泊和火欧泊。

合成欧泊与天然欧泊外观十分相似，但放大观察合成欧泊的侧面，可见的色斑通常呈柱状排列，具有三维形态。从特定角度观察合成欧泊的色斑边界，往往呈棱角分明的锯齿状结构，类似蜥蜴皮、蛇皮或蜂窝状的结构。

另外，在紫外光下天然欧泊可有荧光或有磷光，而合成欧泊荧光极弱并无磷光。此外，合成欧泊与天然欧泊也可以通过红外光谱的不同进行鉴别。

合成欧泊

合成欧泊的蜥蜴皮结构和三维色斑

【小贴士】随着欧泊在市场上的走俏，制造商们对合成欧泊的技术进行了改进，新型的合成欧泊看起来更加自然，典型的蜥蜴皮结构也变得不明显，这给肉眼鉴定欧泊带来了难度，所以如果在市场上看到了明亮并且具有过分规律图案的欧泊一定要提高警惕。

Mexfire 新型合成火欧泊

◆ **染黑欧泊**

黑欧泊相对名贵且产量较少，一些品质较差的欧泊可通过糖酸浸泡、烟处理和注塑等方法进行处理，达到加深体色的效果来模仿黑欧泊。

染黑欧泊

◆ **糖酸处理**

糖酸处理是将欧泊放在热糖溶液中浸泡一段时间后冷却擦净，然后放入热浓硫酸中浸泡再冷却冲洗，最后在碳酸盐溶液中快速漂洗并冲洗干净，使糖中的氢和氧被去掉，而将碳留在欧泊裂纹和孔隙中，从而产生暗色背景色的处理方法。

经糖酸处理的欧泊经放大观察，色斑呈破碎的小块并局限在欧泊的表面，可见小黑点状染剂在彩片或球粒的空隙中聚集。

◆ 烟处理

　　烟处理是用纸把欧泊裹好加热至纸冒烟为止，从而产生黑色背景色的处理方法，但黑色仅限于表面。

　　烟处理的欧泊多孔，密度较低，其相对密度仅为1.38～1.39，用针头触碰，表面可有黑色物质剥落，有黏感。

糖酸处理过的欧泊

◆ 注塑处理

　　注塑处理是在欧泊里注入塑料以掩盖裂隙并使其呈现暗色背景的处理方法。

　　注塑处理的欧泊相对密度约为1.90，可见黑色集中的小块，且透明度高于大多数未经处理的欧泊，并在红外光谱中显示有机质引起的吸收峰。

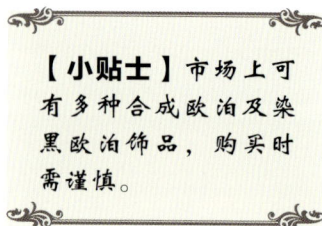

【小贴士】市场上可有多种合成欧泊及染黑欧泊饰品，购买时需谨慎。

◆ 水欧泊染色

　　水欧泊为欧泊的一种，和其他欧泊不同的地方在于水欧泊具有吸水性，经过染色处理的水欧泊，在吸收了溶液中的染料后，水欧泊的体色会发生变化。

　　这种染色手法仅限于水欧泊，且在丙酮中浸泡了一段时间后，颜色会减退；并且放大检查在表面凹坑处会有颜色富集。

染色水欧珀

浸泡的染色欧泊

◆ 拼合欧泊

欧泊主要呈细脉状或薄片状产出，有些因太薄不能单独琢磨成宝石应用者，通常会对其采用拼合的方式进行处理。例如，将薄片状欧泊用胶粘合在玉髓、玛瑙片或劣质欧泊薄片上，称为欧泊双层石；也可在双层拼合石顶部加上一层透明石英或玻璃顶帽来增加欧泊的耐久性，称为欧泊三层石。

放大观察拼合欧泊，可见其侧面的拼合缝，并且在拼合面上可见扁平状或球状气泡。

【小贴士】砾石欧泊是铁矿石和贵欧泊层天然结合而成，要注意与拼合石区别。砾石欧泊的欧泊层与围岩过渡得自然，边缘不规则。

除了二层和三层的欧泊石拼合石之外，有时也可以看到由欧泊碎片拼接而成的另类拼合石，或称之为"马赛克"拼合，拼合方法与三层石类似。

拼合欧泊二层石

石英帽
欧泊薄片
黑底

拼合欧泊三层石

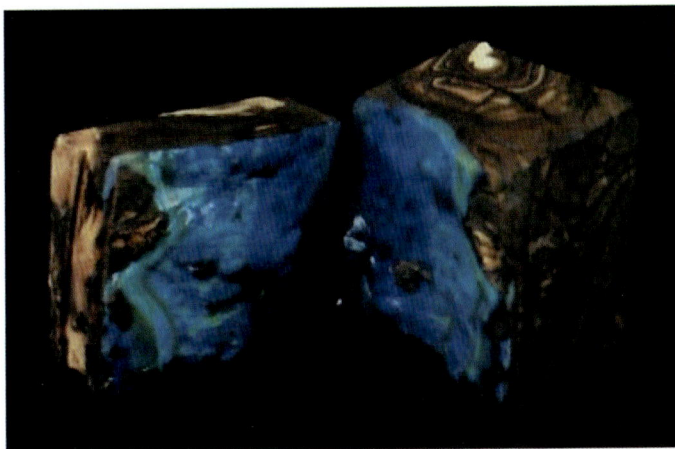

砾石欧泊

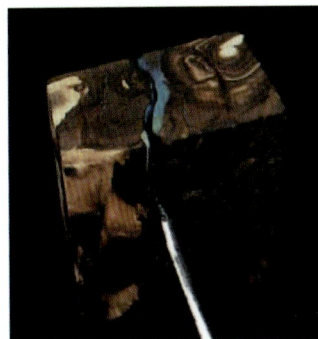

砾石欧泊

欧泊碎片拼合石

◆ 覆膜欧泊

覆膜欧泊由颜色较浅的欧泊包裹一层颜色鲜亮的外壳组成。覆膜欧泊的折射率和比重都比天然欧泊略低，在长波和短波紫外光下都显示荧光惰性，放大检查表面有明显的划痕和小的凹坑。红外光谱有有机物的吸收峰，拉曼光谱指示外壳为有机物。

覆膜欧泊

◆ 欧泊仿制品的鉴定

市面上常见的欧泊仿制品有玻璃仿欧泊和塑料仿欧泊等，其外表上虽与欧泊相似均有变彩效应，但变彩不自然，放大观察不存在欧泊的特征结构及天然包裹体。

另外，欧泊的折射率、密度等均与玻璃仿欧泊和塑料仿欧泊不同。玻璃仿欧泊的折射率和密度均大于欧泊；塑料仿欧泊的折射率大于欧泊而密度小于欧泊，且由于导热性差而手感温热。

覆膜欧泊放大检查

玻璃仿欧泊（斯洛卡姆石）

类欧泊是具有和天然欧泊最相似外观的仿制品，属于塑料仿制品中的一类，具有塑料的鉴定特征，变彩放大检查具有蜥蜴皮结构。类欧泊由聚乙烯组成，非常透明，主要流通于香港，常被用来制作服饰珠宝。

塑料仿制欧泊

欧泊与其他仿制品鉴别一览表

名 称	外观特征	折射率	相对密度	结构特征	其 它
欧泊	变彩灵动，颜色变化富有立体感；变彩发生在表面	1.45	2.15	二维色斑，边界过渡自然	内部可见两相或三相气液包裹体
塑料仿欧泊	表面光洁，变彩呆板，具较为规则并且大小较为一致的镶嵌图案	1.48	1.21	缺少欧泊的典型结构并可见气泡	偏光镜下异常消光；长波紫外光下为强淡蓝色，短波下较弱
玻璃仿欧泊（斯洛卡姆石）	表面光洁，光泽较强，变彩发生在玻璃体内部，色斑规则，多为规则的金属彩片	1.51	2.47	缺少欧泊色斑的典型特征，可见气泡及流纹状构造	长、短波紫外光下均呈惰性

欧泊的评价

欧泊最主要的特征是变彩效应，并且其体色丰富多样，因此，评价欧泊时，应将变彩效应和体色作为评价的主要因素，并结合不同品种欧泊的个性特点进行综合评价。

◆ **变彩评价**

高质量的欧泊应变彩均匀、完全，无变彩的部分越少越好。变彩的颜色可以是单一色，也可以是组合色，颜色越丰富，价值越高。

等级最好的变彩是六色或七色的彩虹光，其次为具有四至五种变彩的五彩光，而具有二至三种变彩色的则相对常见。

变彩的明亮程度也是影响欧泊价值的重要因素，通常以高明亮度的变彩为佳。

高明亮度变彩欧泊

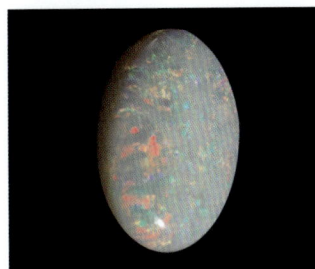
低明亮度变彩欧泊

◆ 体色评价

具变彩效应的欧泊，体色以深色为佳，浅色次之，目前市场上以最能凸显变彩效应的黑欧泊为上品；对于无变彩的火欧泊，其体色按照红、橙红、橙黄的颜色顺序，其价值依次降低。

◆ 净度评价

欧泊内部不应有过多纹裂和其他杂色包裹体，否则会影响其外观和耐久性。

净度对火欧泊的评价尤为重要，需从其透明度以及内部的洁净度两方面进行，优质的火欧泊内部无瑕且完全透明。

◆ 切工评价

优质的欧泊需要精良的切工来体现宝石的最佳美感。除火欧泊常被切磨成刻面型宝石外，其他欧泊常被切磨成弧面型，部分欧泊为了保重也可切磨为随型。

◆ 粒度评价

自然界中大颗粒的欧泊很难形成，因此，同等品级的欧泊粒度越大，其价值越高。

对于欧泊的特殊品种评价，除上述评价因素之外，还需要根据其特性进行补充评价：欧泊猫眼的评价还需考虑其眼线的品相，以眼线平直、完整、居中、灵活者为优；化石欧泊的评价还需观察其化石外形特征的显著程度；砾石欧泊的评价还需注意其围岩在整体视觉上搭配效果的美观协调性。

欧泊的选购

消费者在选购欧泊时，应参照欧泊各项评价标准，结合个人喜好和需求选择合适的欧泊饰品。

◆ 以变彩明显、鲜艳美丽者为首选

尽管不同地域的消费者对不同类型的欧泊喜好不同，在选购时，都应当首先选择体色纯粹、变彩颜色丰富且明亮鲜艳的欧泊饰品。

欧泊首饰

◆ 欧泊猫眼和星光欧泊的选购要区别对待

欧泊猫眼和星光欧泊是欧泊中的罕见品种。火欧泊和黑欧泊中可出现猫眼效应，其中火欧泊通常不会同时具有变彩效应，故选购火欧泊猫眼时要重点关注其猫眼效应的品相与体色的和谐程度；而具有猫眼效应的黑欧泊，因其仍具备变彩效应，因此对于这类欧泊的选购要考虑猫眼和变彩两种效应的综合效果。

星光欧泊的产出比欧泊猫眼更加稀少，具有收藏价值。在选购时要考虑星线是否明亮，居中。

◆ 不可忽视欧泊饰品的设计款式和加工水平

欧泊镶嵌的好坏会影响欧泊耐久性，包镶的欧泊首饰要比爪镶的欧泊首饰稳定。

选择欧泊首饰时不仅要关注主石欧泊的质量及切工好坏，也应该考虑配石的大小和质量、贵金属的材质、设计款式以及镶嵌工艺等。对于耳坠、耳钉、手链等多颗欧泊搭配的首饰套装还需考虑变彩之间的协调和美感。

欧泊戒指

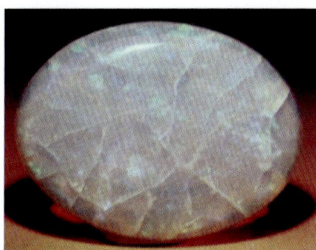
欧泊开裂

欧泊的养护

欧泊是一种非常娇贵的宝石，在干燥或高温以及温差变化剧烈的环境下欧泊内部可能产生裂纹甚至导致破损，应小心保养。

由于欧泊硬度相对较低，在佩戴与存放时都应避免磕碰或被硬物划伤而受损。正常情况下，高质量的欧泊是不会发生碎裂的，但是佩戴和保养不当会使欧泊变得脆弱。在干燥或高温以及温差剧烈变化的环境下，欧泊内部可能产生裂纹甚至导致破损。

收藏欧泊一定不能把它放到银行的保险箱里，因为保险箱中的声波运动探测器容易使得欧泊碎裂，同理清洁欧泊时不要使用超声波清洗机，用柔软的布沾上肥皂水擦洗就可以了。

专家建议储存欧泊最好的方式是将欧泊放在一个干净的塑料袋里，在里面放上一片潮湿的纸片。

【小贴士】购买本身就有裂纹的欧泊会极大地影响欧泊的耐久性，所以在购买时一定要仔细检查。

欧泊开裂

多彩宝石

Tourmaline

碧玺

传说在公元 1703 年，荷兰的阿姆斯特丹有几个孩子在玩着航海者带回的一些石头，发现这些石头除了在阳光下色彩绚丽之外，还有能吸引或排斥灰尘或草屑的能力，于是，荷兰人称之为"吸灰石"，这就是碧玺。

碧玺，英文名称为 Tourmaline，是从古僧伽罗（锡兰）语 Turmali 一词衍生而来的，意思为"混合宝石"。碧玺有红色、蓝色、黄色、绿色、紫色、黑色以及各种过渡色等，因此，碧玺有"多彩宝石"之美誉，被业内人士推荐为十月份的生辰石之一。

碧玺的矿物学名称为电气石，是一种成分非常复杂的硼硅酸盐矿物。正是因为成分复杂、元素多样，才使得碧玺呈现出丰富多彩的颜色。值得一提的是，碧玺还可以在一块宝石上呈现出两种或者两种以上的颜色，内红外绿者被称为"西瓜碧玺"，这在其他宝石品种中极为罕见。

碧玺的产地分布很广，目前市面上的碧玺大多来自巴西，此外坦桑尼亚、肯尼亚、马达加斯加、莫桑比克、纳米比亚、阿富汗、巴基斯坦、斯里兰卡、意大利、缅甸、美国加州以及中国的新疆与内蒙古也有碧玺产出。

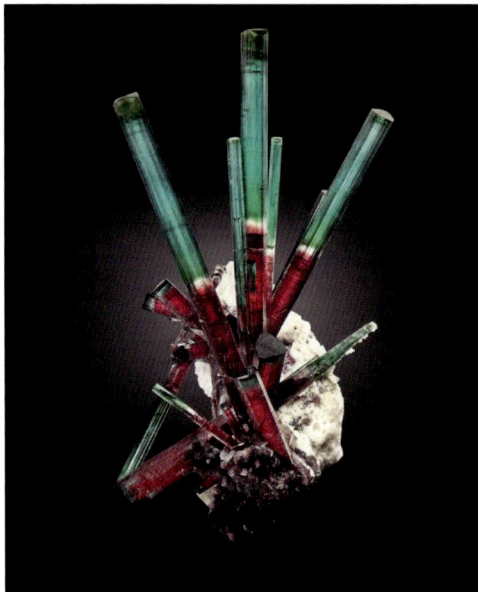

碧玺晶体

碧玺的基本特征

碧玺为含铝、镁、铁的硼硅酸盐，化学成分非常复杂，因而造就了它丰富多彩的颜色，在市场上深受消费者的青睐。

碧玺的基本特征一览表

矿物名称	电气石
化学成分	$(Na,K,Ca)(Al,Fe,Li,Mg,Mn)_3(Al,Cr,Fe,V)_6(BO_3)_3(Si_6O_{18})(OH,F)_4$
结晶状态	晶质体——三方晶系
颜色	无色、红色、绿色、蓝色、黄色、紫色、黑色等；同一晶体上可呈双色或多色
光泽	玻璃光泽
透明度	透明至不透明
光性特征	非均质体——一轴晶，负光性
折射率	1.624～1.644；双折射：0.018～0.040
相对密度	3.06
摩氏硬度	7～8
多色性	中至强的二色性，深浅不同的体色
吸收光谱	红、粉红色者：绿区宽吸收带，可见525nm窄带，451nm、458nm吸收线；绿、蓝色者：红区普遍吸收，498nm强吸收带，蓝区可有468nm吸收线
紫外荧光	惰性；粉红、红色者可呈弱红至紫色
特殊光学效应	猫眼效应；变色效应（少见）
其他	热电性；压电性

碧玺的种类

碧玺是颜色非常丰富的彩色宝石品种，同时，某些碧玺还具有特殊光学效应，因此可以按照其颜色及特殊光学效应划分其品种。

◆ 红碧玺

红碧玺为粉红至红色碧玺的总称，包括紫红、玫瑰红、红、桃红、粉红色等，其颜色源于内部所含的锰离子（Mn^{2+}）。某些红碧玺颜色与红宝石的颜色相近，商业上称其为"rubylite"红碧玺。

紫红色碧玺戒面

"rubylite"红色
碧玺戒面

深粉色碧玺戒指

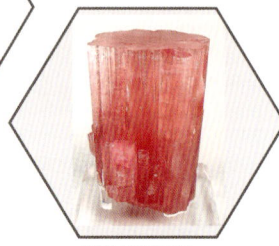

粉色碧玺晶体

绿色碧玺在碧玺中较为常见，包括浅绿到深绿、黄绿或棕绿，其中的翠绿色含铬碧玺在欧洲和巴西曾被误认为祖母绿，在巴西和马达加斯加均有产出。

深绿色碧玺戒指

绿色碧玺戒面

黄绿色碧玺晶体

绿色碧玺晶体

◆ 蓝碧玺

纯蓝色的碧玺非常稀有，常见深紫蓝或绿蓝色，偶见浅蓝到浅绿蓝色。非常有名的是产自巴西帕拉伊巴的蓝色碧玺，高浓度的铜元素使得宝石具有十分罕见耀眼的霓虹绿蓝色调，即商业上说的"土耳其蓝"的帕拉伊巴碧玺。目前莫桑比克、尼日利亚等也有类似的"帕拉伊巴"碧玺产出。

蓝色碧玺

帕拉伊巴碧玺

◆ 黄碧玺与橙碧玺

纯黄或橙色的碧玺很难见到。不同深浅的黄棕或棕黄色碧玺很受欢迎，矿物学家有时称棕色者为镁电气石。

褐黄色碧玺

咖啡色碧玺

◆ 紫碧玺

紫碧玺颜色鲜艳，透明度较高，非常稀少。

莫桑比克紫碧玺

◆ 白色或无色碧玺

有时称白碧玺(achroite，希腊文"白的"的意思)，无色透明，可具猫眼效应。

无色碧玺晶体

◆ 黑碧玺

黑碧玺因为其透明度较低，多用作矿物晶体观赏石。

黑色碧玺晶体

◆ 多色碧玺

多色碧玺是指一个晶体上有两种或两种以上的颜色，或上下不同，或内外有别，其中内红外绿者称为"西瓜碧玺"。

双色碧玺晶体

红黄绿三色碧玺晶体

西瓜碧玺原石

◆ 碧玺猫眼

当碧玺中含有一组密集平行定向排列的纤维状、管状包裹体，并磨制成弧面型宝石且其底面与包体所在平面相互平行时，便可显示猫眼效应，称为碧玺猫眼。常见的碧玺猫眼为绿色，少数为蓝色、红色。

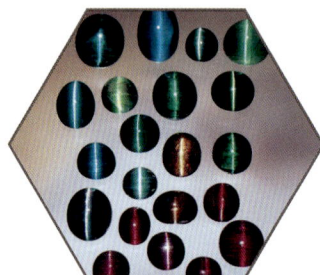
各种色调的碧玺猫眼

◆ 变色碧玺

具变色效应的碧玺较为罕见，通常日光下为黄绿色、绿黄色，白炽灯下呈棕黄色、土黄色。

变色碧玺（日光下）

变色碧玺（白炽灯下）

经验鉴定

人们对碧玺的印象多是切磨好规则的几何外形，实际上，其晶体形态也同样美丽。一般情形下，碧玺晶体呈长柱状，柱面有纵纹，晶体的横断面呈弧面三角形。

切磨好的碧玺成品通常可以从颜色、多色性、内部包裹体、重影及热电性等方面来进行鉴别。

巴基斯坦双色碧玺晶体

◆ 颜色

由于碧玺的颜色多夹杂其他色调，非常有特点，所以颜色是鉴定碧玺的重要依据，经验丰富的人很容易识别。

颜色均匀的碧玺少见，部分碧玺可见色带（上、下端，上、中、下区段颜色不同）或色环（内、外部颜色各不相同）。

◆ 多色性

碧玺的二色性极强，用肉眼从不同方向观察，就能看到不同的色调。

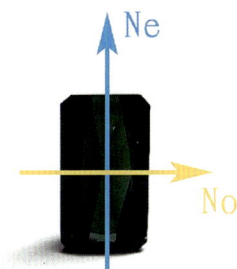

绿色碧玺的强二色性

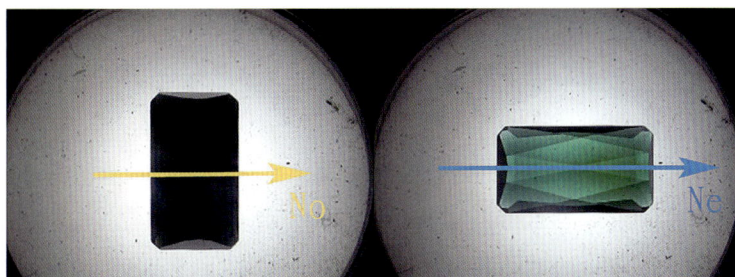

◆ 包裹体

放大观察，碧玺内部常见充满液体的扁状、不规则管状包裹体、平行长轴的裂纹及被气体充填的管状裂隙；碧玺猫眼内部可见密集的平行纤维管状包裹体。

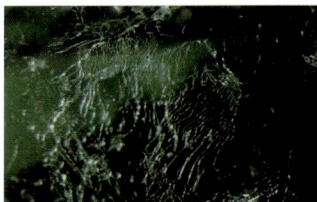

碧玺"撕扯状"气液包裹体

◆ 重影

由于碧玺的双折射率较大，因此有重影现象。利用 10 倍放大镜观察刻面型碧玺，其后刻面棱线会出现明显重影。

◆ 热电性

碧玺具有明显的热电性，因此将碧玺在细绒布上轻轻摩擦几下或在阳光下晒一会儿，即可吸引灰尘和细小纸屑。

碧玺与相似宝石的鉴别

自然界中有众多不同色系的彩色宝石与碧玺相似。红碧玺、蓝碧玺和绿碧玺在自然界中最为常见，可依据红、蓝、绿三个主要色系宝石的特点，从折射率、相对密度、多色性、包裹体等方面的特征将碧玺与其他相似宝石区分开来。其他色系的碧玺品种可参照相同的方法与其相似的宝石品种进行鉴别。

◆ 红碧玺与相似宝石的鉴别

与红碧玺相似的宝石有红宝石、红锆石、红尖晶石、镁铝榴石、铁铝榴石、锰铝榴石等。可利用偏光镜将这些相似宝石分为两类：红宝石、红锆石为非均质体宝石（四明四暗），其余红色宝石均为均质体宝石（全暗）。

与红宝石、红锆石的区别

红宝石、红锆石与红碧玺虽然颜色相近，但因其他性质不同较容易区分。

红宝石折射率（1.762～1.770）、相对密度（4.00）均高于碧玺；红宝石内部含有较多的绢丝状金红石包裹体、弥漫状或指纹状气液包裹体等不同于碧玺；且具有特征的铬吸收光谱与碧玺的锰吸收光谱不同。

红锆石的折射率（1.925～1.984）、相对密度（4.60～4.80）和色散值（0.038）远高于碧玺，因而光泽与火彩较强；红色锆石内部多含愈合裂隙及矿物包裹体；在紫外荧光灯下呈黄或橙红色荧光，与红碧玺的弱红至紫色荧光不同。值得注意的是，红锆石因具有纸蚀现象，其棱线磨损较严重。

与红尖晶石、镁铝榴石、铁铝榴石、锰铝榴石的区别

与红碧玺不同，红尖晶石、镁铝榴石、铁铝榴石、锰铝榴石四者均为均质体宝石，

无多色性；且四者的折射率、相对密度均高于碧玺。放大观察，尖晶石内部含有面状分布或串珠状分布或单个分布的尖晶石小晶体，石榴石内部常见针状金红石及固态包裹体，还可见不规则羽毛状气液包裹体，而碧玺多含长管状气液包裹体。

红碧玺与相似宝石的鉴别

宝石名称	光性特征	折射率	相对密度	内部特征	其他
红碧玺	非均质体	1.624～1.644	3.06	内部气液包裹体丰富，常见"撕扯状"气液包体；后刻面棱重影	强至中等的二色性
红宝石	非均质体	1.762～1.770	4.00	绢丝状金红石包裹体、指纹状气液包裹体	具有特征的 Cr 谱
红锆石	非均质体	>1.78	4.60～4.80	内部多含愈合裂隙及矿物包裹体	紫外荧光下呈黄、橙红色荧光；火彩强；纸蚀现象，棱线磨损厉害
红尖晶石	均质体	1.718	3.60	细小的八面体负晶，可呈单个或呈指纹状分布	紫外荧光下呈弱至强的荧光
镁铝榴石	均质体	1.714～1.742	3.78	常见固态的锆石、磷灰石包裹体	无多色性
铁铝榴石	均质体	1.760～1.820	4.05	内部可见针状包裹体	可见 Fe 谱 504nm、520 nm、573nm 强的吸收带
锰铝榴石	均质体	>1.78	4.15	不规则羽毛状气液包裹体、不规则的浑圆状晶体包裹体	无多色性

◆ 蓝碧玺与相似宝石的鉴别

与蓝碧玺相似的宝石有蓝宝石、蓝锥矿、磷灰石、堇青石、萤石等，其中萤石为均质体宝石，其他宝石均为非均质体宝石，鉴别并不困难。

与蓝萤石的区别

蓝萤石常呈灰蓝、绿蓝、浅蓝，且表面深，中心浅。萤石为均质体，因而在偏光镜下呈全暗，且无多色性，无刻面棱重影现象，这样即可区分二者。同时萤石的折射率（1.434）、摩氏硬度（4）均低于碧玺，因而其光泽弱，棱线易磨损。

与蓝宝石、蓝锥矿、蓝磷灰石、堇青石的区别

蓝色蓝宝石常有平直色带，折射率、相对密度高于蓝碧玺。

蓝锥矿颜色多为蓝、紫蓝，颜色不均匀且常见色带。蓝锥矿的折射率（1.757～1.804）、相对密度（3.68）、色散值（0.044）较高，具有强火彩。短波紫外光下，蓝锥矿发亮蓝白色荧光，有别于蓝碧玺的惰性荧光现象。

蓝磷灰石的折射率（1.634～1.638）虽与碧玺的重叠，但双折率（0.002～0.008）较低，后刻面棱线重影现象不明显；且磷灰石的相对密度（3.18）稍高于碧玺。此外，蓝磷灰石具强二色性（蓝－黄至无色），表面较易磨损（摩氏硬度5），在长短波紫外荧光灯下呈蓝色至浅蓝色荧光。

堇青石具有强的三色性（紫蓝－淡黄－无色），与蓝碧玺中至强的二色性（浅蓝－深蓝）不同。堇青石的折射率（1.542～1.551）及相对密度（2.61）均低于碧玺，易区分。

蓝碧玺与相似宝石的鉴别特征

宝石名称	光性特征	折射率	相对密度	紫外荧光	其他
蓝碧玺	非均质体	1.624～1.644	3.06	紫外荧光灯下为惰性	后刻面棱重影
蓝宝石	非均质体	1.762～1.770	4.00	紫外荧光灯下为惰性	平直色带、指纹状气液包裹体
蓝锥矿	非均质体	1.757～1.804	3.68	短波紫外光下，蓝锥矿发亮蓝白色荧光	颜色多为蓝、紫蓝，颜色不均匀且常见色带；具有强火彩
蓝磷灰石	非均质体	1.634～1.638	3.18	长短波紫外荧光灯下呈蓝色至浅蓝色荧光	具强二色性（蓝-黄至无色），表面较易磨损
堇青石	非均质体	1.542～1.551	2.61	惰性	堇青石具有强的三色性（紫蓝-淡黄-无色）
蓝萤石	均质体	1.434	4.0	强的多变荧光	硬度4，表面较易磨损

◆ 绿碧玺与相似宝石的鉴别

与绿碧玺相似的宝石主要有祖母绿、橄榄石、翠榴石等。

翠榴石为均质体，利用偏光镜即可区分。翠榴石的折射率（1.855～1.895）、相

对密度（3.84）和色散值（0.057）均明显高于碧玺，其光泽、火彩较强；且翠榴石具有特征的马尾丝状包裹体，与绿碧玺的细长而不规则的丝状、"撕裂状"气液包裹体不同。

祖母绿的折射率（1.577～1.583）、双折射率（0.005～0.009）和相对密度（2.72）均低于碧玺，且祖母绿通常内部瑕疵多，可见裂隙及特征的三相或两相包裹体。

橄榄石的折射率（1.654～1.690）、双折射率（0.035～0.038）和相对密度（3.34）均高于碧玺，后刻面棱线重影强于碧玺，弱的三色性不同于碧玺，特征的铁吸收光谱（453nm、477nm、497nm 强吸收带）有别于绿碧玺的吸收光谱（红区普遍吸收，498nm 强吸收带），内部"睡莲叶"状包裹体也不同于碧玺。

宝石名称	光性特征	折射率	相对密度	放大观察
绿碧玺	非均质体	1.624～1.644	3.06	细长而不规则的丝状、"撕裂状"气液包裹体；后刻面棱重影
祖母绿	非均质体	1.577～1.583	2.72	通常内部瑕疵多，可见裂隙及特征的三相或两相包裹体
橄榄石	非均质体	1.654～1.690	3.34	"睡莲叶"状包裹体；强的后刻面棱线重影
翠榴石	均质体	1.855～1.895	3.84	特征的马尾丝状包裹体
铬钒钙铝榴石（沙弗莱）	均质体	1.730～1.750	3.61	在滤色镜下呈红色或淡粉色，可见铬谱

优化、处理碧玺的鉴别

近年来，碧玺作为一种人气很高的彩色宝石，在市场上呈上升趋势。然而，碧玺往往颜色欠佳或内部发育较多的裂隙，致使外观以及耐久性受到影响，因此人们常会对此类碧玺进行优化处理，其方法主要有浸油、充填处理、辐照处理、镀膜处理等。

◆ 浸无色油

一些碧玺内部往往存在大量裂隙，影响美观，为了提高其透明度，常常将其浸无色油，浸油的多少取决于碧玺裂隙的发育程度。轻度浸油者可归为优化，但中度和重度浸油者则属于处理。

中至重度浸油的碧玺耐久性差，放大观察可见到达表面的裂隙中呈无色或者淡黄色的闪光，可见干涉色。在长波紫外光下，无色的油可呈黄绿色荧光。

◆ 充填处理

　　裂隙发育的碧玺在加工时成品率较低，因而在加工之前往往经过充填处理，修复与填补其裂隙，在一定程度上改善了净度与透明度。

　　中低档碧玺主要采用有机物作为充填物进行处理。放大观察可以看到碧玺表面的光泽差异，到达表面的裂隙处有蓝色"闪光效应"，或者可以看到残余扁平状气泡、充填物的流动构造及其碎渣状等。通过红外光谱等大型仪器也可对充填处理的碧玺进行鉴别。

【小贴士】目前市场上还出现了铅玻璃充填碧玺饰品，与传统的有机物充填处理方法相比，其充填特征不太明显，需用大型仪器进行进一步检测。

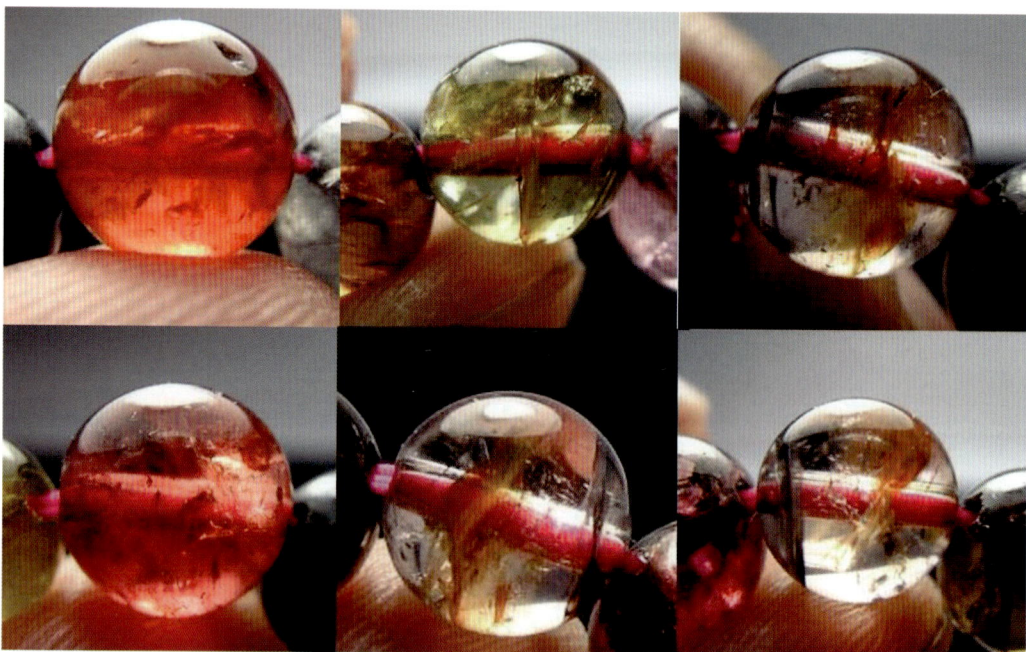

有机胶充填处理碧玺

充填处理碧玺中的黄褐色充填物

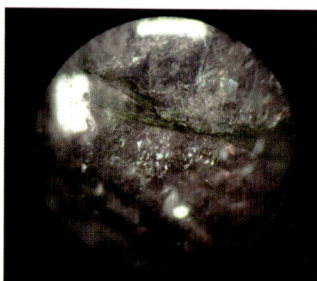

充填处理碧玺中的闪光效应

◆ 辐照处理

辐照处理主要是对无色或色淡、多色的碧玺运用高能辐射源进行辐照的处理方法。碧玺经辐照处理可以得到不同的颜色，如将浅粉红色碧玺变成红、深红色；浅绿色碧玺变成粉红、红、深红色；双色碧玺变成红绿、红紫色；无色碧玺变成粉红、红、深红色等。

【小贴士】对于辐照改色处理的碧玺，主要从颜色过于鲜艳均匀及内部包裹体有加热膨胀等特征进行识别，对于无包裹体者可通过大型仪器测定其辐照损伤色心来确定。

◆ 镀膜处理

无色或近无色的碧玺，经镀膜处理后可以形成各种颜色。镀膜碧玺的颜色鲜艳，光泽大大增强，可达亚金属光泽，并且其折射率变化范围较大。

【小贴士】镀膜碧玺表面光泽异常，膜层可有脱落现象，用小刀能刻划出划痕，且不能承受过高的温度。

镀膜碧玺

碧玺的评价

碧玺的质量评价标准为 4C 和 1T：颜色（colour）、净度（clarity）、切工（cut）、克拉重量（carat weight）和透明度（ transparency ）。

◆ 颜色

颜色在很大程度上决定着碧玺的价值。

单色碧玺一般以"正玫瑰红色"为最佳，而紫红色、鲜蓝色的碧玺价格紧随其后。值得注意的是，近几年，鲜红色碧玺——"rubylite"碧玺受到人们的追捧，坦桑尼亚的含铬绿碧玺，其鲜艳可比拟祖母绿，也颇受欢迎。黄色、绿色的碧玺比较常见，价格稍低，而其他黑色、白色、褐色等颜色的碧玺则价格低于上述。

碧玺中的特殊品种——帕拉伊巴碧玺，据说是目前价格最高的碧玺宝石，呈霓虹蓝绿色调（极其清澈的蓝色，也有些偏绿色），自 1989 年在南美被发现之后，深受人们青睐。除此之外，西瓜碧玺价格也居高不下。

不同饱和度的蓝绿色碧玺

不同色调的红色碧玺

◆ 净度、透明度

碧玺内部往往含有大量的裂隙和包裹体，它们的存在使得碧玺的透明度和耐久性在一定程度上受到了影响。内部纯净无瑕的碧玺十分罕见，需警惕市场上存在着经过充填处理的碧玺。

碧玺除了有净度评价以外，还存在着透明度的评价。两者互相影响又各具特点。碧玺的透明度是指碧玺的通透程度——光线对碧玺的可穿透程度。碧玺以晶莹剔透、内部纯净无瑕、无明显雾感者为佳。

无瑕，肉眼看不到瑕疵

可能有很少的痕迹和轻微的包裹体，肉眼看不到瑕疵

微瑕，肉眼可见轻微瑕疵

内部可见明显的包裹体

不同净度的碧玺

◆ 切工

碧玺的切工是指它的切磨比率的精确性和修饰完工后的完美性。切工优良的碧玺要求其切割面、棱线平直，切割角度精准，整体对称性良好。

碧玺的形状比例设计原则，要根据原石的颜色、解理、净度、重量等方面的特征，设计出最佳形状，去除原石瑕疵，最大限度地保持原石的重量，同时要保证碧玺切割后呈现出最漂亮的颜色，并尽可能地体现碧玺的亮度和火彩。含有大量平行排列的管状或针状包裹体的碧玺，应采用良好的弧面型切工方可充分地显现出猫眼效应。猫眼碧玺以眼线纤细、明亮、清晰、平直、完整、居中、灵活为佳。

蓝色碧玺猫眼

红色碧玺猫眼

◆ **克拉重量**

在其他评价因素确定的情况下，随着粒度、重量的增加，碧玺的价值逐渐增高。

碧玺的选购

碧玺的选购主要依据其评价标准及个人的喜好与需求。市场上的碧玺常加工成刻面型或弧面型戒面、珠串、镶嵌首饰及雕件等，选购时颜色以玫瑰红、紫红、纯蓝色为首选，粉红、黄色和绿色次之；内部瑕疵应尽量少，整体通透，并且加工要规整，抛光好。

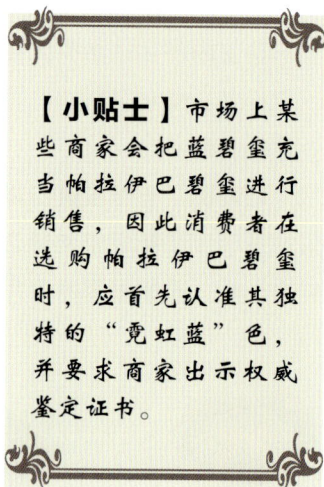

【小贴士】市场上某些商家会把蓝碧玺充当帕拉伊巴碧玺进行销售，因此消费者在选购帕拉伊巴碧玺时，应首先认准其独特的"霓虹蓝"色，并要求商家出示权威鉴定证书。

◆ **帕拉伊巴碧玺的选购**

帕拉伊巴碧玺有着多种极为美丽迷人的颜色，目前市场上多见的帕拉伊巴碧玺颜色主要为绿色到蓝色的各种色调。

帕拉伊巴碧玺中最为稀有的是亮蓝色品种，呈现出非常独特而明亮的"霓虹蓝"色，是碧玺系列中最为珍贵的品种，非常罕见。

虽然帕拉伊巴碧玺与蓝碧玺同为蓝色，但二者存在着本质的区别。一般各种色调的蓝碧玺是由铁元素致色，而帕拉伊巴碧玺的致色元素为铜。因此，即使是非常接近帕拉伊巴碧玺颜色的普通湖蓝色碧玺，也不能称为帕拉伊巴碧玺，唯有铜元素致色者才能称为帕拉伊巴碧玺。持产地观点的学者甚至认为，只有原产巴西帕拉伊巴地区的含铜碧玺才能称为真正的帕拉伊巴碧玺。LMHC（实验室指南协调委员会）对帕拉伊巴碧玺的定义为蓝色（电光蓝、霓虹蓝、紫蓝色）、蓝绿色到绿蓝色或绿色的，呈中等到高饱和色调（相对于其他各种碧玺），主要含有铜和锰的碧玺。

香奈尔品牌帕拉伊巴胸针

◆ 双色碧玺的选购

双色碧玺多具祖母绿型或剪刀型切工，少数可采用螺旋切工。

选购双色碧玺时，除了要求其颜色艳丽，内部洁净、通透，切工规整，有一定重量大小外，还要求两种颜色相互谐调分布，体现其视觉上的美感。理想的状态是两种颜色各占一半，但只要比例不失调也为佳品。

大部分双色碧玺中间都有过渡色，比如红绿双色碧玺会出现黄色的过渡，蓝绿双色碧玺会出现蓝绿色的过渡。通常，价值高的双色碧玺，其过渡区柔和平直不能过宽，不出现颜色倾斜和崎岖。

双色碧玺戒指

双色碧玺首饰

◆ "rubylite" 碧玺的选购

近几年，rubylite 碧玺在市场上颇受欢迎，消费者在选购此类碧玺时，要注意与红色系列碧玺相区分。rubylite 碧玺的颜色既没有棕色调也没有紫色调，因此可以与一般粉色系碧玺以及玫瑰红、酒红、枣红等其他红色碧玺品种相区别。rubylite 碧玺内部常见平行排列针状包裹体。

不同色调的红色碧玺首饰

"rubylite" 碧玺戒指

◆ 警惕碧玺的充填处理

一些碧玺的挂件、珠串和雕刻件由于内部裂纹多、通透性差，商家会通过注油和充填处理手段提高其通透度，遮掩一些裂纹和杂质，但处理后的碧玺光泽比较死板，处理严重者手摸有黏滞感，故选购碧玺首饰的时候一定要小心谨慎。

◆ 警惕市场上的鱼目混珠现象

市场上五颜六色的碧玺珠串及群镶碧玺的首饰十分受欢迎。但有一些商家利用水晶、染色水晶甚至玻璃等价格较低廉的材料替换部分碧玺，从而降低成本增加收益。消费者在购买的时候一定要仔细检查，并要求商家出具权威鉴定证书。

碧玺珠串

◆ 注重碧玺首饰的整体效果

市场上销售的碧玺首饰常见由多种颜色的碧玺组合而成（如项链、手串及套装首饰等），选购时需注意碧玺大小、形状和颜色的搭配和协调性；同时也要考虑除碧玺之外的配石质量、贵金属的材质、设计款式以及镶嵌工艺等，要注重首饰整体和谐一致。

碧玺手排

碧玺的保养

碧玺首饰应单独存放于首饰盒内，不要与其他珠宝首饰相互摩擦、撞击，防止造成不必要的损失；碧玺性脆多裂，怕摔易碎。佩戴碧玺宝石尽量不要从事剧烈运动或者粗重劳动，以免造成碧玺宝石的破裂；碧玺容易吸灰，所以要定期对其进行擦洗和清洁，妥善保管。

海洋之心

Tanzanite

坦桑石

坦桑石原石

　　坦桑石,英文名称为Tanzanite,1967年首次发现于坦桑尼亚阿鲁沙地区的梅勒拉尼。当地的马赛民族认为,大地被一道闪电击中引燃"上天之神火",神火把大地中的晶体炙烤成了闪亮的蓝色和紫色宝石,这就是色泽诱人的坦桑石。

　　坦桑石是珠宝市场上的新贵宝石,其独特的魅力和美感,迅速赢得了众人的喜爱。1967年,美国纽约蒂凡尼(Tiffany)公司率先将坦桑石展示于全世界面前,赞美它是两千年来发现的最美丽的蓝色宝石,并以"坦桑石"作为其商业名称进行大力推广。

　　电影《泰坦尼克号》的故事情节中,"海洋之心"项链便是采用坦桑石来进行客串演绎的,坦桑石呈现出了海洋般的深邃与美丽,是名副其实的"海洋之心"。

　　坦桑石最主要的产出国是坦桑尼亚。此外,美国、墨西哥、奥地利、瑞士等国家也有坦桑石产出。

坦桑石的基本特征

坦桑石是宝石级的黝帘石，是一种钙铝的硅酸盐。由于天然黝帘石颜色较杂，故需要对其进行优化处理。一般将黝帘石加热，使钒的化合价由三价变为四价，加热后便可成为带紫色调的靛蓝色的坦桑石。

坦桑石基本特征一览表

矿物名称	黝帘石 (Zoisite)
化学成分	$Ca_2Al_3(SiO_4)_3(OH)$，可含有 V、Cr、Mn 等元素
结晶状态	晶质体——斜方晶系
颜色	常见带褐色调的绿蓝色，热处理后，呈蓝色、蓝紫色
光泽	玻璃光泽
透明度	透明
光性特征	非均质体——二轴晶，正光性
色散值	0.021
多色性	强三色性：蓝 - 紫红 - 绿黄
折射率	1.691 ～ 1.700；双折射率：0.008 ～ 0.013
相对密度	3.35
摩氏硬度	6 ～ 7
紫外荧光	惰性
吸收光谱	295nm 和 528nm 吸收带

坦桑石的经验鉴定

坦桑石最典型的特征便是具有靛蓝美丽的颜色，鲜艳均匀，见不到色带或生长纹，并且在日光或白色光源下呈靛蓝色，在黄色光源下会明显地泛出紫色调。

坦桑石具有玻璃光泽，并且相对密度适中，掂重感觉中等。

坦桑石的内部较为纯净通透，鲜有明显瑕疵和包裹体，即使为体积较大的晶体，也能保持有较高的净度和透明度。

坦桑石具有很强的三色性，三个方向的颜色分别为蓝色、紫红色和绿黄色，易于观察。

坦桑石戒面

坦桑石与相似宝石的鉴别

与坦桑石相似的宝石主要有蓝宝石、堇青石、蓝尖晶石、蓝碧玺、蓝锥矿、蓝锆石等几种，可依据其各自特征的宝石学性质进行鉴别。

蓝宝石戒指

◆ 蓝宝石

蓝宝石的相对密度为4，较坦桑石的相对密度（3.35）大。因此同等体积下，蓝宝石手掂较重。

蓝宝石的折射率为1.762～1.770，相对高于坦桑石（1.691～1.700），因此切工良好的蓝宝石呈强玻璃光泽，强于坦桑石的玻璃光泽。

蓝宝石的摩氏硬度为9，坦桑石的硬度为6～7，放大检查可发现蓝宝石刻面的棱线尖锐程度高于坦桑石。

蓝宝石具有明显的二色性（蓝－绿蓝或浅蓝－蓝）有别于坦桑石的强三色性（蓝－紫红－绿黄）。

坦桑石戒指

◆ 董青石

坦桑石和董青石均具有明显的三色性，但董青石多色性的颜色不同：蓝色董青石的三色性为无至黄－蓝灰－深紫；紫色董青石的三色性为浅紫－深紫－黄褐。

董青石的相对密度为 2.61，低于坦桑石，同等体积情况下，坦桑石手掂感觉较重。

董青石的折射率 1.542 ~ 1.551，明显低于坦桑石，所以董青石的光泽略低于坦桑石，不如坦桑石明亮。

此外，董青石的吸收光谱为 426nm 和 645nm 的弱吸收带与坦桑石的吸收光谱（595nm、528nm 吸收带）不同。

董青石

尖晶石

碧玺

蓝锥矿

◆ 蓝色尖晶石

蓝色尖晶石的颜色均一，微带灰色调，与坦桑石的颜色有很大区别。

蓝色尖晶石属于均质体，没有多色性，并且其内部有较多气液包裹体和八面体小尖晶石包裹体群，与坦桑石的内部特征也有很大区别。

◆ 蓝碧玺

蓝碧玺与坦桑石的不同主要在于：颜色多带绿色调，有较多的裂纹和空管状气液包裹体；碧玺的折射率 1.624 ~ 1.644，小于坦桑石；此外，蓝碧玺的吸收光谱在红区普遍吸收，并在 498nm 有强吸收带，也有别于坦桑石。

◆ 蓝锥矿

蓝锥矿在世界上的产量不大，粒度较小。蓝锥矿呈蓝到紫色，折射率 1.757 ~ 1.804，双折射率为 0.047，均高于坦桑石。

蓝锥矿具有 0.044 的强色散，放大检查可见明显的后刻面棱线重影及色带，短波紫外线下可具强蓝白色荧光，可以区别于坦桑石。

◆ 蓝锆石

经过加热处理的锆石呈鲜艳的蓝色、天蓝色或略带绿色调的浅蓝色，具有强二色性（无至棕黄－蓝），不同于坦桑石。

此外，锆石因具高折射率（1.925～1.984）、高色散（0.038）和双折射率（0.059）较大，而呈现较强的光泽和火彩，同时放大检查可见宝石后刻面棱线的重影，可以与坦桑石区别。

【小贴士】市面上存在玻璃仿坦桑石的现象，但玻璃是非晶质体，无多色性，放大观察其内部可见气泡、漩涡纹等，购买时需注意鉴别。

蓝锆石后刻面棱线重影

坦桑石的评价

坦桑石的评价包括颜色、净度、切工和重量等几个方面。

◆ 颜色

作为一种以颜色见长的宝石，坦桑石颜色所占的价值比例最高（50% 以上）。坦桑石以靛蓝色最佳，其次为紫蓝色、灰蓝色等。优质坦桑石颜色应纯正、鲜艳、均一。一般来说，色彩浓郁的坦桑石价值高于浅色坦桑石。

◆ 净度

包裹体和瑕疵会影响宝石的外观和耐久性，优质坦桑石内部纯净、透明度高，目测无瑕疵或难见瑕疵，表面无缺陷，10 倍放大镜下无或极少包裹体。

◆ 切工

透明坦桑石一般加工成刻面宝石，如祖母绿型、椭圆型、圆钻型等。优质的坦桑石应具有恰当的切磨比例和良好的抛光。

◆ 重量

在其他评价因素相同的情况下，坦桑石的重量直接影响价格。重量越大，价值越高。

椭圆形刻面坦桑石戒指

方形刻面坦桑石戒指

三角形刻面坦桑石戒指

◆ **坦桑石的选购**

坦桑石因其与众不同的颜色成为大众的新宠，目前市面上有相当多的选择，故购买坦桑石需要综合考虑多方面的因素。

◆ **根据自身喜好和预算购买**

坦桑石的价格范围随着颜色的浓淡、净度和重量等因素有所差异，颜色越浓郁、净度越好、重量越大，价值也就越高，可按个人的预算来选择性价比较高的坦桑石。

◆ **注意坦桑石的切磨厚度**

坦桑石深邃清纯的蓝色搭配精准的切工，可表现出宁静优雅的气质。为了体现出坦桑石最美的颜色，宝石切磨师会将颜色较浅的坦桑石切磨得较厚，以增加颜色的饱和度和浓度；将颜色较深的坦桑石切磨得较薄来减轻浓度。

坦桑石耳坠（右）

【小贴士】坦桑石可具有重量或体积较大的晶体，且透明度和内部净度均比较高，因此，消费者可尽量选购大颗粒的宝石戒面（最好在10克拉以上）。

坦桑石耳坠（左）

选择适合的款式及镶嵌工艺

坦桑石制作的首饰可有多种款式，非常适合在各种场合佩戴，既不会喧宾夺主，又不会失去自身的光彩。女士佩戴的坦桑石珠宝一般为较大的坦桑石主石搭配小尺寸钻石，这两种宝石的组合更加衬托出坦桑石美丽的色泽和质感。

购买时应该考虑主石和配石的大小和质量与贵金属的材质、设计款式以及镶嵌工艺等是否协调。一件设计精致的坦桑石首饰可以给人高雅含蓄的感觉，尽显独特风采。

坦桑石项坠

【小贴士】购买坦桑石，可以观察其款式来选择自己喜好的形状和颜色。由于坦桑石具有一定的脆性，在佩戴和保存时需要避免强烈撞击与碰撞。

坦桑石耳坠

幸运种子

Garnet

石榴石

　　石榴石的英文名称为Garnet，由拉丁文"Granatum"演变而来，意思是"像种子一样"，是一个子类众多的大家族。石榴石之名，形象地刻画了石榴石从形状到颜色都像石榴中"籽"的外观特征。红色石榴石是一月生辰石，古人常将石榴石作为护身符佩戴于身体上，象征着幸运、友爱、坚贞和纯朴，是广受人们喜爱的"幸运种子"。

　　石榴石在世界各地分布较广，主要有巴西、斯里兰卡、加拿大、美国、南非、缅甸、坦桑尼亚、肯尼亚、印度和中国等。在我国，江苏东海、四川、新疆和西藏等地均有宝石级石榴石产出。

石榴石晶体

石榴石的基本特征

石榴石是岛状硅酸盐矿物，由于广泛的类质同象替代存在，每一种石榴石的化学成分都有较大变化。

不同种类的石榴石因其成分不同，颜色多样，基本性质也有所差异。

各种颜色的石榴石

石榴石基本特征一览表

矿物名称	石榴石
化学成分	铝质系列：$Mg_3Al_2(SiO_4)_3$—$Fe_3Al_2(SiO_4)_3$—$Mn_3Al_2(SiO_4)_3$ 钙质系列：$Ca_3Al_2(SiO_4)_3$—$Ca_3Fe_2(SiO_4)_3$—$Ca_3Cr_2(SiO_4)_3$
结晶状态	晶质体——等轴晶系
颜色	除蓝色之外的各种颜色
光泽	玻璃光泽至亚金刚光泽
透明度	透明至半透明
光性特征	均质体，常见异常消光
折射率	1.710～1.888
相对密度	3.50～4.30
摩氏硬度	7～8
紫外荧光	惰性；近无色、黄色、浅绿色钙铝榴石可呈弱橙黄色
特殊光学效应	星光效应；变色效应少见

石榴石种类

石榴石化学组分较为复杂，根据所含元素不同划分为铝质和钙质两大类质同象系列，共6个品种：

铝质系列：镁铝榴石 $Mg_3Al_2(SiO_4)_3$
　　　　　　铁铝榴石 $Fe_3Al_2(SiO_4)_3$
　　　　　　锰铝榴石 $Mn_3Al_2(SiO_4)_3$

钙质系列：钙铝榴石 $Ca_3Al_2(SiO_4)_3$
　　　　　　钙铁榴石 $Ca_3Fe_2(SiO_4)_3$
　　　　　　钙铬榴石 $Ca_3Cr_2(SiO_4)_3$

通常，铝质系列的石榴石主要呈红色调，钙质系列的石榴石主要呈绿色调。

◆ 镁铝榴石

镁铝榴石的英文名称为"Pyrope"，来源于希腊语"phyropos"，意思是"火一般的"或"像火一样"。优质镁铝榴石常带紫色调。由于许多镁铝榴石与暗红色红宝石相似，而被称为"Colo-raclo 红宝石"、"好望角红宝石"、"亚利桑那红宝石"等。

镁铝榴石

◆ 铁铝榴石

铁铝榴石的英文名称为 Almandine，来自拉丁语"Alabandine"，是由古罗马著名学者普林尼命名的。铁铝榴石又称"贵榴石"，常呈褐红、暗红或深红色。

铁铝榴石

◆ 锰铝榴石

锰铝榴石的英文名称为 Spessartite，来源于首次发现地——德国施佩萨特（Spessart Bavaria）。锰铝榴石常呈橘红或橘黄色。

锰铝榴石

◆ 钙铝榴石

钙铝榴石的英文名称为 Grossularite，来自拉丁语"Resembling a Gooseberry"，意思是"绿色的水果"。据考证，钙铝榴石早在 16 世纪就有文字记载，但到 1974 年后才被普遍使用。钙铝榴石的基本色调为黄绿色，其中透明的翠绿色变种，称为铬钒钙铝榴石，亦称"察沃石或沙弗莱石（tsavorite）"；而透明的褐黄色变种，称为桂榴石。

铬钒钙铝榴石

◆ 钙铁榴石

钙铁榴石的英文名称为 Andradite，是为纪念巴西的矿物学家 J.B.d'Andradae Silva 而命名。钙铁榴石颜色以黄、绿、褐、黑为主，其中含钛呈黑色者称为黑榴石（Melanite），黄色者称为黄榴石（Topazolite），含铬元素的绿色者称翠榴石（Demantoid）。

翠榴石

◆ 钙铬榴石

钙铬榴石的英文名称为 Uvarovite，是为纪念俄国著名科学家乌瓦洛夫（S.S.Uvarrov）伯爵，依其名字命名的。钙铬榴石呈翠绿色，美丽而稀少。在俄罗斯乌拉尔、芬兰以及中国西藏东部均有钙铬榴石产出，但透明的钙铬榴石晶体常常小于 3mm，因此市场上极少见钙铬榴石加工成的首饰饰品。

钙铬榴石

◆ 石榴石的特殊光学效应

有些石榴石会因成分或结构的因素而具特殊光学效应，形成星光石榴石或变色石榴石。

◆ 星光石榴石

石榴石中星光效应稀少，当铁铝榴石中含有两组或两组以上密集平行排列的针状包裹体，并平行包裹体方向切磨成弧面型宝石时，可见四射星光或六射星光，称为"星光贵榴石"。部分星光贵榴石还可在同一颗宝石上同时出现四射和六射星光。星光贵榴石主要的产地为印度、美国爱达荷州等。

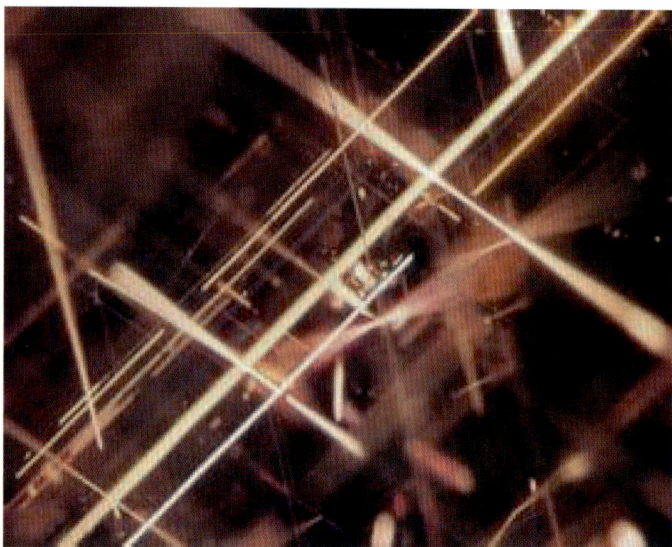

星光石榴石中的针状包裹体

四射星光石榴石

◆ 变色石榴石

变色石榴石是指具有变色效应的石榴石，为富含镁的锰铝榴石。变色效应是由微量的 V 元素和 Cr 元素引起的。变色石榴石在日光下呈蓝绿色或黄绿色，白炽灯下呈紫红色或橙红色，属名贵品种，主要产于东非。

变色石榴石

经验鉴定

虽然石榴石颜色丰富，但市场上红色系列的石榴石较多，常略带褐色调，绿色系列石榴石相对红色石榴石较为稀少。

石榴石通常为玻璃光泽至亚金刚光泽，透明至半透明，摩氏硬度 7～8。

放大观察，石榴石内部一般会出现不同程度的包裹体、裂隙，同时某些石榴石品种内部还含有特征的包裹体，如俄罗斯的翠榴石中含有马尾丝状包裹体。除顶级石榴石外，很少见内部非常干净的石榴石，而仿石榴石（如玻璃等）通常内部洁净或含有气泡等包裹体，并且玻璃表面常有凹坑，棱线上多有粗糙的断口。

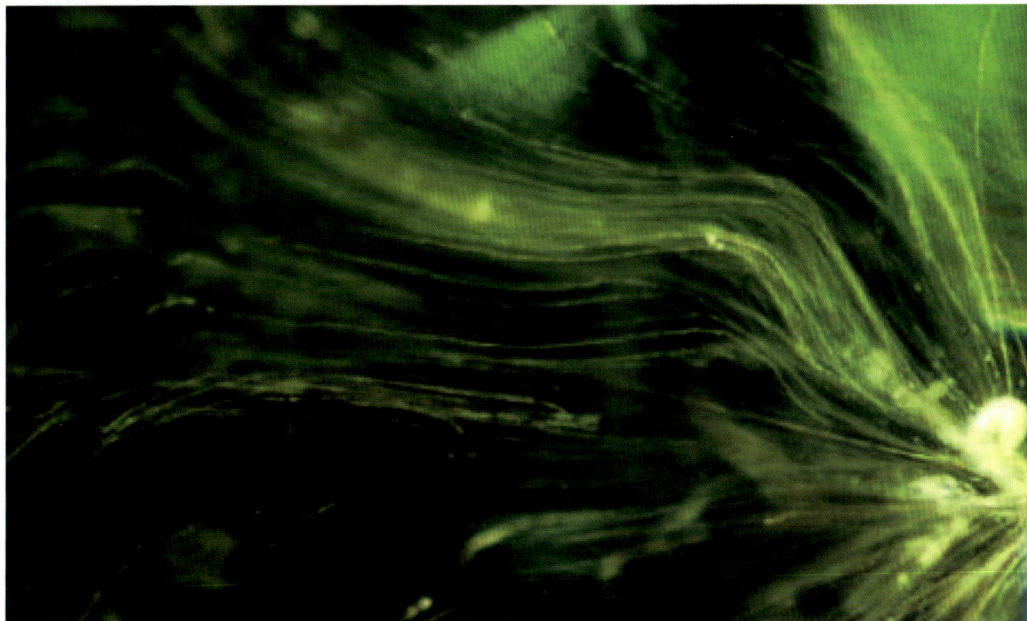

马尾丝状包裹体

石榴石与相似宝石的鉴别

虽然石榴石颜色多样，但最具宝石价值的品种主要为红色系列和绿色系列，并且不同颜色的石榴石其相似宝石也各不相同。

◆ 红色系列石榴石与相似宝石的鉴别

与红色系列石榴石相似的宝石有红宝石、红尖晶石、红锆石、红碧玺等。主要鉴别手段除了常规的折射率、相对密度、吸收光谱等特征外，通过光性、紫外荧光、多色性、包裹体等特征也可以有效地将这些相似宝石区别开来。

与红宝石的鉴别

虽然两者颜色相近，但石榴石为均质体而红宝石为非均质体，使用偏光镜即可将两者区分开；并且石榴石在紫外荧光灯下无荧光，而红宝石在紫外荧光灯下呈红色荧光；同时，红宝石具有较强的二色性：红–紫红或红–橙红，石榴石无多色性。

与红尖晶石的鉴别

石榴石与尖晶石同为均质体，但尖晶石在紫外荧光下显示红色，红色石榴石无荧光。

与红锆石的鉴别

红锆石在紫外荧光下呈无至强的黄或橙红色荧光，其二色性为明显的紫红–紫褐色。需要注意的是红色刻面琢型锆石在放大镜下可以观察到明显的后刻面棱线重影，与石榴石不同。

红色石榴石与相似宝石特征一览表

宝石名称	颜色	光性特征	多色性	紫外荧光	折射率	相对密度
铁铝榴石	褐红至暗红	均质体	无	惰性	1.790	4.05
镁铝榴石	橙红至红	均质体	无	惰性	1.740	3.78
锰铝榴石	橙至橙红	均质体	无	惰性	1.810	4.15
红宝石	红、橙红、紫红、褐红	非均质体	强二色性：红 - 橙红或红 - 紫红	长波：弱至强，红；短波：无至中，红	1.762～1.770	4.00
红尖晶石	红、橙红、粉红	均质体	无	长波：弱至强红；短波：无至弱红	1.718	3.60
红锆石	红、褐红、橙红	非均质体	中等二色性：紫红 - 紫褐	长、短波：无至强，黄、橙	1.925～1.984	4.73
红碧玺	粉红、红	非均质体	强二色性：红 - 粉红	长、短波：弱，红至紫	1.624～1.644	3.06

与红碧玺的区别

红碧玺最特征的是其较强的二色性，为红－黄红或红－粉红，若是刻面琢型则可在放大镜下观察到后刻面棱线重影，在紫外荧光灯下显示弱的红至紫色荧光。

◆ 绿色系列石榴石

与绿色系列石榴石相似的宝石主要有铬透辉石、祖母绿、绿碧玺、橄榄石等，可根据色调、光性、折射率、相对密度、多色性、荧光、包裹体等特征加以区别。

与铬透辉石的鉴别

与石榴石不同，铬透辉石为非均质体，具有浅绿－深绿色的二色性，同时在长波紫外光下显示绿色荧光，短波紫外光下呈惰性。

与祖母绿的鉴别

祖母绿为非均质体，具有绿－黄绿色的二色性，其荧光一般呈惰性，可有短波弱于长波的弱橙红或红色荧光，依产地而不同。

与绿碧玺的鉴别

碧玺为非均质体，刻面琢型的碧玺放大观察可见后刻面棱线重影，并具有较强的二色性为绿－深褐绿色，紫外灯下无荧光。

与橄榄石的鉴别

橄榄石的颜色较为特征，常见黄绿色调，放大检查可见后刻面棱重影并具有特征的"睡莲叶"状包裹体，其二色性为绿－黄绿色，紫外灯下无荧光。

橄榄石中"睡莲叶"状包裹体

绿色石榴石与相似宝石鉴别特征

宝石名称	颜色	多色性	折射率	相对密度	紫外荧光	吸收光谱
钙铁榴石（翠榴石）	绿、黄绿、褐绿	无	1.888	3.84	惰性	440nm 吸收带，618nm、634nm、685nm、690nm 吸收线
钙铝榴石	黄绿、褐黑	无	1.73～1.75	3.61	长、短波：弱橙黄	478nm 以下全吸收
钙铬榴石	翠绿	无	1.86～1.87	3.77	惰性	Cr 特征吸收
铬透辉石	浅至深绿	明显二色性：浅绿-深绿	1.675～1.701	3.29	长波：绿；短波：惰性	635nm，655nm，670nm 吸收线，690nm 双吸收线
祖母绿	浅至深绿、蓝绿、黄绿	中等二色性：绿-黄绿	1.577～1.583	2.72	长波：弱，橙红、红；短波：极弱，橙红、红	683nm，680nm 强吸收线，662nm，646nm 弱吸收线，630～580nm 部分吸收带，紫光区全吸收
绿碧玺	各种色调的绿色	强二色性：绿-深褐绿	1.624～1.644	3.06	惰性	红区普遍吸收，498nm 强吸收带
橄榄石	黄绿、绿、褐绿	中等二色性：绿-黄绿	1.654～1.690	3.34	惰性	453nm，477nm，497nm 强吸收带

石榴石的评价

石榴石的价值取决于颜色、透明度、净度、重量以及加工工艺等方面。

◆ 颜色

颜色对石榴石价值的影响最为重要。石榴石品种不同，颜色不同，价值也不同。翠榴石或具鲜艳绿色的其他石榴石品种在价格上要高于其他颜色的石榴石。而玫瑰红色的镁铝榴石和橙红色的锰铝榴石价格稍高，暗红色的铁铝榴石的价格则偏低。

◆ 透明度

通常情况下，以颜色浓艳而透明者为佳。

◆ **净度**

石榴石以包裹体和裂隙少、内部洁净者为佳。宝石内部越纯净，价值越高。

若宝石内部含有可以形成特殊光学效应的包裹体，可增加其价值。

◆ **重量**

一般来说，同等品质的石榴石中，克重越大价值越高，一般在 0.5 ~ 10ct 之间。红色系列的石榴石可能出现颗粒较大的原石或成品宝石，而绿色系列的石榴石的粒度一般都较小。

◆ **加工工艺**

石榴石的透明度不同可选择不同的切工，如透明度好、净度高的石榴石可加工成刻面琢型；透明度低、净度欠佳的石榴石可加工成弧面型或圆珠型，以掩饰其内部的缺陷；此外，具星光效应的石榴石也应当加工成弧面型，并且以切磨比例适当、星光居中、星线明亮完整者为佳。石榴石的切工越完美和镶嵌首饰越精致其价值越高。

此外，自然界产出稀少的变色石榴石。在颜色、净度、透明度、切工及重量相同的情况下，变色效应越清晰明显者价值越高。

石榴石的选购

目前市场上的石榴石饰品多为手串、戒面和吊坠，有不同色调的红色、黄色、绿色可供消费者进行选择。

红色石榴石手串

红色石榴石戒指

◆ 特别关注石榴石的颜色

选购石榴石时，要注意选择颜色鲜艳自然、明度高、光泽强的石榴石。对于成串的石榴石饰品还要注意整串宝石的颜色是否协调一致。

消费者可根据自己的喜好选择颜色，但要特别注意颜色如果异常鲜艳、价格又特别诱人的"石榴石"，这些"石榴石"很可能有问题。

◆ 关注石榴石的净度和特殊光学效应

除了颜色，石榴石的净度也很重要。在选购石榴石饰品时，可以用强光照射并观察石榴石晶体内部，尽量选择内部纯净，杂质、裂纹少的宝石。内部缺陷除了影响其透明度，还对宝石的稳定性有所影响，购买时应多加考虑。

如果是星光石榴石，还要注意挑选星光明亮、星线清晰完好的宝石。

【小贴士】星光石榴石一般透明度较低，普通光线下其星光效应不易被观察到，在购买时可用强点光源照射来辨别所购石榴石是否具有星光效应。

◆ 关注石榴石粒度与切工

大多数石榴石粒度越大，其透明度相对较低，因此，消费者在购买时可根据自身喜好和财力预算选择大粒度或透明度好的宝石。

对于作为戒面或吊坠的大颗粒石榴石，还要注意其切工质量，消费者应仔细观察宝石的边缘棱线是否有缺损和断口，以及表面是否存在抛光不良现象。

【小贴士】大多数沙弗莱石粒度较小，市场上多以配石的形式出现在镶嵌首饰之中，超过5克拉以上者已属罕见。

蒂凡尼品牌铂金镶钻沙弗莱戒指

红色石榴石吊坠

红色石榴石吊坠

幸福之石

Olivine

橄榄石

橄榄石是一种古老的宝石品种，古埃及人在公元前一千多年前就用它做饰物；古罗马人称它为"太阳的宝石"，并用作护身符，以驱除邪恶。至今，橄榄石仍以其独有的草绿色和柔和的光泽在珠宝王国占有一席之地。橄榄石是八月生辰石，象征温和聪慧、夫妻和睦，有"幸福之石"的美称。

橄榄石的英文名称为 Peridot 或 Olivine，前者直接源于法文 Peridot，后者为矿物学名词，源于希腊语 Oliva（橄榄）。橄榄石因其颜色多为橄榄绿色而得名。

橄榄石主要产地有缅甸、美国、巴西、澳大利亚、挪威和肯尼亚等，我国的宝石级橄榄石主要产于河北、吉林、山西和内蒙古等地。

橄榄石原石

橄榄石的基本特征

　　橄榄石是常见单晶体宝石的一种，呈板状或短柱状，但完整晶体不常见，多为晶体碎块或磨圆的砾石。橄榄石以独特的草绿色深受人们喜爱。

维多利亚时期橄榄石珠宝手镯

橄榄石基本特征一览表

矿物名称	橄榄石
化学成分	$(Mg,Fe)_2[SiO_4]$
结晶状态	晶质体——斜方晶系
颜色	黄绿色、绿色、褐绿色
光泽	玻璃光泽，断口为亚玻璃光泽至玻璃光泽
透明度	透明
光性特征	非均质体——二轴晶、正／负光性
色散值	0.020
多色性	弱三色性：黄绿 - 浅黄绿 - 绿
折射率	1.654~1.690；双折射率：0.035~0.038
相对密度	3.34
摩氏硬度	6.5~7
紫外荧光	惰性
吸收光谱	453nm、477nm、497nm 吸收线

橄榄石的经验鉴定

在绿色宝石系列中，橄榄石通常呈透明或半透明，颜色单一，呈中到深的草绿色（略带黄色调的绿色），为特征的橄榄绿色，少量的有褐绿色，甚至绿褐色。

橄榄石抛光表面常为玻璃光泽，相对密度适中，掂重的感觉为中等。

用 10 倍放大镜放大观察时，通过台面可以观察到后刻面棱重影，同时也可以观察到橄榄石独有的"睡莲叶"状包裹体。

橄榄石的吸收光谱具有三个近似等距离的 Fe 吸收线，也可作为鉴定的特征判据。

橄榄石与相似宝石的鉴别

与橄榄石相似的宝石主要有祖母绿、金绿宝石、铬钒钙铝榴石、碧玺等，可根据其特征的宝石学性质进行鉴别。

橄榄石中"睡莲叶"状包裹体

橄榄石戒面

◆ **橄榄石与绿色碧玺的鉴别**

橄榄石与绿色碧玺的主要区别在于绿色碧玺有强的二色性。碧玺用肉眼从样品的不同方向观察就可以观察到颜色的差异。其次，碧玺的双折射率（0.020）低于橄榄石的双折射率（0.036），在 10 倍放大镜下碧玺的后刻面棱线重影不及橄榄石明显。

◆ **橄榄石与祖母绿的鉴别**

首先，橄榄石与祖母绿的颜色存在很大的差别，橄榄石的绿色带有明显的黄色调。其次，祖母率的折射率（1.577 ~ 1.583）、相对密度（2.72）、内部包裹体等的不同可以与橄榄石区别。

◆ **橄榄石铬钒钙铝榴石的鉴别**

橄榄石与绿色铬钒钙铝榴石的色调相似，其主要差别在于绿色铬钒钙铝榴石的折射率（1.74）、相对密度（3.61）明显高于橄榄石，并且铬钒钙铝榴石是均质体，看不到后刻面棱线重影。

◆ **橄榄石与金绿宝石的鉴别**

首先，橄榄石与金绿宝石的颜色存在色调的差异，金绿宝石比橄榄石的黄色调更明显。其次，金绿宝石的光泽比橄榄石强。再者，金绿宝石放大观察不会看到后刻面棱线重影。

橄榄石与相似宝石鉴别特征一览表

名 称	颜色	光性	折射率	相对密度	放大检查
橄榄石	黄绿，黄色成分较祖母绿中的多	非均质体	1.654 ~ 1.690	3.34	重影；睡莲状、深色矿物或气液包裹体；负晶
祖母绿	蓝绿、翠绿	非均质体	1.577 ~ 1.583	2.72	可含有固态、气液两相及气液固三相包裹体
金绿宝石	黄色成分较多，绿黄、金绿	非均质体	1.746 ~ 1.755	3.73	指纹状包裹体及丝状包裹体
铬钒钙铝榴石（沙弗莱石）	黄绿、翠绿	均质体	1.740	3.61	热浪效应；短粗圆形棱柱状固体包裹体
绿碧玺	黄绿、灰绿、蓝绿，宝石两端略带灰蓝色调	非均质体	1.624 ~ 1.644	3.06	重影不及橄榄石明显；包裹体较少；颜色不均匀

橄榄石的评价

对于橄榄石的品质评价而言，最重要的是颜色。橄榄石以颜色纯正、内部瑕疵少、重量大者为佳品。

◆ 颜色

橄榄石的颜色要求纯正而鲜艳，色泽均匀，杂色调越少越佳。绿色价值最高，其次是黄绿色，而棕绿色最差。

宝格丽品牌镶橄榄石蛇形套装

◆ 净度

橄榄石中往往含有较多的黑色固体包裹体和气液包裹体，这些包裹体都直接影响橄榄石的质量评价，以没有任何包裹体和裂隙者为佳；含有无色或浅绿色透明固体包裹体者质量较次；而含有黑色不透明固体包裹体和大量裂隙的橄榄石则几乎无法利用。

◆ 重量

大颗粒的橄榄石并不多见，半成品橄榄石多在 3ct 以下，3–10ct 的橄榄石少见，因而价格较高，而超过 10ct 的橄榄石则属罕见。

◆ 切工

对于橄榄石而言，最重要的是颜色，而不是琢型，橄榄石可以切磨成各种形状，如祖母绿型，标准圆钻型，马眼型等。切工好的橄榄石可以更好地体现出柔和的橄榄绿色。

伯爵品牌橄榄石戒指"绿野仙踪（Tutti Green）"

橄榄石的选购

选购橄榄石饰品首先应注意其绿色是否纯正，黄色调过多会影响其价值。

其次，应观察宝石内部，纯洁无瑕者为上品，有裂隙、包裹体等瑕疵的橄榄石价值较低。

最后，应注意宝石是否有毛边。最好选边平棱直、切工规则的。需要特别注意玻璃仿制品，其区别主要透过宝石观察其后刻面棱线，若无重影则可能为玻璃仿制品。

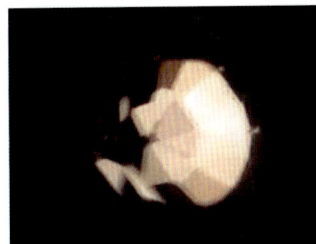

橄榄石后刻面棱线重影

橄榄石随形珠串

海洋之魂

Aquamarine

海蓝宝石

　　海蓝宝石，从它的名字中我们不难看出海蓝宝石和"水"有着不解之缘。因为古代人们发现海蓝宝石的颜色如同海水一样蔚蓝，便赋予海蓝宝石以水的属性，认为这种美丽的宝石一定来自于海底，是海水之精华，称它为"海洋之魂"。航海家们用它来祈祷海神保佑航海安全，所以又称其为"福神石"。

　　从海蓝宝石的英文名称 Aquamarine 中我们也可以看出，"Aqua"是水的意思，"Marine"是海洋的意思。而海蓝宝石指浅蓝色、绿蓝色至蓝绿色的绿柱石，可见这宝石的取名有多贴切于它的颜色。

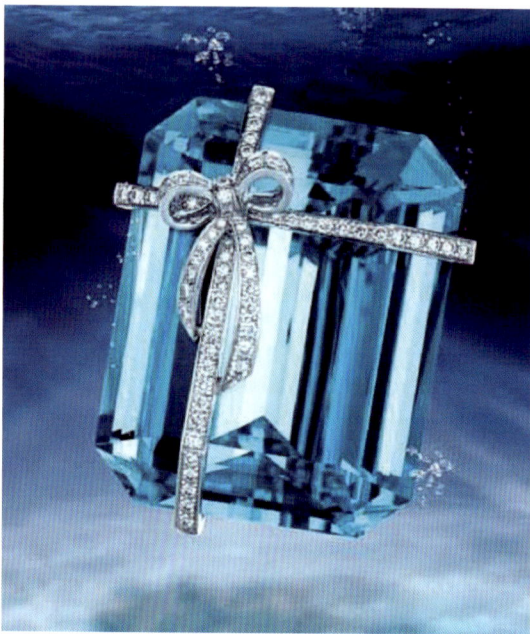

蒂凡尼品牌海蓝宝石胸针

　　无论东方还是西方，都把水看做生命之源，而三月正是地球上一切生灵开始活跃起来的时间，所以具有"水"属性的海蓝宝石就被界定为三月的生辰石，象征着沉着、勇敢和聪明。西方人普遍认为，佩戴海蓝宝石能够使人具有先见之明。

　　海蓝宝石的主要产地有巴西、马达加斯加、中国、美国、缅甸、印度、坦桑尼亚、阿根廷、挪威、北爱尔兰等地。

海蓝宝石的基本特征

海蓝宝石是含铁的绿蓝色、蓝绿色、浅蓝色的绿柱石，一般色调较浅，其蓝色是由二价铁引起的。海蓝宝石与祖母绿同属于绿柱石族，虽然其珍贵程度远不及祖母绿，但是海蓝宝石长期以来一直受到人们的喜爱。

海蓝宝石的基本特征一览表

矿物名称	绿柱石
化学成分	$Be_3Al_2Si_6O_{18}$
结晶状态	晶质体 --- 六方晶系
颜色	浅至深的浅蓝色、绿蓝色、蓝绿色
光泽	玻璃光泽
透明度	透明至半透明
光性特征	非均质体——一轴晶，负光性
色散率	0.014
多色性	弱至中等的二色性：蓝 - 绿蓝；蓝 - 浅蓝；蓝 - 无色；浅蓝 - 无色
折射率	1.577 ～ 1.583；双折率：0.005 ～ 0.009
相对密度	2.72
摩氏硬度	7.5 ～ 8
紫外荧光	惰性
吸收光谱	537nm、456nm 弱吸收线；427nm 强吸收线
特殊光学效应	猫眼效应

海蓝宝石的经验鉴定

　　海蓝宝石颜色单一，呈海蓝色，可呈不同绿色调。透明度好，裂隙少，包裹体较少，各产地的海蓝宝石均属伟晶岩型，故包裹体特征相同，仅颜色稍许不同而已。如巴西海蓝宝石常呈带蓝的绿色；马达加斯加海蓝宝石常呈中暗蓝色；中国海蓝宝石，色偏浅，常呈海水蓝、湖水蓝以及天蓝色。

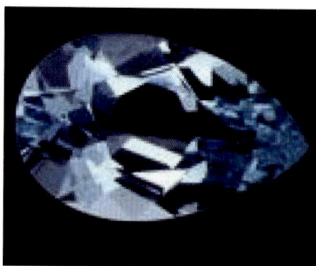

中国新疆海蓝宝石

马达加斯加海蓝宝石

巴西海蓝宝石

◆ 海蓝宝石的多色性

　　深色的海蓝宝石二色性明显，呈蓝 – 蓝绿或蓝 – 绿蓝或蓝 – 无色；浅色的海蓝宝石呈浅蓝 – 无色或二色性不明显。

◆ 海蓝宝石的放大观察

　　海蓝宝石的透明度一般比较高，内部也较为干净，偶尔可见包裹体。放大观察，海蓝宝石经常会看到内部具有典型的平行排列的似"雨丝"状的管状包裹体。若其密集平行排列到一定程度，会形成猫眼效应。

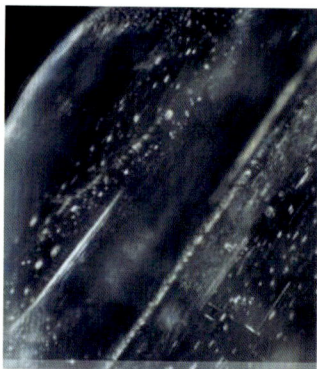

海蓝宝石内部的雨丝状包裹体

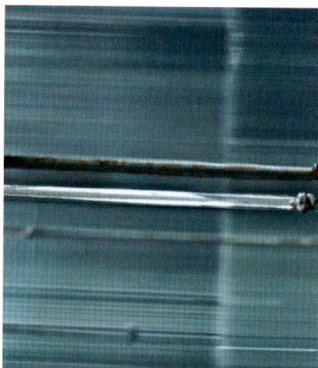

海蓝宝石内平行排列的针管状包裹体

海蓝宝石猫眼

海蓝宝石与相似宝石的鉴别

与海蓝宝石相似的常见宝石主要有蓝托帕石、蓝宝石、蓝碧玺、蓝锆石、蓝磷灰石、蓝萤石等几种，可根据彼此间的宝石学性质不同进行鉴别。

相似宝石中最易与海蓝宝石混淆的是蓝色托帕石，可依据下列三方面特征进行鉴别：

巴西海蓝宝石

◆ 观察颜色

海蓝宝石颜色一般较浅，呈海蓝色、湖蓝色，可带有黄色、绿色色调；而市场上的蓝色托帕石通常是无色的托帕石辐照改色而成的，蓝色托帕石的颜色一般较深，并且清澈透明。

磷灰石

◆ 使用查尔斯滤色镜

海蓝宝石在滤色镜下呈特征的黄绿色，托帕石则呈灰蓝色。

◆ 热导仪鉴别

由于托帕石的热导率高于海蓝宝石，所以使用热导仪也可快速区分二者。

萤石

锆石

托帕石

蓝宝石

碧玺

海蓝宝石与相似宝石的鉴别特征一览表

宝石名称	光性	折射率	相对密度	摩氏硬度	放大检查	其他
海蓝宝石	非均质体	1.577～1.583	2.72	7.5～8	液态包裹体；气液两相包裹体；三相包裹体；平行管状包裹体	滤色镜下黄绿色；弱至中等的二色性：蓝-绿蓝；蓝-浅蓝
萤石	均质体	1.434	3.18	4	两相或三相包裹体	亚玻璃光泽
锆石	非均质体	1.925～1.984	4.70	6～7.5	愈合裂隙；矿物包裹体；重影明显	强二色性：蓝-棕黄至无色
蓝宝石	非均质体	1.762～1.770	4.00	9	平直色带；负晶；矿物包裹体	强玻璃光泽；中等二色性：蓝-浅蓝
磷灰石	非均质体	1.634～1.638	3.18	5～5.5	气液包裹体；矿物包裹体	强二色性：蓝-黄至无色
碧玺	非均质体	1.624～1.644	3.06	7～8	线状、管状包裹体；裂隙发育；重影	强二色性：浅蓝-绿蓝
托帕石	非均质体	1.619～1.627	3.53	8	两种或两种以上互不混溶液态包裹体	滤色镜下呈灰蓝色；弱至中等三色性：蓝-浅蓝-蓝绿

优化处理海蓝宝石的鉴别

海蓝宝石的优化处理较为少见，主要采用热处理和充填处理的手段以改善其颜色和净度。

◆ 热处理海蓝宝石

海蓝宝石一般采用热处理的方法，使蓝绿色、黄色及绿色绿柱石在一定的温度下转变成纯正的蓝色。经热处理的海蓝宝石颜色比较稳定，并且属于优化，等同于天然的海蓝宝石。

◆ 充填处理海蓝宝石

一般情况下，净度不太好、裂隙比较多的海蓝宝石会被树脂等材料充填表面空洞或裂隙，以改善外观和耐久性。放大检查充填处理的海蓝宝石，可见表面光泽不一致的异常现象，裂隙或空洞偶见气泡，裂隙处可见蓝色的闪光，并且红外光谱检测出现有机物吸收峰。

海蓝宝石的评价

海蓝宝石的品质主要依据其颜色、净度、切工以及克拉重量等方面进行评价，同时兼顾特殊光学效应的稀少性。

◆ 颜色

海蓝宝石的颜色一般以色调纯正浓艳者为上品。最好的是海蓝色、天蓝色。大致可划分为三级：一级为海水蓝色，二级为深天蓝色，三级为浅天蓝色。

◆ 净度

质量好的海蓝宝石要求内部瑕疵小而少，肉眼基本不可见。净度越高，透明度越好者为上品。

海蓝宝石珠串（内部较多瑕疵）

◆ **切工**

海蓝宝石的切工需综合考虑其原石的颜色、解理、净度和重量等因素，以最佳的设计来切磨宝石，同时保证其颜色能够更好地保留下来。

由于多数海蓝宝石的透明度和净度相对较高，所以多被切磨成刻面宝石；具猫眼效应或净度略差的半透明海蓝宝石通常被加工成弧面型或珠型，以提高其外观美感。

精琢细磨且对称性和抛光度俱佳的海蓝宝石，价值较高。

不同切工的海蓝宝石耳饰

◆ **克拉重量**

在其他评价因子相同的情况下，重量和体积越大的海蓝宝石价格越高。

◆ **特殊光学效应**

由于海蓝宝石猫眼较为稀少，所以在其他评价因子相同的情况下，具猫眼效应的海蓝宝石价值倍增。

海蓝宝石的选购

目前市场上流通的海蓝宝石多数颜色浓度不够高，偏浅者多，所以色浓且净度及切工俱佳的海蓝宝石价格非常高。不能排除有些商家为谋取高额利润会将优化处理的海蓝宝石以次充好进行销售，因此消费者在购买海蓝宝石产品时应当提高警惕，防范上当受骗。

◆ 请商家出具权威的鉴定证书

由于当今处理宝石的花样繁多，且技术高超，新的处理技术层出不穷，即使是经验丰富的专业鉴定人员，有时也很难仅通过肉眼准确地判断出来。因此，消费者在购买时一定要请商家出具权威的鉴定证书，以免买到的是处理品。

某些颜色鲜艳但净度欠佳的海蓝宝石有可能成为充填处理的对象。充填海蓝宝石属于处理范畴，证书中应标明，商家应如实告知消费者。

海蓝宝石晶体

◆ 综合考虑海蓝宝石的评价因素

海蓝宝石的选购分为矿物晶体观赏石的选购、切磨好的裸石以及首饰成品的选购。

海蓝宝石的观赏石以其晶型完整、原石形态典型为上品，最好带有原始的围岩。其颜色、净度依据评价标准，重量、体积越大越好。

切磨好的裸石可以依据其评价标准，从颜色、净度、切工、克拉重量几个方面考虑，选择颜色纯正浓艳、内部瑕疵尽量少的海蓝宝石。消费者还可根据自己的喜好，挑选不同的切工和造型。克拉重量越大，价格也就越高。

海蓝宝石首饰成品的选购，不仅要挑选品质优良的主石——海蓝宝石，而且还要结合首饰的款式、镶工、首饰用贵金属等方面进行综合评价，同时根据自身的喜好选择不同场合佩戴和价格适宜的海蓝宝石饰品。

海蓝宝石耳饰

海蓝宝石"石上鸟"胸针

海蓝宝石头饰

海蓝宝石套装

冰晶之心

Crystal

水晶

水晶是结晶完好的透明石英晶体，纯净的水晶色白如水，清明而莹。

水晶，英文名称是 Rock Crystal，希腊人称作"Krystllos"，意思是指"洁白的水"。实际上，自然界中的水晶常因含有各种杂质而呈现不同的颜色，如紫水晶、黄水晶、烟晶、粉水晶、红水晶等，靓丽风雅各有千秋。其中紫水晶是二月的生辰石，象征着心地善良，心平气和，纯洁与真诚；黄水晶象征着长久的友情和永恒的爱情。

水晶的矿产资源非常丰富，主要分布在巴西、马达加斯加、印度、美国、俄罗斯、莫桑比克、瑞士、匈牙利、日本等地。我国的优质水晶主要产于江苏，其中以东海最为著名，被称为"水晶之乡"。此外，海南、新疆、广西、广东、内蒙、青海、云南、山东、山西和四川也是高品质水晶的产地。

白水晶晶簇

水晶的基本特征

水晶的矿物学名称为石英，由氧和硅结晶而成 (SiO_2)。因为氧和硅是地球上最主要的元素，故石英是自然界最常见的矿物之一。

水晶基本特征一览表

矿物名称	石英
化学成分	SiO_2
结晶状态	晶质体——三方晶系
颜色	无色、紫色、黄色、烟色、粉色、红色等
光泽	玻璃光泽
透明度	透明至半透明
光性特征	非均质体——一轴晶，正光性
色散值	0.013
多色性	弱二色性，体色深浅变化
折射率	1.544 ～ 1.553；双折射率：0.009
相对密度	2.65
摩氏硬度	7
紫外荧光	惰性
特殊光学效应	猫眼效应；星光效应

◆ 水晶的种类

水晶的种类繁多，宝石业界通常按其颜色或内部包裹体进行分类。

◆ 按颜色分类

根据自然界中水晶所呈现的颜色，可分为白水晶、紫水晶、黄水晶、烟晶、粉水晶、红水晶等。

白水晶： 通常把无色透明的石英晶体称为白水晶。

白水晶手串

紫水晶手串

紫水晶： 是一种呈淡紫色、浓紫色或葡萄紫色的透明石英晶体。如葡萄般的紫色是由于水晶中含微量铁及锰元素所致。

烟晶手串

烟晶： 是指带有棕褐色色调的水晶，墨晶和茶晶可归于烟晶的类别中，只是颜色深浅不一，色深者为墨晶，色浅者为茶晶。

黄水晶： 金黄色、橙黄色、棕黄色、淡黄色水晶的统称。英语中称为"Citrine"，由法文"Citrom"演化而来，意

黄水晶手串

思即柠檬，是说这种晶体色调接近柠檬色。

粉水晶：简称粉晶，即蔷薇水晶，也叫芙蓉石。芙蓉石被西方誉为爱情之石。粉晶原石大多为块状，产于各地伟晶岩中，生长在上层的质地比较好。粉晶因内含有微量的锰和钛元素而形成粉红色，颜色鲜嫩可爱。

粉水晶吊坠

粉水晶手串

红水晶：红色的水晶，是淡红到火红色的石英，红色是因其含氧化铁和氧化钛所致。

红水晶晶体

红水晶吊坠

◆ 按内部所含包裹体分类

水晶内部的包裹体非常丰富,根据其特点可分为发晶、石英猫眼、星光水晶、幽灵水晶、草莓水晶、彩虹水晶、水胆水晶等。

发晶: 含有针状、发状、丝状矿物包裹体的无色、浅黄、浅褐色水晶称为发晶。晶体含金红石包裹体时发丝常呈金黄、褐红等色,称为金发;含电气石时发丝常呈灰黑色,称为黑发;含阳起石时发丝而呈灰绿色,称为绿发。目前市场上将较粗的板条状金发晶称为"板晶"。

金发晶手串

黑发晶手串

绿发晶吊坠

"板晶"吊坠

石英猫眼: 当水晶中含有一组平行排列的纤维状包裹体如石棉纤维时,其弧面形宝石表面可显示猫眼效应,称为石英猫眼。

石英猫眼

星光水晶：当水晶中含有两组以上定向排列的针状、纤维状包体时，其弧面形宝石表面可显示星光效应，一般为六射星光。

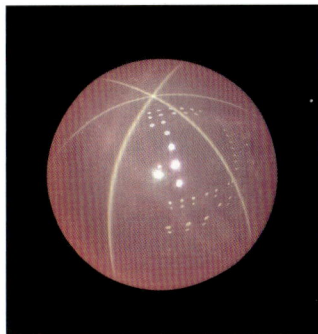
星光水晶

幽灵水晶：是指在水晶的生长过程中，包含了不同颜色的火山泥等矿物质，由于这些包裹体分布无固定模式，故会出现各种各样、千姿百态的"幽灵"，因此得名。通常在通透的白水晶、黄水晶或茶晶里，浮现如云雾、水草、漩涡甚至金字塔等天然景象。内含物颜色为绿色的则称为绿幽灵水晶，同样道理，因火山泥灰颜色的改变，也会形成红幽灵、白幽灵、紫幽灵、灰幽灵水晶等。

幽灵水晶

草莓水晶（Strawberry Quartz）：英文音译名称为"士多啤梨水晶"，是内部含有红色铁质包裹体的水晶，这些包裹体可以是针铁矿或纤铁矿。草莓水晶是近年来才被发现的新品种。

彩虹水晶：这是一种含有细小气泡或液体充填裂隙的水晶，裂隙通过干涉光产生彩虹光芒。

水胆水晶：晶体的内部含有肉眼可见的大片液态包裹体的透明水晶被称作水胆水晶。某些水胆水晶在摇晃时，还能看到液体的滚动。

草莓水晶

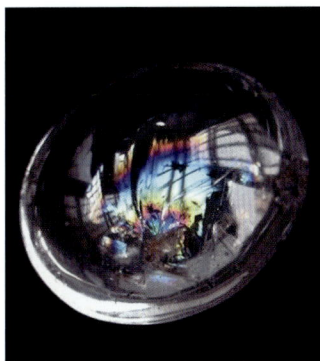
彩虹水晶

水胆水晶

经验鉴定

水晶原石常见于伟晶岩脉或晶洞中，水晶的柱状晶体上发育有横纹和多边形蚀像，紫晶晶体常显色带和生长纹。

选购水晶成品的时候，可以使用以下较为简单、快捷的鉴别方法：

晶洞中的紫晶晶簇

看颜色： 水晶颜色丰富，但绿、蓝色少见，当见到此类颜色的水晶时，要考虑是否经过了人工处理。

触摸法： 水晶为晶体，传热较快，玻璃是非晶质体，传热较慢。因此用手触摸样品，水晶有一种冰凉感，而玻璃则有温感。

硬度法： 水晶摩氏硬度为 7，玻璃摩氏硬度通常为 5.5 左右，可通过观察刻面棱线的尖锐程度进行鉴别：棱线尖锐者为水晶，棱线相对粗糙或多有断口者是玻璃。

用头发丝检查： 由于水晶具有双折射，将水晶放在一根头发丝上，人眼透过水晶能看到头发丝双影。

此外，根据不同水晶种类（如发晶、幽灵水晶、草莓水晶、彩虹水晶等）的特点也可快速进行鉴定。

水晶与相似宝石、合成水晶及仿制品的鉴别

与水晶相似的宝石主要有托帕石、碧玺、尖晶石、萤石等，此外还有合成水晶、玻璃与水晶相仿。对于这些水晶相似宝石、合成水晶和玻璃仿制品，可以根据其光性、折射率、相对密度、摩氏硬度、包裹体等特征将其区分。

托帕石、碧玺与水晶都是非均质体，摩氏硬度也接近，可依据托帕石、碧玺的折射率和相对密度均高于水晶的特征进行鉴别；尖晶石、萤石、玻璃均为均质体，可利用宝石偏光镜及硬度的差异将其与水晶区分开来；合成水晶的外观和物理性质均与天然水晶基本相同，但其内部往往非常干净，通常颜色鲜艳且均匀度高于天然水晶，缺少水晶特有的天然矿物包裹体，偶见双晶也与天然水晶中的道芬双晶、巴西双晶大不相同。

水晶与相似宝石鉴别特征一览表

名　称	光性	折射率	相对密度	摩氏硬度	放大检查
水　晶	非均质体	1.544～1.553	2.65	7	不规则排列的气液包裹体及矿物包裹体
托帕石	非均质体	1.619～1.627	3.53	8	气态包裹体或两种互不混溶的液态包裹体
碧　玺	非均质体	1.624～1.644	3.06	7～8	管状包裹体密集平行排列；裂隙发育
尖晶石	均质体	1.718	3.60	8	有小八面体单个存在或密集形成指纹状
萤　石	均质体	1.434	3.18	4	三角形负晶；裂隙中含水的气泡单独或成群存在
合成水晶	非均质体	1.544～1.553	2.65	7	通常内部洁净，偶见鼓包状、花絮状双晶
玻　璃	非晶质体	多变	多变	5～6	气泡；表面凹坑；棱线上常有粗糙的断口

优化、处理水晶的鉴别

由于彩色水晶相对于无色水晶较为稀少，所以目前市场上有一部分彩色水晶是经过优化处理的产品。通常水晶的优化处理方法主要有热处理、辐照、染色和覆膜处理等几种。

◆ 热处理水晶

通过热处理的方法，可将某些非常暗的紫晶变浅或控制温度转变为黄晶和绿水晶；有些烟晶则转变成带绿色调的黄色水晶。

热处理改色的水晶可依据内部包裹体的变化进行鉴别，例如含有细小棕黄色针铁矿的紫晶加热后变为黄水晶，其中的针铁矿变成了棕红色的赤铁矿，可据此判断黄水晶是否经过了热处理。

◆ 辐照水晶

经过辐照处理，无色水晶可以转变为烟晶；粉晶可加深颜色。

辐照改色的水晶遇热颜色会变浅或变色，其内部裂隙和包裹体也会有延伸膨胀的迹象。

◆ 染色水晶

采用淬火获得炸裂纹，将染料浸入裂隙中，可得到各种颜色的染色水晶。

染色水晶的特征是颜色沿裂隙集中，常呈蜘蛛网状分布，并且有较强的紫外荧光。

【小贴士】市面上的水晶经辐照、染色处理的较多，应注意与天然水晶颜色的区别。颜色过于艳丽者应警惕。

染色水晶

染色发晶

◆ 覆膜水晶

无色水晶经覆膜处理可呈现各种颜色，此类水晶表面呈七彩的金属光泽，但膜层容易脱落，易于鉴别。

水晶的评价

与其他彩色宝石一样，水晶的评价也包括颜色、净度、切工、重量等因素。但水晶是一个千姿百态的大家族，不同种类的水晶评价略有不同。

镀膜水晶（正面）

覆膜水晶（反面）

◆ 颜色

对于彩色水晶来说，可遵循"浓、正、纯、匀"的原则，即颜色自然、艳丽均匀者为佳，但同时要注意颜色过艳者是否经过了优化处理。

底色为无色的发晶包裹体颜色多样，主要有金黄色、红铜色、黑色、银白色、绿色等。在其他评价因素相同的情况下，其中价值最高的是金发晶，其次是红发晶。

◆ 净度

按照颜色分类的水晶净度越高越好，但是按照包裹体分类的水晶，因其内部包裹体有独特的造型和寓意，使其有了更高的观赏价值，并非净度越高价值也越高。例如：发晶因其内部含有金属光泽的针状、纤维状、丝状等包裹体，不仅给人们带来了视觉美感，还有着美好的寓意，有的"发丝"定向排列甚至出现了猫眼效应，称为发晶猫眼，价值反而得到了提升。除了丝状包裹体之外，含有造型美观的绿泥石矿物包裹体的幽灵水晶也是如此。

◆ 切工

水晶的切工包括了切磨和雕琢两部分工艺。切工越精细、产品越有创意价值越高。水晶切工的设计可以突破名贵宝石受材料出成率的限制，充分发挥设计师的想象力，创造出颇具现代风格的特殊切工，并且可以将切磨和雕刻两种工艺在同一件水晶制品上得以体现。水晶硬度较高，雕琢的难度较大，所以水晶雕件高超精湛的技艺在工艺、造型、寓意等方面均需要有所体现才为佳品。一件切工上乘的水晶制品工艺应考究精细，不仅能充分展现出水晶制品的外在美（造型、款式、对称性等），而且能最大限度地挖掘其内在美（晶莹、巧色）。

水晶雕件

精美雕工的黄水晶

特殊切工的紫水晶

水晶雕件

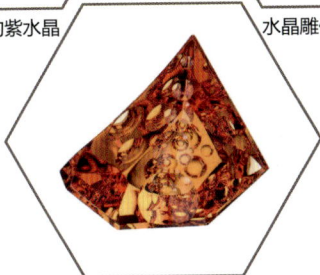
特殊切工的黄水晶

精美雕工的黄水晶

◆ 重量

水晶产出于伟晶岩中，结晶块度较大，产量多。块度越大，水晶的价值也相对更高。

【小贴士】当水晶内部没有一点瑕疵时，应考虑其是否为合成水晶。

水晶的选购

由于不同种类的水晶饰品各有其特点，所以消费者选购时要区别对待。

◆ 透明水晶的选购

消费者在选购透明水晶饰品时要注重以下三个方面：

选好料

选料精良的水晶制品应颜色鲜艳自然，无星点状、云雾状或絮状分布的气液包体，质地纯净、光润、晶莹，如果发现有深浅不一的断裂纹、斑点，则属于次品。

究做工

水晶制品的工艺水准直接影响着产品的美感和价值。消费者除了关注水晶的切磨或雕刻比例与造型外，也不要忽视抛光的质量高低。粗糙的抛光会使水晶表面存在磨擦的痕迹，影响水晶的透明度和光泽，而抛光优良的水晶更能体现其纯净与晶莹剔透的质感。

瞧孔眼

对于珠串制品（如项链、手链、佛珠等），要看孔眼是否平直，孔的粗细是否匀称，有无细小裂纹。孔壁应当清澈透明，无"白痕"。

紫水晶项链

黄水晶首饰

维多利亚女王时代
的"旭日"胸针

◆ 含各种包裹体水晶的选购

对于含有包裹体的水晶来说，正是这些各式各样的包裹体赋予了它们独特的美和价值。消费者在选购时可根据自己的喜好进行挑选。

选购石英猫眼时，可在光照下，转动宝石，观察猫眼的变化。尽量选择眼线纤细而居中、平直而明亮、转动灵活的石英猫眼。

选购发晶时，要关注发丝的粗细、数量及发丝的方向，发丝多而密集、方向一致者为佳品。目前市场上"板晶"价格较高，此外还有丝状包裹体细如毛发的各色发晶称为"黄兔毛""绿兔毛"等，根据发丝的颜色、数量和排列分布方式不同，其价格也有高低之别。

【小贴士】在购买水晶首饰时，应注意水晶首饰的款式、色彩是否与自己的身材、肤色、脸型和服装协调一致。

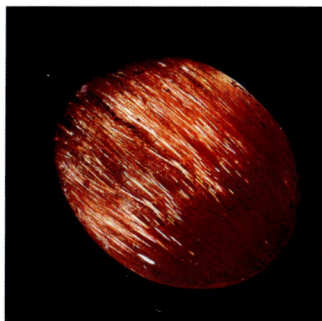

"板晶"发晶

"黄兔毛"水晶

幽灵水晶中金字塔型、聚宝盆型最为常见。金字塔型的以层数越多、越接近金字塔形状者为佳；聚宝盆型的火山泥矿物包裹体占一半左右者最好。消费者在选购时，除了关注幽灵的形状和所占比例，还要注意幽灵的颜色，过于艳丽的色彩要考虑其是否为染色处理所致。

"金字塔"幽灵水晶

"聚宝盆"型幽灵水晶

友谊之石

Topaz

托帕石

托帕石由英文 Topaz 音译而来，因硬度大和颜色美丽，自古以来，就深受人们喜爱。古人认为，托帕石的太阳光辉能给人以温暖和智慧，许多古老的民族把它当作护身符。托帕石是十一月的生辰石，象征着团结、智慧、友谊与忠诚，因此托帕石也被称为"友谊之石"。

托帕石的主要产地有巴西、斯里兰卡、俄罗斯、美国、缅甸和澳大利亚等；我国的主要产地为内蒙古、新疆、湖南、河北、云南和广东等。

托帕石晶体

托帕石的基本特征

托帕石又称"黄玉",因易与和田玉中的黄玉混淆,故国标中采用音译名称"托帕石",以示区别。托帕石为含氟和羟基的铝硅酸盐矿物,是一种常见的单晶体宝石,商业品级的托帕石通常进行优化处理。

各种颜色的托帕石

托帕石基本特征一览表

矿物名称	黄玉
化学成分	$Al_2SiO_4(F,OH)$
结晶状态	晶质体——斜方晶系
颜色	无色、橙黄色至褐黄色、浅蓝色至蓝色、粉红色至褐红色,极少数呈绿色
光泽	玻璃光泽
透明度	透明
光性特征	非均质体——二轴晶,正光性
色散值	0.014
多色性	弱至中等的三色性,依颜色不同
折射率	$1.619 \sim 1.627$；双折射率 $0.008\sim0.010$
相对密度	3.53
摩氏硬度	8
紫外荧光	长波:无至中等,橙黄、黄、绿　　　　　短波:无至弱,橙黄、黄、绿

经验鉴定

托帕石多呈无色、极淡蓝色、淡褐色和橙黄色（雪利酒色），而红色和粉红色极少。巴西托帕石较其他产地的颜色深，多呈黄－橙黄色，还有淡蓝、淡粉、灰绿和无色等；斯里兰卡的托帕石色浅，多呈浅蓝、浅绿和无色等；中国的托帕石颜色极浅，多呈无色，还有极淡蓝色和极淡褐色。

托帕石透明度较高，与其他单晶体宝石相比，内部较洁净，包裹体较少，肉眼较难看见瑕疵；放大检查常见气液包裹体，有时在空穴中可见两种互不混溶的液体和气泡。常见的固体矿物包裹体有云母、钠长石、电气石和赤铁矿等。

托帕石具有较强的玻璃光泽；相对密度适中，掂重的感觉为中等。

橙黄色托帕石

托帕石与相似宝石的鉴别

与托帕石相似的常见宝石主要有水晶、海蓝宝石、碧玺、磷灰石、赛黄晶等几种。

黄色托帕石

◆ 与水晶的鉴别

托帕石与水晶的晶体原料区分较为容易，托帕石柱状晶面上的纵纹有别于水晶晶面上的横纹。

加工好的成品裸石中，容易相混淆的是黄色托帕石和黄色水晶。首先，从外观来看，托帕石的光泽略高于水晶，这是由于托帕石的折射率较高的缘故。其次，托帕石的相对密度（3.53）大于水晶的相对密度（2.65），用手掂同等大小的托帕石和水晶时，托帕石有坠手的感觉，水晶则较轻。

此外，黄色水晶具弱的二色性（淡黄－黄），而黄色托帕石具弱至中等的三色性（带粉色调的淡黄－橙黄－褐黄）。

黄色水晶

◆ 与海蓝宝石的鉴别

海蓝宝石与蓝色托帕石的外观很像，但是海蓝宝石的颜色一般较浅，呈天蓝色、湖蓝色，并且带有朦胧感；蓝色托帕石的色较深，带少量暗色调，而且较清澈。

托帕石的折射率（1.619 ~ 1.627）和相对密度（3.53）均高于海蓝宝石的折射率（1.577 ~ 1.583）和相对密度（2.67 ~ 2.90）。

此外，海蓝宝石具明显的二色性（无色 – 淡蓝色）不同于蓝色托帕石弱至中等的三色性（无色 – 淡粉色 – 淡蓝色）。

蓝色托帕石　　　　　　　海蓝宝石　　　　　　　帕拉伊巴碧玺

◆ 与碧玺的鉴别

碧玺有多种颜色，可与不同颜色的托帕石相比较。肉眼观察托帕石与碧玺，碧玺有较强的多色性，多色性颜色随体色而变化，呈现出深浅不同；而托帕石的多色性较弱，颜色的均一性强于碧玺。另外，碧玺的双折射率很高，往往可见后刻面棱重影。碧玺的相对密度为3.06，小于托帕石。放大观察碧玺内部可能有充满液体的扁平状、不规则的管状包体等，与托帕石内部的包裹体特征不同。

◆ 与磷灰石的鉴别

磷灰石多为无色、黄色、绿色、紫色、褐色、紫红色、粉红色和蓝色等，其光性为一轴晶负光性，托帕石为二轴晶正光性，二者光性不同。蓝色磷灰石的二色性强，与蓝色托帕石的三色性不同；其他颜色的磷灰石二色性弱。

磷灰石的摩氏硬度较低为 5 ~ 5.5，其刻面宝石棱线不及摩氏硬度为 8 的托帕石刻面宝石棱线尖锐；磷灰石的相对密度为 3.18，小于托帕石，在二碘甲烷中上浮，而托帕石则下沉。

蓝色磷灰石

◆ 与赛黄晶的鉴别

赛黄晶的颜色较少，主要为黄色、褐色和无色，偶见粉红色。赛黄晶的相对密度（3.00）小于托帕石的相对密度（3.53）。放大观察，赛黄晶可见气液包体和固态包体。

赛黄晶在长波紫外光下，荧光强度可从无到强变化，荧光颜色为浅蓝至蓝绿；短波紫外光下，荧光强度变得较弱，但荧光颜色与长波下的荧光色相同。

赛黄晶

优化、处理托帕石的鉴别

天然的蓝色、粉色、红色及绿色托帕石极为少见，所以市场上常见的彩色托帕石绝大多数是由天然托帕石进行优化和处理而得。目前，对天然托帕石颜色进行改善的技术主要包括热处理、辐照、扩散、镀膜及热熔（TCF）等。

◆ 热处理托帕石

黄色、橙色、褐绿色的托帕石可经热处理转变成粉色或红色。此类托帕石颜色稳定，属优化，等同于天然托帕石。

◆ 辐照托帕石

无色托帕石经辐照和热处理后可呈不同色调与深浅的蓝色，如天空蓝、美国蓝、瑞士蓝、普鲁士蓝和伦敦蓝等，此类蓝色托帕石的颜色鲜艳、颜色内外分布均匀、透明度高、粒度大，但耐高温性能较差，在制作成首饰的过程中要避免高温操作，否则会褪色。

对于辐照改色处理的蓝色托帕石，主要从颜色过于鲜艳均匀及内部包裹体有加热膨胀等特征进行识别，对于无包裹体者可通过大型仪器测定其辐照损伤色心来确定。

辐照改色的托帕石戒指

◆ 扩散托帕石

无色托帕石表面经掺杂剂（如钴离子）扩散处理可形成蓝色和蓝绿色。

经扩散处理的托帕石视觉呈蓝色调，耐久性很强，耐高温性也强，颜色鲜艳逼真，但蓝色仅限于表层，内部无色。

因此，浸油放大检查可见宝石表层颜色有不均匀现象，多呈斑点状；测得的折射率高于托帕石的折射率值；测定宝石表面元素（钴）含量异常。

◆ 镀膜托帕石

无色托帕石经覆膜和喷镀处理可呈现多种颜色。

早期镀膜托帕石产品的膜层成分比较简单，颜色多呈带有绿、紫色调的彩虹色，光泽异常近金属光泽，膜层容易脱落，耐久性较差，高温下容易褪色。

后期改进的镀膜技术使得镀膜托帕石的膜层成分多样，并且仅在托帕石的亭部表面镀膜，使得台面测得的折射率与托帕石的一致，可呈现鲜艳的蓝色、绿色、红色等多种颜色。

镀膜托帕石的耐久性较差，镀膜表面光泽异常，膜层可有脱落现象，用小刀能刻划出划痕，并且不能承受过高的温度。

早期镀膜托帕石

◆ TCF 托帕石

TCF 也称热熔技术（Thermal color fusion），是近年来兴起的一种新型的托帕石处理技术，是在原镀膜工艺的基础上增加了扩散与高温熔结的技术。所以 TCF 托帕石的耐久性很强，抗刻划，耐高温，并且 TCF 托帕石产品的颜色品种非常丰富，色彩鲜艳逼真。

浸油放大检查，可见 TCF 托帕石表层颜色有不均匀现象；TCF 托帕石的镀膜亭部表面光泽强于未镀膜的冠部表面；分别测定 TCF 托帕石亭部和冠部的折射率，可发现两者的折射率值不一致；采用大型仪器测试 TCF 托帕石表面的化学成分，可得出亭部镀膜表面元素异常的结果。

托帕石的评价

与其他彩色宝石一样，托帕石评价也包括颜色、净度、切工和重量等方面因素。

◆ 颜色

天然托帕石的颜色多样，除黄色、黄棕色、橙色、褐红色外，其他颜色均较淡，甚至无色。在其他评价因素相同的情况下，托帕石的颜色越深，价值越高。

托帕石中价值最高的是红色，其次是粉色、雪利酒色、蓝色和黄色托帕石，无色托帕石的价值最低。

◆ 净度

托帕石中常含气 – 液包裹体和裂隙，含包裹体和裂隙多者则价格低，内部纯净、透明度高者具有较高的价值。

托帕石的净度可以在 10 倍放大镜下观察的结果作为判据进行分级，通常分为洁净、中等和一般三个等级：

洁净：10 倍放大镜下不见任何瑕疵；

中等：10 倍放大镜下可见、肉眼隐约可见微量瑕疵；

一般：肉眼可见少量瑕疵。

◆ 切工

切工是影响托帕石质量的重要因素之一。优质的托帕石应具有明亮的玻璃光泽，抛光不当会导致光泽暗淡，影响宝石的价值；切磨比例等因素影响着宝石的整体效果，好的切工能大大提高托帕石的价值。

◆ **重量**

克拉重量直接影响着宝石的价格，因此，在其他评价因素相同的情况下，托帕石的块度越大，价格越高。

不同切工的托帕石

迪奥 品牌 Joaillerie 托帕石戒指

托帕石的选购

◆ **请商家出具权威的鉴定证书**

由于天然产出的托帕石颜色往往不艳丽，大多数为无色或者颜色很浅。而市场上经营的大多数彩色托帕石往往是无色托帕石经过处理而显现出的颜色，即使是经验丰富的珠宝鉴定人员凭肉眼也很难区分，因此普通消费者在选购托帕石时，一定要谨慎。

◆ **综合考虑托帕石的评价因素**

天然托帕石和改色托帕石都以颜色深，透明度好，块大，无裂隙为佳品。选购托帕石时要求颜色浓艳、纯正、均匀，透明，瑕疵少，重量至少在 0.7 克拉以上。

◆ 关注辐照改色托帕石饰品的放射性问题

作为佩戴用宝石，必须对人体健康无害。由于辐照源的不同，某些辐照改色的蓝色托帕石会有放射性的残余，例如中子辐射改色的托帕石便会存在有一定的放射性，需要放置一定的时间（如半年以上）才能用作饰用宝石，否则对人体有一定的伤害。

【小贴士】珠宝专业市场上销售的辐照改色蓝色托帕石饰品其放射性应当是在国际允许的安全范围内，可以放心购买。但消费者若通过非专业渠道购买辐照改色的蓝色托帕石则要谨慎小心，提防受到放射性的危害。

宝格丽品牌"地中海伊甸园"系列

蒂凡尼品牌托帕石项链

温婉女神

Moonstone

月光石

月光石，英文名为 Moonstone，名如其石，月光石的光晕像雨后的秋月，隽永淡雅，仿佛温婉的女神。由于人类祖先对月亮的崇敬，认为这种温润的美带有某种神秘的力量，月光石也因此成为这样一种力量的化身。月光石是六月的生辰石，代表神秘、宁静、和谐、优雅。

月光石矿床主要分布于斯里兰卡、缅甸、瑞士、马达加斯加、印度、巴西、美国、澳大利亚、墨西哥等地。虽然出产月光石的地方比较多，但具有商业性生产价值的产地却并不多，市场上的优质月光石主要来自斯里兰卡和缅甸。

带围岩的月光石晶体

月光石的基本特征

月光石属于长石类矿物，是由钾长石和钠长石两种矿物平行层状相互交生而形成的。正是由于月光石这种层状结构，它对光产生散射、干涉等综合作用使得宝石表面产生一种浮光，恰似淡淡的月光。

月光石基本特征一览表

矿物成分	正长石（钾长石、钠长石层状交互）
化学成分	$KAlSi_3O_8$、$NaAlSi_3O_8$
结晶状态	晶质体——单斜晶系
颜色	常见无色、白色，少见红棕色、浅黄及暗褐色，可见蓝色、无色或黄色等晕彩
光泽	玻璃光泽
透明度	透明至半透明
光性特征	非均质体——二轴晶，负光性
折射率	1.518～1.526；双折射率：0.005～0.008
相对密度	2.58
摩氏硬度	6
紫外荧光	长波：无至弱，蓝　　　短波：弱，橙红
特殊光学效应	月光效应；猫眼效应（少见）；星光效应（罕见）

月光石的种类

月光石的分类没有一个定式，不同的人以其关注的视角不同而有着不同的分类方法。通常，以月光石的体色和晕彩分类者较多，即：根据月光石的体色可分为无色、白色、红棕色、绿色、暗褐色月光石等几类，其中红棕色少见，绿色、暗褐色罕见；按照月光石上晕彩的不同则可有白色、黄色、蓝色月光石之分。

具蓝色晕彩的无色月光石

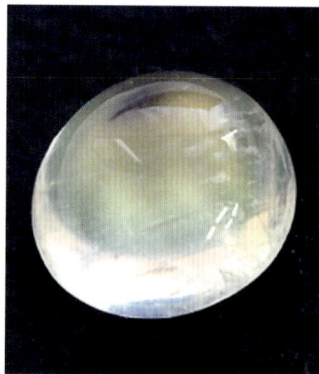

具黄色晕彩的无色月光石

具白色晕彩的无色月光石

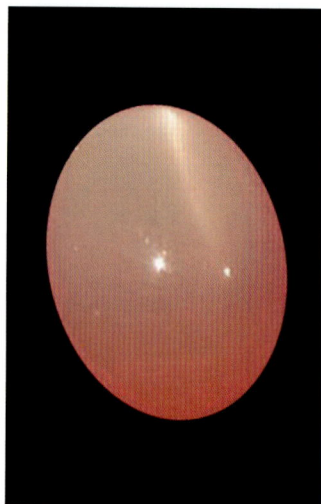

具白色晕彩的红棕色月光石

此外，某些月光石表面在光源照射下呈现出一条明亮光带，该光带随宝石或光线的转动而移动，称为月光石猫眼。

经验鉴定

月光石常为无色至白色，少量为红棕色、浅黄、暗褐

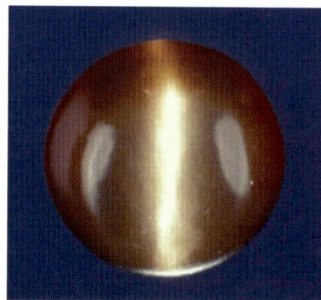

月光石猫眼戒面

色，并具有标识性的月光效应，其蓝色、黄色或白色等晕彩浮于宝石表面，并随光源、宝石的相对移动而变化。某些月光石具有两组完全解理，明显可见其内部平行的解理纹，断口呈阶梯状。

各种颜色的月光石

月光石与相似宝石的鉴别

与月光石相似的宝石主要有晕彩拉长石、玉髓、石英猫眼等。对月光石进行放大观察可看到明显解理、"蜈蚣状"包裹体、指纹状包裹体和针点状包裹体等，具有猫眼效应的月光石内部存在一组密集平行排列的针状包裹体，这些特征使得月光石比较容易进行鉴别。

月光石内部的"蜈蚣状"包裹体

◆ 月光石与晕彩拉长石的鉴别

月光石、晕彩拉长石均为长石族矿物，二者都是由两种不同的长石层交互构成的，结构相似，都有晕彩效应，但它们的晕彩并不相同：月光石的晕彩属于浮光，常呈单色（蓝色、白色、黄色），少数为双色（白色与蓝色混合、白色与黄色混合）；拉长石多呈鲜艳的蓝色、绿色、黄色以及橙色、金黄色、紫色和红色等晕彩，也有人将其称为"光谱石"。

月光石与晕彩拉长石的成分也不同，前者为正长石，隶属于钾长石系列；后者为拉长石，隶属于斜长石系列，因此它们的性质也略有差异，可以通过相对密度、折射率及红外光谱来进行鉴别。月光石折射率约为 1.52，相对密度为 2.55 ～ 2.61，而晕彩拉长石的折射率、相对密度均较高，折射率为 1.56 左右，相对密度为 2.67 ～ 2.69。

晕彩拉长石原石

◆ 月光石与玉髓的鉴别

首先，月光石与玉髓的光感不同，月光石的月光效应显示一种蓝白色浮光，而玉髓则仅能显示一种乳白色的辉光。其次，月光石为单晶非均质体宝石，在偏光镜下转动具有四明四暗的消光现象，而玉髓为隐晶质集合体，在正交偏光下全亮。

白色玉髓吊坠

◆ 月光石猫眼与石英猫眼的鉴别

石英猫眼与月光石猫眼外观有些相似，但二者的性质存在一些差异。石英猫眼没有月光石特有的月光效应，其摩氏硬度（7）、相对密度（2.65）、折射率（1.54）均略高于月光石猫眼。月光石猫眼内部往往有典型的解理有别于石英猫眼，并且月光石猫眼极为少见。

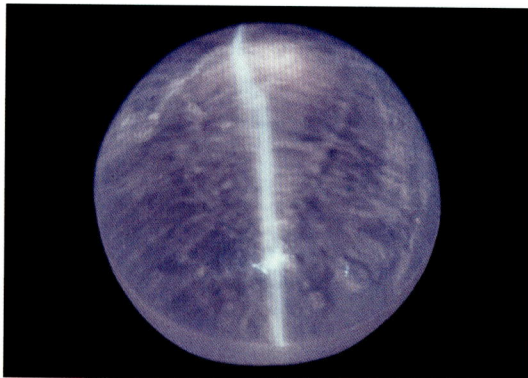
石英猫眼

月光石与仿制品的鉴别

目前市场上常见的仿月光石为玻璃和塑料仿制品。

从外观上来看，仿月光石的玻璃和塑料制品色彩相对单一，比较呆板。由于玻璃和塑料仿制品均为非晶质体，偏光镜下呈现全消光或异常消光，其内部没有解理纹，也没有特征的"蜈蚣状"包裹体。此外，玻璃和塑料仿制品在紫外光下常具多变的中至强的明显荧光；而月光石的荧光现象很弱或无。玻璃和塑料仿制品的内部可有气泡、气泡群或搅动构造。另外，塑料仿制品的相对密度低，掂重可区别之。

玻璃仿月光石耳坠

月光石的评价

月光石最重要的特征便是月光效应，因此评价月光石时，首先考虑其月光效应的明显程度，并对其净度、切工、块度等进行综合评价。

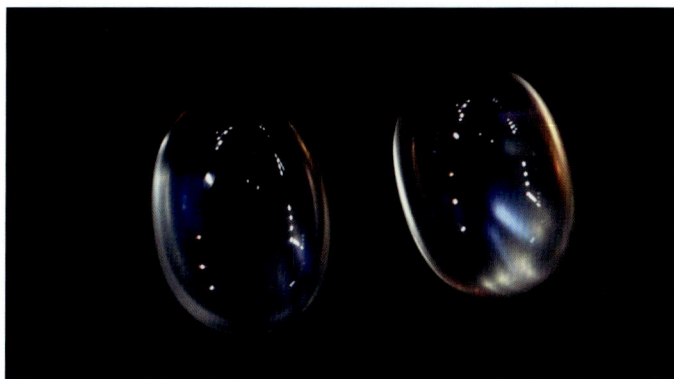

月光石戒面

◆ 月光效应的明显程度

通常，月光效应越明显其价值越高，即晕彩越强烈越好，并且以蓝色晕彩为佳，黄色晕彩次之，白色晕彩居其后。

晕彩的延长方向应与月光石外形的长轴方向一致，并且位于宝石的中心位置为佳。

此外，月光石中的特殊品种月光石猫眼、星光月光石则还应考虑其猫眼效应和星光效应的明显程度，以及猫眼线、星线的宽窄、灵活程度等。

◆ 净度

优质的月光石应当内部洁净，无杂质包裹体，内外部无绺裂与破口。

若出现大小不等的杂质及深色矿物包裹体，会影响月光石的晕彩及美观程度；若出现绺裂及破口则会影响月光石的耐久性。因此，杂质包裹体及绺裂与破口均会影响月光石的价值，可视其影响程度而确定价值的高低。

◆ 切工

月光石通常被加工成弧面型，工艺要求其形状要规整、宽厚适中、比例恰当，才能充分体现月光效应的美。

若月光石的切工粗糙，则会严重影响其月光效应的美感并大大降低其价值。

◆ 块度

任何宝石的重量大小都会影响其价值，月光石也不例外。同等质量下的月光石，其块度或尺寸越大者价值越高。

月光石的选购

中国传统的文化中对月亮赋予了很多美好的寓意，如"但愿人长久，千里共婵娟"、"露从今夜白，月是故乡明"等等可供吟咏的诗句体现出中国人对于月亮的仰慕之情。月如心灵之舟，因此佩戴一些月光石饰品，更能彰显女性温婉柔美之气，拥有和谐宁静之美。

在挑选月光石的过程中，特殊光学效应的强弱对月光石的价格起着重要作用，光学效应越闪耀越好。从商业角度来说，透明且不具特殊光学效应的月光石价值一般不会太高。

月光石的净度、透明度影响其光学效应的明显程度，净度高、透明度高的月光石才会拥有较为明显的月光效应、晕彩效应等。

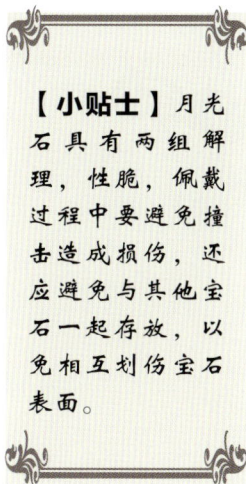

【小贴士】月光石具有两组解理，性脆，佩戴过程中要避免撞击造成损伤，还应避免与其他宝石一起存放，以免相互划伤宝石表面。

月光石戒指

◆ 根据自身气质和需求购买

不同品种的月光石可以蕴含不同的美好寓意，如透明体色略带蓝色晕彩的月光石代表沉稳、理智，白色月光石代表清纯、纯洁，黄色晕彩的月光石则营造出温润且明快的意境。

消费者可根据自己的需求以及要表达的含义进行选购。

◆ 了解瑕疵对月光石价值的影响

透明月光石的价值对净度要求较高，但对于半透明的月光石而言，内部包裹体对价值影响程度相对不大，轻至中度的瑕疵不影响价值，只有严重的裂隙和破口等明显瑕疵会使价格降低。

因此消费者在选购时，针对透明度不同的月光石要有不同的价值标准。

◆ 关注月光石饰品种类及镶嵌工艺

由于月光石本身的特性——含有解理，因此其矿物标本比较少，且其块度比较小。

常见的月光石裸石主要为戒面或珠子。

月光石饰品主要为弧面形月光石吊坠、耳坠、戒指及月光石手串。

购买月光石群镶饰品时，不仅要考虑主石（月光石）的质量，也应该考虑配石的大小和质量、贵金属的材质、设计款式以及镶嵌工艺等。对于耳坠、耳钉、手链等还需考虑月光石之间的协调性，使首饰整体和谐一致。

玉石之王

Jadeite

翡翠

　　中国人的爱玉历史可以上溯几千年，漫长的历史构筑出中华民族璀璨夺目的玉文化殿堂。如今华人对翡翠至真至深的喜爱，蕴含着一种深厚的民族情感和审美取向——翡翠因其纯净、细腻、坚韧的特性，丰富而极具装饰性的色彩，千变万化的种质，优良的硬度和韧性，逐渐成为现代玉石贸易中当之无愧的"玉石之王"。

　　"翡翠（Jadeite，Feicui）"一词源于一种鸟类名称。"翡，赤羽雀也；翠，青羽雀也。"缅甸玉石传入中国时，因其颜色多为绿色、红色，与当时这种翡翠鸟的羽毛色相似，故而将缅甸玉石冠以"翡翠"之名。

　　缅甸至今仍是世界上翡翠的主要产地，95%以上宝石级的翡翠来自缅甸。除缅甸外，危地马拉、俄罗斯、哈萨克斯坦、日本等国也产出翡翠，但质量和数量远远无法与缅甸的相比。

优质翡翠手镯

翡翠项链

翡翠的基本特征

根据《翡翠分级》国标（GB/T23885—2009）的定义，翡翠是主要由硬玉或由硬玉及其他钠质、钠钙质辉石（钠铬辉石，绿辉石）组成的、具工艺价值的矿物集合体。

翡翠基本特征一览表

矿物组成	硬玉、绿辉石、钠铬辉石，可含少量角闪石、长石、铬铁矿等矿物
化学成分	硬玉 $NaAlSi_2O_6$，可含有 Cr、Fe、Ca、Mg、Mn、V、Ti 等元素
结晶状态	晶质集合体
颜色	白色及各种色调的绿色、黄色、红色、橙色、褐色、灰色、黑色、浅紫红色、紫色、蓝色等
光泽	油脂光泽至玻璃光泽
透明度	透明至不透明
光性特征	非均质集合体
折射率	点测 1.66
相对密度	3.34
摩氏硬度	6.5~7
紫外荧光	无至弱，白色、绿色、黄色
吸收光谱	437nm 铁的吸收线，铬致色的绿色翡翠具 630nm、660nm、690nm 三条铬的吸收线

翡翠的分类

翡翠具有丰富的颜色和多变的透明度与结构，因此不同的学者与商家依据不同的视角对翡翠有着不同的分类。传统意义上，通常将翡翠分为老种、新种和新老种三大类。

所谓翡翠的"种"是指翡翠晶体颗粒的大小、致密程度和透明度的综合反映，是评价翡翠好坏的重要标志。好的"种"能使颜色饱满的翡翠水淋明澈、充满灵气，也可以使颜色浅的翡翠呈现温润晶莹的效果。

老种，又叫老坑种，是指从开采历史久远的矿坑内产出的冲积型次生矿翡翠品种，采出的原料都是像砾石一样的"籽料"。产出于老矿坑的翡翠质地细腻，常常被视为优质翡翠的代名词。通常晶体颗粒小于 0.1mm，放大镜下看不清矿物颗粒。

新种，又叫新坑种，多为采掘历史不长、新发现的原生矿品种。因翡翠是一种变质成因的岩石，若变质不充分、不完全就称为新种。新坑种翡翠透明度略低、玉质较为粗糙，多数质量偏低。通常晶体颗粒大于 1mm，肉眼易见。

新老种是介于新种和老坑种之间的翡翠品种。晶体颗粒大小则介于上述二者之间（0.1 ~ 1mm）。

老坑种原石

新坑种原石

新老种原石

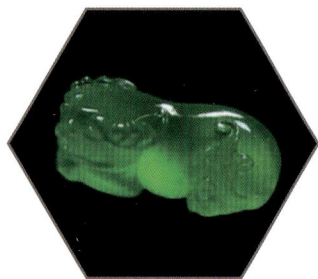
老坑种翡翠

新种翡翠

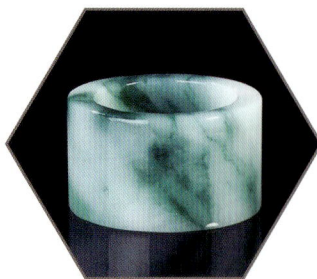
新老种翡翠

需要注意的是，新种翡翠的晶体颗粒较大，"翠性（辉石解理面的闪光）"较强，容易被观察到；老坑种翡翠因晶体颗粒极为细小致密，往往片状闪光不明显，无法观测到翠性。

翡翠的"翠性"

◆ 敲击手镯

优质翡翠手镯因结构致密，敲击时呈清脆响亮的金属声。需要注意的是，新种翡翠手镯或有裂纹的手镯敲击时声音不够清脆。

◆ 观察结构

翡翠具纤维交织结构至粒状纤维结构，在强光手电照射下，会发现翡翠颜色起伏有序、有色根，可呈现出浓淡过渡的斑点或条带。

翡翠与相似玉石的鉴别

与翡翠相似的玉石有软玉（和田玉）、钠长石玉（水沫子）、水钙铝榴石、葡萄石、独山玉、蛇纹石玉（岫玉、鲍文玉、朝鲜翡翠）、石英岩玉（东陵石、密玉、京白玉）、玉髓（澳玉）、符山石（美国加州玉）、绿泥石玉（莱州玉）和大理岩（汉白玉）等。

翡翠的折射率为 1.66，除钙铝榴石、水钙铝榴石、符山石外，其他玉石的折射率多小于翡翠的折射率（独山玉可出现 1.56 ~ 1.70 的值）；除钙铝榴石外，其他玉石的相对密度均小于翡翠的相对密度（3.34）。

此外，翡翠的颜色、光泽及结构特征与其他玉石也多有不同。

翡翠与相似玉石的鉴别特征

名 称	颜 色	折射率	相对密度	摩氏硬度	结构特征	其 他
翡翠	绿、红、紫、黄、白	1.66	3.34	6.5～7	变斑晶交织结构；韧性大；有翠性	颜色不均；光泽强
软玉	白、绿、黄、墨绿	1.62	2.95	6～6.5	毛毡状结构；韧性大，无斑晶；质地细腻	颜色均匀；油脂光泽
岫玉	白、绿、黄绿、黄	1.56	2.57	2.5～6	纤维状网格结构；性脆	颜色均一；油脂光泽
独山玉	白、绿、褐及杂色	1.56～1.70	2.90	6～7	粒状结构	色杂不均匀
钠长石玉	白、绿、灰绿色	1.53	2.60	6	纤维状或粒状变晶结构	颜色不均
钙铝榴石	白、翠绿、暗绿	1.74	3.61	7～8	粒状结构；绿色呈点状嵌在白底上	颜色不均；光泽强
水钙铝榴石	浅黄绿、绿	1.720	3.47	7	粒状结构；有较多黑色斑点和斑块	颜色可均一；油脂光泽感
葡萄石	深绿、黄绿、黄、白	1.63	2.87	6～6.5	放射状纤维结构或细粒状结构	颜色均一
绿泥石	绿～墨绿	1.57	2.70	2.5	可见细小片状矿物，质地细腻	硬度很小；蜡状光泽
东陵石	褐红、蓝绿、灰绿	1.54	2.66	7	可见闪光的铬云母片状矿物；粒状结构	硬度大
澳玉	绿、浅绿	1.54	2.66	7	质地细腻；缺少翠性	蜡状光泽；颜色均一
密玉	黄绿	1.54	2.66	7	质地细腻；缺少翠性	蜡状光泽；颜色均一
符山石	绿、黄绿	1.71	3.40	6～7	放射状纤维结构	颜色均匀
大理岩	白、绿	1.65	2.70	3	粒状结构	遇盐酸气泡

B 货、C 货翡翠的鉴别

消费者在珠宝市场上常会听到翡翠有 A 货、B 货、C 货之说。这是由于缅甸的优质翡翠产量越来越少，而普通翡翠又多含有杂质和瑕疵，因此商家多采用酸洗和染色处理的方法来改善质量较差翡翠的外观以提高其应用价值。

A 货翡翠是指没有经过人工处理的纯天然翡翠。

B 货翡翠则是采用强酸浸泡腐蚀，去掉杂质，再用树脂或胶充填裂隙，使种、水、色均得到大幅度提高的处理翡翠。B 货翡翠的外观通常树脂光泽与玻璃光泽混杂，颜色鲜艳，表面常有溶蚀凹坑和酸蚀网纹。

C 货翡翠是经过染色处理的翡翠，属于真玉假色。通常有两种类型：一种是将白色或无色翡翠上色；另一种是为有色翡翠补色，使色彩看上去更明艳。C 货翡翠的颜色会均匀分布在晶体颗粒之间，呈脉状细线分布。

B 货翡翠表面的酸蚀网纹

B 货翡翠

【小贴士】市面上经过处理的翡翠，因其填充物不耐高温，所以不要在烹饪时或其他高温环境中佩戴，否则会加速翡翠内部充填物的老化，造成发黄开裂。

染色翡翠颜色聚集于裂隙中

B+C 货翡翠

B 货、C 货翡翠的鉴别特征

名称	外观特征	内部特征	其 他
B 货翡翠	光泽较弱；色与地对比强烈，不自然；表面有"鸡皮疙瘩"和里混外透现象	结构松散而破碎；微裂隙内有异样闪亮，胶多的地方可见气泡，胶老化会有龟裂呈白点状或白线状	轻敲手镯，声音发闷而混浊；相对密度 < 3.33；折射率 1.65；有紫外荧光；红外光谱检测存在有机胶的吸收峰
C 货或B+C 货翡翠	颜色不自然，常带蓝色或黄色调；颜色浮于表层；光泽暗淡	无色根，且裂隙处的颜色较深或较浅（后期褪色处理所致）	滤色镜下可变红或不变色；分光镜检测红光区有 1 条宽吸收带；红外光谱检测存在有机峰

拼合翡翠的鉴别

拼合翡翠主要有垫色、拼色两种情况。

垫色翡翠是在无色水好的翡翠成品背面涂上绿色染料，然后把涂色面闷镶于金属架内。垫色翡翠的颜色不正，呈漂浮状，且色上有裂纹。

拼色翡翠是将无色水好的翡翠片粘合在涂有绿色染料的劣质翡翠或绿色玻璃或绿色玉片上，尔后将粘合处进行伪装。拼色翡翠的颜色有发空之感，颜色从内部透出，不在表面，并且沿腰部方向观察，各层物质及色彩不同，仔细观察结合处会存有气泡。

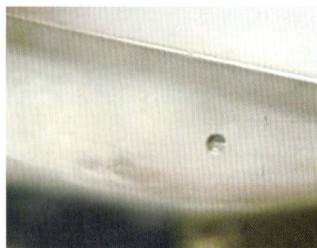

拼合翡翠

镀膜翡翠的鉴别

镀膜翡翠又称"套色翡翠"或"穿衣翡翠"，一般选择白色、浅色或无色的翡翠饰品，用泰国或法国产的清漆，均匀涂抹表面，待自然干后即形成十几至几十微米厚的翠绿色薄膜。这种翡翠的绿色十分均匀，具有朦胧感，内部多为散色，无色根。外部呈现出蜡状光泽，表皮略有细波痕、细擦痕和喷涂不匀等现象，还可找到光洁度、绿色有别于他处的交接口或破口，轻刮镀膜会被划伤甚至脱落。

【小贴士】在选购采用闷镶或包镶工艺的翡翠成品时，需要防范垫色或拼合处理的可能性，可向商家索要权威机构出具的鉴定证书。

【小贴士】市场上也常见用玻璃仿翡翠制品，可通过观察其贝壳状断口、内部气泡和流纹状结构进行鉴别，同时玻璃手摸有温感，通常掂重较轻，硬度低，表面易出现划痕，小刀能刻动。

玻璃仿翡翠

翡翠的评价

目前，珠宝行业内主要从颜色、透明度、质地、净度四个方面，并结合工艺价值和重量因素对翡翠进行综合评价。

根据国家珠宝玉石质量监督检验中心颁布的《翡翠分级》可知，翡翠的颜色按照色调主要可分为无色翡翠、绿色翡翠、紫色翡翠和红－黄色翡翠四个大类。其中，对于无色翡翠则无需考虑颜色因素的影响。

无色翡翠

绿色翡翠

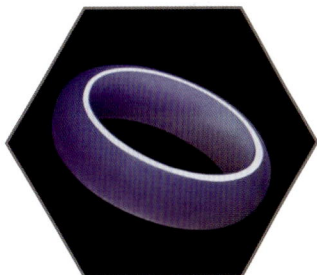
紫色翡翠

红色翡翠

黄色翡翠

◆ 颜色评价

翡翠的颜色非常丰富，几乎涵盖了整个色谱的颜色，其中绿色系列翡翠的品种最为繁多，也最受消费者的喜爱。

评价翡翠的颜色可以用五个字"正"、"浓"、"阳"、"匀"、"和"来概括。

（1）"正"指的是翡翠颜色的纯正程度，即颜色种类要单一，不掺杂其他颜色，也就是颜色的纯度要高。例如，纯正的绿色应当为艳绿、翠绿，而墨绿、油青或蓝水虽涵盖在绿色色系里，但属于偏色，因为掺杂了其他色调。

（2）"浓"指的是颜色的高饱和度。翡翠的颜色以浓为上品，如果为绿色就应当达到浓绿、艳绿和翠绿，饱和度略低的绿是阳绿、苹果绿，饱和度再低的则是浅绿和淡绿。

（3）"阳"指的是颜色明亮。同一色系的颜色有明暗变化，例如翠绿、深绿、中绿、草绿的明度就不一样；深黄、中黄、柠檬黄等黄颜色在明度上也不尽相同。通常颜色明亮的翡翠比偏暗偏黑的更为美观。

（4）"匀"指的是色泽均匀。就单一颜色的翡翠而言，均匀的色泽品质往往要高于深浅不一的颜色品质。

（5）"和"指的是多色翡翠颜色的分布与搭配效果。例如，同时带有紫色和绿色两种颜色的翡翠，被称为"春带彩"；同时带有黄色和绿色两种颜色的翡翠，港台地区

"正"、"浓"、"阳"、"匀"的翡翠

喜欢形象地称之为"皇家玉"；还有同时出现三种色的"福禄寿"，四种色的"福禄寿禧"，以及五种色的"福禄寿禧财"或"五福临门"等多色翡翠，对于这类翡翠的色彩还需要从整体色彩分布与搭配效果的美观程度来评价。

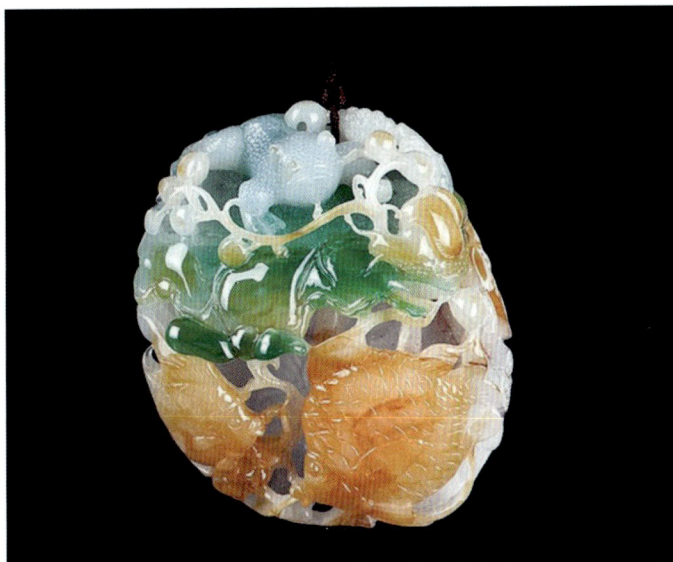

"福禄寿禧"四色翡翠

"福禄寿禧财"五色翡翠

"春带彩"翡翠

"福禄寿"三色翡翠

◆ **透明度评价**

透明度在翡翠术语中也称为"水"或"水头"，是影响翡翠品质的另一重要因素。根据翡翠透过自然光的能力可将翡翠的透明度分为五大级别：

透明：可充分透过光线，通过翡翠可明显地看到对面物体；

亚透明：能透过翡翠看景物，但有些模糊；

半透明：翡翠透光很少，较难透视；

微透明：透光困难，仅在翡翠的边缘部位能透过少量光线；

不透明：完全不透光，从任何角度观察翡翠皆无法透过光线。

通常翡翠的透明度越高，其价值也会增高。需要说明的是，翡翠的颜色和切磨厚度会对透明度的评价造成一定影响。

商界对翡翠透明度的描述有"一分水"、"两分水"或"三分水"的说法，"一分水"表示 3mm 的透光能力，"两分水"表示 6mm 的透光能力，以此类推。

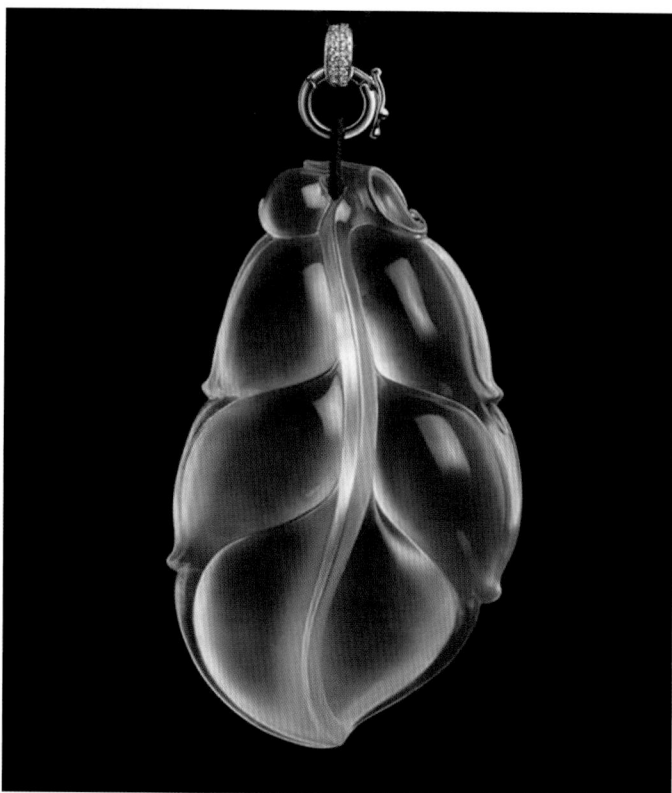

透明翡翠

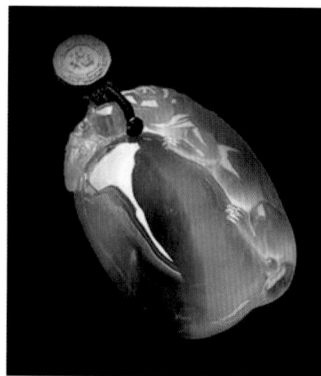

亚透明翡翠

半透明翡翠

微透明翡翠

不透明翡翠

◆ 质地评价

翡翠质地的优劣一定程度上决定了翡翠品质
的高低。翡翠的矿物颗粒越细，结构就越致密，
翡翠的外观便会光亮、莹润。高档翡翠需要具备优良的质
地。翡翠质地可根据其组成矿物颗粒的大小划分为四
个级别：极细、细、较细、粗。

内部颗粒直径小于 0.1mm 者，视为"极细"；

内部颗粒直径为 0.1 ~ 0.5mm 者，定为"细"；

内部颗粒直径为 0.5 ~ 1mm 者，称为"较细"；

内部颗粒直径大于 1mm 者，归为"粗"。

质地极细的翡翠

质地细的翡翠

质地较细的翡翠

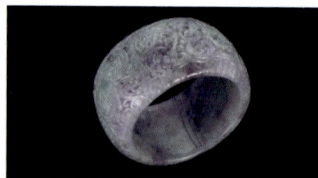

质地粗的翡翠

◆ 净度评价

　　翡翠的净度是指翡翠内部的纯净程度，即翡翠内部包裹体和裂隙的多少。净度越好，翡翠的价值也越高。

　　翡翠净度的观察会受到透明度和颜色的影响。通常，透明度低的翡翠中包裹体不易观察。随着透明度的提高，内部的可视程度随之升高，瑕疵和杂质对翡翠的影响会被放大，因此包裹体对无色透明翡翠净度的影响比对其他颜色翡翠净度的影响显著。

　　通过肉眼观察翡翠包裹体，可将净度分为五个级别：极纯净、纯净、较纯净、尚纯净、不纯净。

极纯净的翡翠

纯净的翡翠

较纯净的翡翠

尚纯净的翡翠

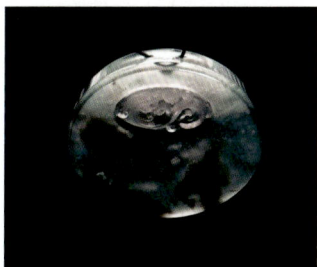
不纯净的翡翠

◆ 工艺评价

除了颜色、透明度、质地、净度四个方面，工艺水平的高低同样影响翡翠成品的价值。评价翡翠加工工艺时，应当注意其材料是否取舍得当，造型设计是否美观协调，雕刻与抛光是否细致完善。

通常，优质精美的翡翠玉雕成品，不仅需要大自然鬼斧神工地创造出品质优良的翡翠原料，还需要后天能工巧匠别具匠心的设计与精致高超的加工工艺。因此，评价多种颜色的玉雕工艺作品时，要关注其是否巧妙用色，简称"俏色"。

《祝福》俏色翡翠摆件（王朝阳）

需要说明的是，大多数情况下高品质的翡翠需要具备优良的纯净度，但一些净度略逊的翡翠，恰巧源于石料天然的"残缺"，被大师匠心独运的设计雕琢后更是巧夺天工，创作出意境非凡的玉雕作品，价值反而会大幅提升，可达到"化腐朽为神奇"境界。

◆ 重量评价

对于任何一种宝石，重量大小都是决定价值的一个重要因素。在相同材质和加工工艺水平的前提下，翡翠重量越大价值越高。

翡翠的选购

众所周知，优质翡翠名贵而稀有。由于中华民族的玉文化情结，作为"玉石之王"的翡翠一直受到广大消费者的追捧与青睐，翡翠的价格在近年来也是一再暴涨。因此，从小商品批发市场、旅游市场、珠宝专业批发市场、品牌专营店到大型商场和购物中心，到处都能够看到翡翠的身影。

市场上的翡翠品种繁多，但并非所有的翡翠都具有收藏价值，加之各种处理翡翠在市场上屡见不鲜，因此消费者在选购时一定要擦亮眼睛，运用珠宝知识正确判断、谨慎选择，才能买到物有所值的翡翠。

◆ 投资收藏翡翠，应以 A 货为首选

以投资收藏翡翠为目的消费者，应遵循宁缺毋滥的原则，参照翡翠的颜色、透明度、质地、净度、加工工艺和重量大小等评价因素，选购时在合理价位内尽量以品质优良的 A 货翡翠为首选。如果消费者仅仅为了装饰效果或满足一下曾经拥有过翡翠的心理，购买优化处理翡翠或品质较低的翡翠也可。

◆ 最好在明亮的自然光下观察翡翠的颜色

晴天自然光线充足的室外是观察翡翠颜色的首选环境。俗话说"月下美人灯下玉"，灯光下观察翡翠的颜色不够真实。通常，翡翠的颜色有着"色差一等，价差十倍"的说法，说明翡翠的颜色对其价格的影响非常大。对于高档翡翠而言，色差一等，价差不止十倍。

◆ 观察翡翠的种水要注意成品的厚度

翡翠的透明度与其材料的厚度密切相关。消费者在选购翡翠时，不仅要认真观察质

地的细腻程度、内部瑕疵的多少，还要考虑到成品的厚度与透明度之间的关系。通常成品太薄的情况下，透明度会显得很高，因此请消费者要正确判断，勿将很薄的"冰种"翡翠当成了"玻璃种"翡翠。

◆ 根据自己的需求正确选购翡翠饰品

翡翠饰品种类繁多，有手镯、戒指、胸坠挂件、手把件和摆件等。

通常优质的翡翠手镯和戒面的价位较高，这是因为翡翠原料在开料前首先要考虑能否开出手镯和戒面，是整块玉料的精华部分，也是投资收藏的首选饰品。当然，手镯和戒面也有种水不好、颜色差的材质，甚至还会存在绺裂，绺裂会影响翡翠的耐久性，因此消费者选购时需仔细检查。有绺裂的翡翠价格相对偏低，消费者如果仅用于佩戴装饰，则无需过于计较。

挂件、手把件和摆件绝大多数都是雕刻产品，因此，此类翡翠饰品的选购除了需要关注材质的品质外，还要考虑雕刻作品的题材设计是否精妙和工艺水平的高低。中国传统的玉文化讲究玉雕作品"图必有意，意必吉祥"，并且造型优美、比例适当、雕刻和抛光精细，雕刻技法精湛。

通常，翡翠雕工越复杂，越需要注意其纹裂。选购摆件与手把件时，要注重其整体意境与整体雕工是否精美，对纹裂的要求通常不高。

翡翠戒指

翡翠耳坠

翡翠摆件

◆ 普通消费者尽量不要参与翡翠的赌石

翡翠的赌石虽有一日暴富的可能，但也有血本无归的巨大风险。翡翠赌石从矿山开采出来后，不知经历了多少个交易环节，经过了多少一线商人和诸多专业人士的筛选，才到达普通消费者手中，因而"捡漏"的可能性微乎其微。如果某些消费者只是为了小赌怡情，试试运气，也不妨小试一把。

建议喜欢翡翠原石的朋友购买明料，可将风险降为最低。

谦谦君子

Nephrite

和田玉

先贤孔子将玉归纳为"十一德",即"仁、知、义、礼、乐、忠、信、天、地、德、道",提出了"君子比德于玉"的思想。千百年来,美玉代表着君子人格,天地之道。多少仁人志士都将和田玉作为安身立命、为人处世的道德标准。

和田玉因盛产于新疆南部的和田地区而得名,其矿物(岩石)名称为软玉英文名称为 Nephrite。

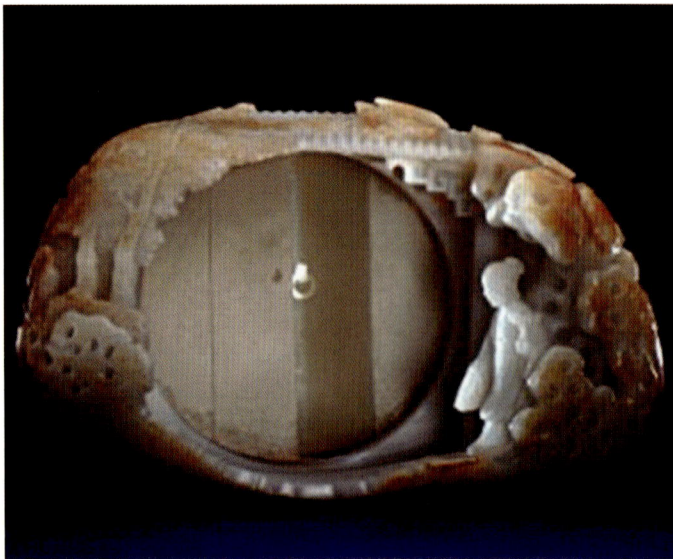

白玉桐荫仕女玉山 清乾隆

在古代,和田地区被称为"于阗",意为"出产玉石的地方"。和田玉诞生于巍巍昆仑山脉,吸日月之精华,汇天地之灵气,更可以称得上玉中之精灵。和田玉是大自然对人类美好的馈赠,是中华民族上下八千年文化的载体,是博大精深东方文明的化身。

随着时代的变迁,在很多地方都发现了软玉的产出,但由于和田所产软玉质量最优,便保留了这一名称沿用至今,只是其不再具有指示产地的作用。

和田玉的产地较多,在我国有新疆、青海、辽宁、四川、河南、河北、江苏、广西等地。此外,在俄罗斯的贝加尔湖地区、韩国的春川地区以及新西兰和加拿大等地都有和田玉产出。

和田玉的基本特征

和田玉也称软玉，由角闪石族中的透闪石—阳起石类质同象系列的矿物所组成，主要矿物为透闪石，次要矿物为阳起石、透辉石、滑石、白云石等。

和田玉的基本特征一览表

矿物组成	透闪石，可含少量阳起石、透辉石、滑石、白云石等
化学成分	$Ca_2(Mg,Fe)_5Si_8O_{22}(OH)_2$
结晶状态	晶质集合体
颜色	白色、灰色、浅至深绿色、黄至褐色、黑色等
光泽	油脂光泽至玻璃光泽
透明度	半透明至不透明
光性特征	非均质集合体
折射率	点测 1.61
相对密度	2.95
摩氏硬度	6.0 ～ 6.5
紫外荧光	惰性
吸收光谱	不特征；优质绿色软玉可在红区有模糊吸收线
特殊光学效应	某些碧玉品种可见猫眼效应

和田玉的种类

和田玉可根据其产出状态和颜色的不同进行分类。

◆ 按产状分类

和田玉根据其产出状态可分为山料、籽料、山流水料以及戈壁料。

山料

产于山上原生矿床的玉料，称为山料。开采下来的玉石多呈棱角状，块度大小不同。

籽料

山料经过自然风化剥离和搬运作用,滚落于河流之中,在河流中经长期的冲刷和磨蚀,最终形成的玉料,称为籽料。籽料常呈浑圆状,大小悬殊,外表可有厚薄不一的皮壳,常见"汗毛孔"或"指甲纹"。

山流水料

山流水料是指山料经过自然风化剥离的残坡积或冰川堆碛的玉料。与籽料相比,山流水料通常距原生矿较近,搬运距离不远,多为次棱角状,磨圆度差,可有薄的皮壳。

戈壁料

从原生矿床自然剥离,经过风化搬运至戈壁滩上,再经过长期风蚀作用所形成的玉料。

和田玉籽料

和田玉山料

和田玉山流水料

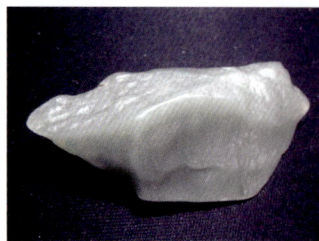

和田玉戈壁料

◆ 按颜色分类

和田玉颜色丰富，种类繁多，常见浅至深绿色、黄色至褐色、白色、灰色、黑色。按颜色的不同可以将和田玉分为白玉、青白玉、青玉、碧玉、墨玉、青花玉、黄玉、糖玉等。

不同颜色品种的和田玉牌子

白玉

纯白色至稍带灰、黄、绿等色调的和田玉，称为白玉。白玉的颜色柔和均匀，有时可带少量糖色，称为糖白玉。

青玉

浅灰至深灰的黄绿、蓝绿色的和田玉，称为青玉。有些青玉可带少量糖色，称为糖青玉。青玉产量最大，常有大料出现。

《马上有福》和田白玉（范同生）

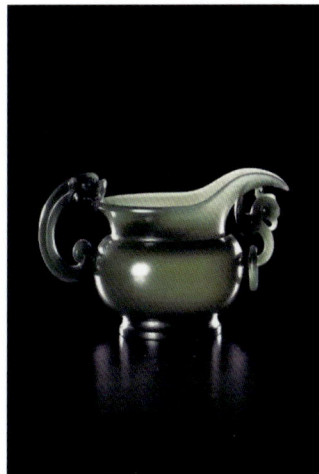

青玉螭龙执柄薄胎匜（马洪伟）

青白玉

青白玉的颜色以白色为基础色，介于白玉与青玉之间。有的青白玉带少量糖色，称为糖青白玉。

墨玉

墨玉的颜色呈灰黑色至黑色，是由于玉中含有细微石墨鳞片所致，墨色多呈叶片状、条带状聚集，可夹杂少量白或灰白色。墨玉颜色多不均匀，若墨色中带有黄铁矿细粒，呈星点状分布，俗称"金星墨玉"。

墨玉佛（刘章雷）

金星墨玉四方炉（马洪伟）

和田玉兰花香炉 青花玉

青花玉

青花玉的基础色为白色、青白色或青色，常夹杂点状、叶片状、条带状、云朵状聚集的黑色，颜色不均匀。

碧玉

碧玉的颜色呈碧绿至绿色，常见菠菜绿、灰绿、黄绿、暗绿、墨绿等。碧玉颜色较柔和均匀，常含有黑色点状矿物。碧玉的主要产地为俄罗斯、加拿大、中国新疆玛纳斯和台湾地区，其中台湾产出的碧玉多具猫眼效应，被称为台湾碧玉猫眼。

台湾碧玉猫眼

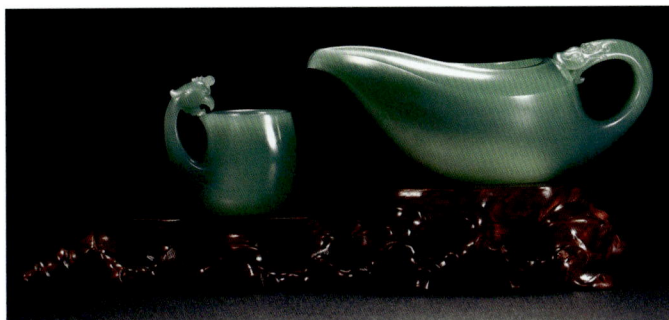

碧玉龙凤套杯（杨文双）

俄罗斯碧玉手镯

黄玉

淡黄至深黄色的和田玉，称为黄玉。黄玉可微泛绿色，颜色柔和均匀，主要产于新疆的若羌县。

糖玉

一般情况下，如果糖色占到整件样品80％以上时，可直接称之为糖玉。颜色多呈黄褐至褐色，可为黄色、褐黄色、红色、褐红色等。多呈黄褐至褐色，可为黄色、褐黄色、红色、褐红色等。

黄玉白菜摆件

糖玉兽面佩（张清雷）

经验鉴定

　　和田玉的颜色有白色、青色、灰色、浅至深绿色、黄色至褐色、墨色，质地细腻，具毛毡状交织结构，以微透明为多，极少数为半透明，呈油脂光泽、蜡状光泽或玻璃光泽。和田玉硬度较高，小刀划不动，其韧性也非常好，不易破损。

　　此外，和田玉的相对密度为 2.95 左右，与大多数其他常见玉石（翡翠除外）相比有压手的感觉。掂重法在和田玉原石和成品的鉴定中都有着广泛的应用。

　　根据 2010 年出版的珠宝玉石名称国家标准，"和田玉"一词已经不具产地意义，即商业上俗称的俄料、青海料、韩料等都可归为和田玉。然而，不同地区的和田玉由于形成环境的不同，外观颜色、内部结构上均会存在一定的差异，可根据其主要特征，采用观感结合的方式进行鉴别。

【小贴士】青海产出的和田玉中普遍存在"水线"，而其他产区也可偶见"水线"，因此不能将"水线"作为青海产区和田玉特有的鉴别特征。

俄罗斯和田玉挂件

韩国和田玉手镯

岫岩和田玉（老玉）手镯

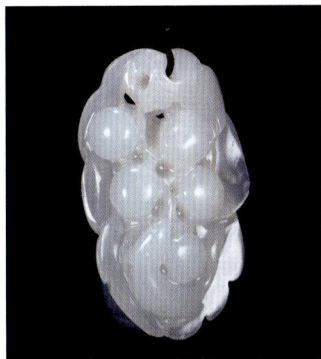

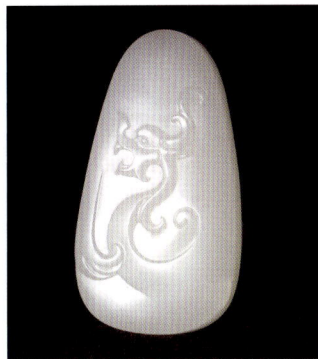

青海和田玉吊坠　　青海和田玉吊坠内部的水线　　新疆和田玉挂件

不同产地和田玉鉴别特征一览表

产地	新疆和田	青海格尔木	辽宁岫岩	俄罗斯贝加尔湖	韩国春川
颜色	白色、青白色、青色为主，少量黄色和黑色	白色、青白色、青色为主，略带灰色调，部分具有特征的翠绿色和烟紫色	罕见白色，以黄白色、黄色和黄绿色为主，少量黑色和青色	白色、青白色、绿色为主，常有黑色皮，偶见斑块状翠绿色	以白色为主，普遍带有淡黄色调
光泽	油脂光泽	弱玻璃光泽-蜡状光泽	油脂光泽	油脂光泽	弱玻璃光泽-蜡状光泽
透明度	微透明	半透明至微透明	微透明	微透明	微透明
质地结构	细腻；絮状物较少，往往呈长条、长丝状	较细腻；常有细脉状"水线"	较细腻；多有斑点状絮状物	较细腻；多有团块状絮状物	常有米粥状絮状物
糖色	糖色与基质之间界限清晰	散点状或浅黄褐色	糖色重且普遍存在	糖色与基质之间呈过渡关系	少见
籽料特点	量多、块小、皮薄	未发现	多数块度大、皮厚	量少、块度较大、皮较厚	未发现
直观感受	细、润、油，具温润感、凝重感	润而不油，水性重	油润性较好；白玉较少	油而不润；特别白，有"楞白"感	细腻度一般；白度较差

187

和田玉与其他相似玉石及仿制品的鉴别

　　市场上与和田玉相似的玉石有翡翠、蛇纹石玉、大理岩及石英岩玉等，同时常见玻璃仿制和田玉，可通过对光泽、质地的直观感受结合放大观察内部结构、硬度、折射率和密度等特征将这些玉石及仿制品区别开来。

◆ 翡翠

　　翡翠与绿色的和田玉外观较为相似，但翡翠为纤维交织结构，透明度较高，玻璃光泽，而和田玉多为微透明至不透明，毛毡状结构，油脂至蜡状光泽。此外，翡翠的相对密度（3.33）和折射率（1.66）均大于和田玉。

青海和田玉吊坠

翡翠吊坠（王朝阳）

◆ 蛇纹石玉

　　蛇纹石玉颜色多样，可有绿色、黄色、白色、黑色和灰色等。蛇纹石玉多呈均匀细腻的致密块状，透明度较好，呈蜡状光泽至玻璃光泽，用手触摸有滑感，但没有和田玉特有的油润感。蛇纹石玉的摩氏硬度（2.5～6）、折射率（1.56～1.57）和相对密度（2.57）均低于和田玉。

蛇纹石玉（泰山玉）吊坠

青玉云纹梳子

◆ 大理岩

白色大理岩（俗称"汉白玉"、"阿富汗玉"或"巴玉"）外观近似白色和田玉，颗粒较细，质地均匀，常见特征的条带结构，半透明，呈蜡状光泽。大理岩的相对密度（2.70）小于和田玉，手掂发飘。大理岩的折射率（1.48）低于和田玉，摩氏硬度（3）也较低，易被小刀划动，有时用指甲也能刮下粉末。

和田玉手镯

◆ 石英岩玉

白色石英岩玉的外观与和田玉最为相似，尤其是将白色石英岩局部染色冒充糖白玉或者整体染色仿和田籽料，在市场上较为多见。石英岩玉颗粒细小，质地均一，放大观察呈粒状结构，半透明至微透明，但光泽为玻璃光泽，强于和田玉。石英岩玉的折射率（1.54）小于和田玉，相对密度（2.65）较小，手掂较轻。石英岩玉韧性没有和田玉好，性脆易崩裂，但摩氏硬度（7）较高。

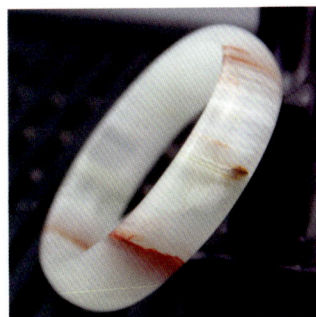
阿富汗玉手镯

石英岩局部染色仿糖白玉

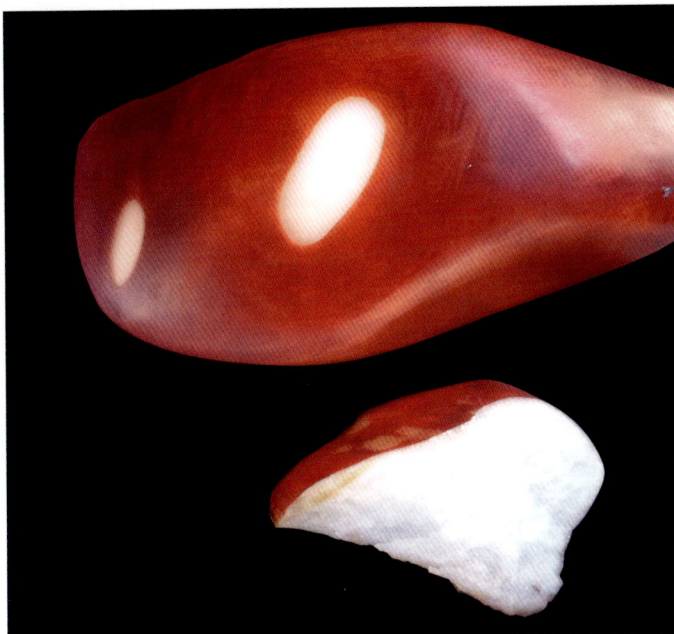
石英岩整体染色仿和田籽料

◆ 玻璃

玻璃是市场上最为常见的白玉或碧玉仿制品,俗称"料器"。仿和田玉玻璃多呈半透明状,质地极为均匀纯净,通常可见气泡,小刀能刻动。玻璃表面可见洞穴、流动线纹,断口呈贝壳状。此外,玻璃导热率低,触摸有温感,感觉不如和田玉凉。

值得注意的是,市场上最新出现的玻璃仿制品与高档白玉非常相似,半透明至不透明,内部均匀纯净,没有气泡、漩涡纹等特征,而且其硬度较高,小刀刻不动,有一定的油性和温润感,需要格外小心。可通过折射率、相对密度及红外光谱等特征的不同进行区别。

玻璃仿碧玉手镯

玻璃仿白玉

玻璃仿制品内部的气泡

优化处理和田玉的鉴别

目前市场上常见的和田玉优化处理方法有浸蜡、染色、拼合、磨圆及"做旧"等。

◆ 浸蜡

以无色蜡或石蜡充填和田玉表面裂隙称为浸蜡,属于优化范畴。浸蜡和田玉多呈蜡状光泽,热针靠近可见蜡熔化,红外光谱检测显示有机物吸收峰。

浸蜡的和田玉

◆ **磨圆处理**

　　磨圆处理是将粗加工的山料放入滚筒中，加入卵石和水滚动磨圆来仿籽料，俗称"磨光籽"。磨圆较差者反射光下隐约可见棱面；磨圆较好者表面光洁度较高，无天然籽料表面的"汗毛孔"特征，磨圆料上有时可见新鲜裂痕或抛光痕。需注意某些磨圆处理的和田玉会再经喷砂处理模仿"汗毛孔"，但这种假"汗毛孔"深浅相同、分布均匀，较不自然。

◆ **染色处理**

　　染色处理是将和田玉整体或部分进行染色，表面常染成褐红、棕红至黄色等，仿带皮的和田玉籽料或糖玉，用放大镜观察可见染料沿粒隙分布于浅表面。

◆ **拼合处理**

　　拼合处理的和田玉通常将糖玉或其他有色玉片贴于白玉表面，然后将多余部分去掉，剩余部分组成所要表现的图案，用来仿俏色浮雕或和田玉的天然有色皮。拼合处理的鉴定特征是有色部分的颜色与基底的颜色截然不同，仔细观察可见拼合痕迹。

【小贴士】天然和田籽料表面上的毛孔是长期经过河水泥沙冲刷撞击而形成的特有的自然纹路。看上去很自然，大小不一凹凸不平分布极不均。假毛孔的表面直观看上去毛孔都是顺着一个方向走的，分布均匀。

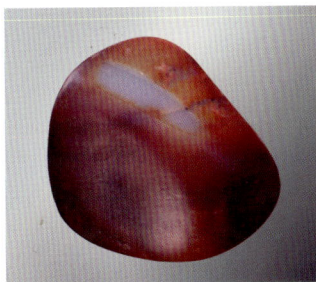

山料磨圆、染色仿籽料

拼合处理的和田玉

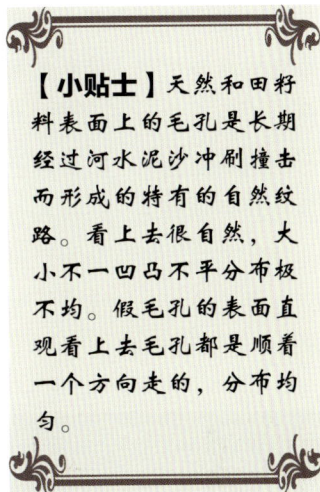

◆ "做旧"处理

"做旧"和田玉主要用于仿古玉，是通过酸碱处理及
染色加温等步骤，使现代和田玉制品表面形成不同的"沁
色"（即出土古玉因埋藏年代久远，受到各种侵蚀作用而
形成的表面色），如土黄色的"土沁"、红色的"血沁"、
黑色的"水银沁"、灰白色的"石灰沁"等。经"做旧"
处理的玉石主要从颜色、造型、所仿朝代的加工工艺及纹
饰特征等方面进行鉴定，属于文物鉴定范畴，在这里不做
赘述。

仿古玉器

和田玉的评价

和田玉品质的高低是根据颜色、质地、油润度、重量等方面进行评价，此外还要结
合雕刻工艺进行综合考量。

◆ 颜色

颜色为影响和田玉价值的主要因素。和田玉的颜色要求纯正、柔和、均匀，白色、
黄色、绿色、青白色、青色、黑色及多色混合者的价值依次降低，因此，白玉和黄玉相
对来说较为珍贵。

白玉中品质最好的称为羊脂玉，颜色呈羊脂白色，柔和均匀；黄玉较为稀少，以黄如熟栗者为佳。

玉料若含有均匀纯正的团状绿色或颜色协调的糖皮，在市场上很受欢迎，也能提高玉料的价值。

糖白玉手镯

和田玉籽料镇尺（葛洪）

◆ 质地

和田玉的质地要求致密、细腻、坚韧、光洁，少有绺裂、杂质和其他瑕疵。一般来说，籽料的质地较好，矿物颗粒较为细腻，结构致密。山流水、山料等结构相对疏松，通常能看到明显的矿物颗粒。

此外，无论山料、山流水或籽料，无绺裂和杂质者为佳。

◆ 油润度

温润是和田玉独特的性质，油润度的高低是评价和田玉品质的重要因素。自古以来，就常用"温润而泽"来形容高品质的和田玉，品质好的和田玉多为油脂光泽，油润度最好；其次为蜡状光泽，油润度一般；再次为玻璃光泽，油润度较差。

◆ **块度**

　　块度大小也是衡量和田玉价值十分重要的因素。相同品质的和田玉，块度越大价值越高。

◆ **工艺评价**

《若水》和田白玉（范同生）

　　所谓"玉不琢不成器"，雕刻工艺在很大程度上影响着和田玉器的价值，一件精美的玉器是材质和雕刻工艺的完美结合。因此，在对和田玉器进行评估时，除了正确评估原料本身的价值以外，还应充分考虑雕刻工艺的因素。

　　玉雕作品要有独创的设计，玉器整体的设计要根据和田玉本身的性质、形体、颜色量料取材、因材施艺。玉器造型要完美、自然生动、比例适当；整体布局合理，疏密有序，做到层次分明，主题突出；做工要细致，大面平顺，细节雕刻要合乎一定深度要求。和田玉雕琢线条要舒华平展、造型协调不走样，表面光洁无脏物。

　　通常，玉雕工艺评价归结起来有四个标准：题材新颖独特，设计比例协调，雕刻工艺精湛，能够巧用俏色。

和田玉的选购

　　承载着悠悠八千年灿烂历史的和田玉，长久以来以其独特的气质、深厚的内涵而备受推崇，越来越多的人着迷于和田玉的温润和美好。消费者在选购和田玉时应结合市场行情和个人喜好，谨慎选择适合自己的和田玉作品。

◆ 投资收藏和田玉，首要看玉质

籽料是山料经过流水的冲刷和搬运，质地较为疏松的部分被磨掉后，留下的质地较为细腻的部分，因而品质较好，价值相对较高。但消费者在购买和田玉时不必过于追求籽料，其实一些山料的颜色、质地也不逊色，同样具有很高的收藏价值，甚至有些高品质的山料可以与籽料相媲美。

还有一些消费者，在购买和田玉时只追求产自新疆地区的和田玉，然而俄罗斯、青海、韩国等地也能产出质量较高的和田玉。随着新疆本土所产的和田玉资源日趋稀少，消费者的眼光不妨适当朝向有着增值潜力的其他产区高品质的和田玉。

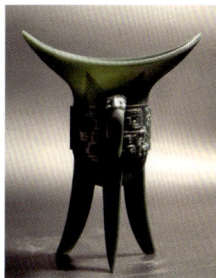
青玉兽面纹角（马洪伟）

【小贴士】我们在选购时，要辩证的看待和田玉的产地问题。不能盲目迷信产地，要用客观地态度来比较和田玉的玉质，高品质的和田玉无论产地在何处都有着较大的发展潜力。

◆ 购买和田玉，兼顾材质、器形和雕工

消费者在追求玉料的质地以外，还需注重玉器的雕工。精美的玉器作品一定是材质和工艺的完美结合。作为艺术品的玉器，是经过认真思考和精心设计创作而成的。同样的玉料，设计不同，题材不同，作品价值就会有较大的差异，并且不同时代、地区、民族的审美意识也会对和田玉器的价值产生影响。

玉牌在把玩类玉器的收藏中位列第一，玉器收藏界的俗语说"白玉易求，一牌难得"。玉牌要求玉料本身平整、无杂质和裂痕，对玉料的要求较为苛刻，仅次于手镯，因此价值较高。

【小贴士】对和田玉的清洁比较简单，玉器表面若有灰尘，宜用软毛刷或柔软的白布清洁即可。

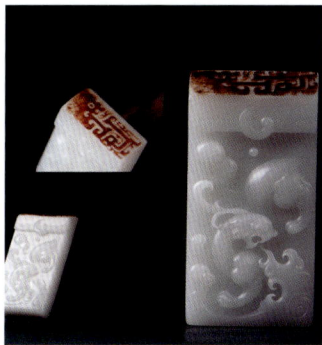
《辟邪》和田玉籽料牌（葛洪）

《春江花月夜》和田玉籽料牌（范同生）

亲民贵族

Serpentine

蛇纹石玉

《松之古韵》蛇纹石玉摆件（唐帅）

在众多的玉石品种中，有这样一个历史悠久、色泽美丽、质地细腻、气质高贵、分布广泛的玉石家族，它们就是亲民贵族——蛇纹石玉。

蛇纹石玉在世界各地多有产出，英文名称为 Serpentine，辽宁岫岩县盛产的蛇纹石玉（岫玉）是我国最早被发现和使用的玉种之一，距今约 5000 年前的红山文化遗址出土的玉器中就有许多以岫玉为材质的祭祀用玉，被尊为中国蛇纹石玉之冠，岫玉也成为了我国蛇纹石玉的代名词。

世界上的蛇纹石玉产地丰富，品种众多，我国除了最知名的辽宁岫岩以外，还有甘肃酒泉、广东信宜、广西陆川、四川会理、青海都兰、山东莒南和泰安等地。国外的蛇纹石玉产地主要有新西兰、美国、墨西哥、朝鲜等。

蛇纹石玉的基本特征

蛇纹石玉是指达到了玉石级的主要由蛇纹石类矿物组成的矿物集合体，主要矿物为蛇纹石，一般含量 >95％，次要矿物有方解石、滑石、磁铁矿、白云石、金云母、透闪石、铬铁矿等。

蛇纹石玉的基本特征一览表

矿物组成	蛇纹石，可含少量方解石、滑石、磁铁矿、透闪石、铬铁矿、金云母等
化学成分	$(Mg,Fe,Ni)_3Si_2O_5(OH)_4$
结晶状态	晶质集合体
颜色	绿色至绿黄色、白色、棕色、黑色
光泽	蜡状光泽至玻璃光泽
透明度	绝大多数为半透明至不透明
光性特征	非均质集合体
折射率	$1.56 \sim 1.57$
相对密度	2.57
摩氏硬度	$2.5 \sim 6.0$
紫外荧光	长波：无至弱，绿色；　短波：惰性
吸收光谱	不特征
特殊光学效应	猫眼效应（罕见）

蛇纹石玉的种类

蛇纹石玉颜色多样、产地分布广泛，因此商业上通常依据颜色或产地进行分类。

◆ 按颜色分类

蛇纹石玉的颜色多种多样，按基本色调可分为绿色、黄色、白色、黑色和灰色等颜色系列，此外还有多种颜色同时出现在同一块蛇纹石玉上的多色蛇纹石玉品种。

绿色系列包括浅绿色、黄绿色、绿色、深绿色、墨绿色；

黄色系列包括浅黄色、黄色、柠檬黄色；

白色系列包括白色、乳白色、黄白色、灰白色；

黑色系列包括灰黑色、黑色；

灰色系列包括浅灰色、灰色、青灰色、黑灰色。

黑色蛇纹石玉挂件

绿色蛇纹石玉摆件（唐帅）

灰黑色蛇纹石玉手镯

黄色蛇纹石玉手镯

多色蛇纹石玉摆件（唐帅）

白色蛇纹石玉摆件（唐帅）

◆ 按产地分类

蛇纹石玉也常常根据产地而定名，国内产出的蛇纹石玉主要有产于辽宁岫岩县的岫玉、甘肃省酒泉市的酒泉玉（又名"祁连玉"）、广东省信宜县的信宜玉（俗称"南方玉"）、昆仑山脉的昆仑岫玉、广西省陆川县的陆川玉、四川省会理县的会理玉、山东省莒南县的莒南玉和泰安市的泰山玉、北京的京黄玉、青海省都兰县的都兰玉、台湾花莲县的台湾岫玉等，国外产出的有新西兰的鲍文玉、美国宾夕法尼亚州的威廉玉、朝鲜的朝鲜玉（又称"高丽玉"）、墨西哥雷科的雷科石等。

除此之外，还有一种较为罕见的具有猫眼效应的蛇纹石玉，主要产于美国加利福尼亚州，近年来，在中国泰安也发现了具有猫眼效应的泰山玉。

辽宁岫岩产的岫玉可按产状分为山料玉和河料玉。山料玉是指从山地里原生蛇纹石玉矿采掘出的玉料；河料玉，俗称岫玉河磨玉，是指产于河谷泥沙砾石层中的蛇纹石玉砾石，一般呈球状或近球状，普遍发育灰白色或黄褐色的风化外皮。

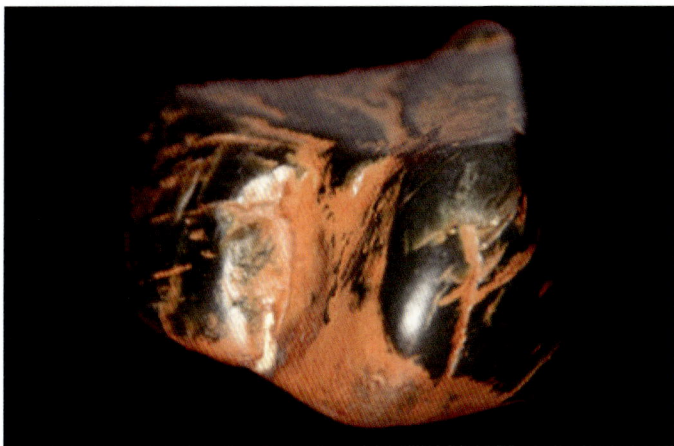

岫玉河磨玉

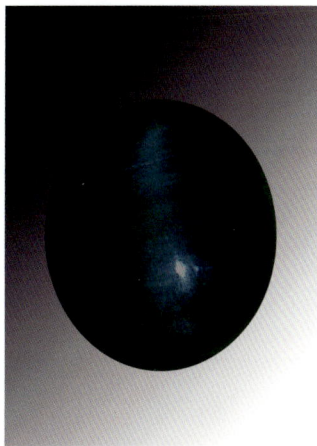

泰山玉猫眼

经验鉴定

常见的蛇纹石玉主要有黄绿色、深绿色、绿色、灰黄色、白色、棕色、黑色及多种颜色的组合，光泽多呈蜡状至油脂或玻璃光泽，半透明状。蛇纹石玉的组成矿物十分细小，质地较为细腻，为叶鳞片—纤维状变晶结构和纤维网斑状结构，肉眼观察时很难分辨其颗粒，参差状断口。放大检查，蛇纹石玉内部可见黑色包裹体、白色云朵状或苔藓状包裹体。蛇纹石玉的硬度较低，易磨损，手摸有滑感，通常可以被小刀划动。不同产地的蛇纹石玉的特征略有差异。

国内外产地蛇纹石玉特征一览表

名称	特征
岫玉	多呈淡绿色、黄绿色、墨绿色、黄色和白色等，颜色均匀，很少有杂色，蜡状至油脂或玻璃光泽，外观呈半透明至近透明的胶冻状，肉眼可见分布不均匀的丝絮及不透明的云朵状白斑结构
酒泉玉	暗绿色至黑绿色，颜色不均，常含有黑色斑点或团块以及黑绿色条带等，半透明至微透明
信宜玉	绿色至深黄绿色，颜色不均，常有浓艳的黄、绿色斑块，不透明至微透明
昆仑岫玉	多呈暗绿色、淡绿色、黄绿色、淡黄色、灰色和白色等，绿色中常伴有褐红、黄红、黄、绿、白、黑等色，半透明至不透明
陆川玉	可为带浅白色花纹的翠绿色至深绿色、微透明至半透明的较纯蛇纹石玉；或为青白色至白色、具丝绢光泽、微透明的透闪石蛇纹石玉
会理玉	黑绿色，结构致密，微透明至不透明
京黄玉	黄色，结构致密，半透明
都兰玉	具竹叶状花纹构造，又名"竹叶状玉"，微透明至不透明
泰山玉	碧绿色、黑色，常含黑黄色斑点或白色条带，半透明至不透明
台湾岫玉	黄绿至暗绿色，常有黑点和条纹，半透明
鲍文玉（Bowenite）	微绿白至淡黄绿色，玻璃光泽，半透明
威廉玉（Williamsite）	浓绿色，颜色不均常含黑色斑点，半透明
朝鲜玉（Korea Jade）	鲜艳的黄绿色，近透明，肉眼可见不透明的云朵状白斑

岫玉手镯

酒泉玉"夜光杯"

信宜玉摆件

昆仑岫玉手镯

会理玉摆件

京黄玉挂件

都兰玉雕件

泰山玉尊（马洪伟）

鲍文玉原石

威廉玉原石

朝鲜玉珠串

蛇纹石玉与其他相似宝玉石的鉴别

与蛇纹石玉相似的玉石有和田玉、翡翠、玉髓、葡萄石、水钙铝榴石等，可通过折射率、硬度、相对密度等宝石学特征进行区别。

◆ 和田玉

蛇纹石玉与和田玉在颜色上有很大不同，蛇纹石玉颜色较丰富，常呈黄绿色、黄色、白色、黑色、绿色、灰色等且有多色品种，而和田玉多为白色、黄色、糖色、青色等单色品种。和田玉为毛毡状结构，油脂光泽，而蛇纹石玉多为蜡状光泽。和田玉的相对密度（2.95）及折射率（1.62）均大于蛇纹石玉，摩氏硬度（6～6.5）也较大，小刀划不动。

◆ 翡翠

翡翠具有变斑晶交织结构，且光泽较强。另外，翡翠的折射率（1.66），相对密度（3.34），摩氏硬度（6.5～7）都高于蛇纹石玉。

翡翠雕件（王朝阳）

◆ 玉髓

玉髓为隐晶质，非常细腻，肉眼看不见晶粒。玉髓的折射率（1.53～1.54）略低于蛇纹石玉，但摩氏硬度（6.5～7）较高，不能被小刀划动。此外，放大检查，玉髓内部较为纯净。

和田玉雕件

◆ 葡萄石

葡萄石具特征的放射状纤维结构，而蛇纹石玉则为纤维网斑状结构，可见白色不透明的斑点。葡萄石摩氏硬度较大（6～6.5），小刀不能刻划，且折射率（1.63）也比蛇纹石玉要高。

葡萄石吊坠

玉髓吊坠

◆ 水钙铝榴石

肉眼观察水钙铝榴石具粒状结构且含有黑色斑点，绿色或红色呈点状或块状分布。在宝石偏光镜下，水钙铝榴石为均质集合体故呈全暗现象，而蛇纹石玉为非均质集合体故而全亮；查尔斯滤色镜下，绿色水钙铝榴石有紫红色斑点，而蛇纹石玉无变色现象。水钙铝榴石的折射率（1.72）、相对密度（3.15~3.55）较高，摩氏硬度（7）较大，且光泽较强，因此与蛇纹石玉区别。

水钙铝榴石戒面

◆ 优化处理蛇纹石玉的鉴别

蛇纹石玉的优化处理主要包括浸蜡、染色、做旧处理等方法。

◆ 浸蜡

用无色蜡充填蛇纹石玉中的裂隙或缺口，以改善外观，一般较稳定，蜡状光泽，热针检测可有"出汗"现象。

◆ 染色处理

染色蛇纹石玉是对蛇纹石玉进行加热淬火处理，使其产生裂隙，然后浸泡于染料中进行染色，可染成各种颜色。经染色的蛇纹石玉很容易识别，用肉眼或放大镜即可看到染料沿裂隙分布，铬盐染绿者的吸收光谱可见 650nm 吸收带。

◆ 做旧处理

我国古代玉器用材主要以和田玉、蛇纹石玉为主，因此现代做旧仿古玉器一般玉料为蛇纹石玉中质地较粗者。做旧的方法主要有熏、烤、烧、煮、炸、蚀、沁色等，有的还将玉器在黄土中埋藏一定时间，或者人工制成残缺状来仿古玉。做旧玉器主要从出土玉器或传世玉器当时的文化背景、玉材玉质、纹饰及工艺水平等方面进行鉴别。古玉的鉴别属于文物鉴别范畴，在此不作一一赘述。

染色蛇纹石玉手镯

蛇纹石玉的评价

蛇纹石玉料的评价主要从颜色、质地、透明度、净度、块度等方面进行评估，若为蛇纹石玉成品，则还要评价其加工工艺水平。

◆ 颜色

颜色是决定蛇纹石玉价值的首要因素，蛇纹石玉颜色要求纯正、鲜艳而均匀，绿色至湖水绿色为佳。

◆ 质地

蛇纹石玉的颗粒越细小均匀，质地越细腻，价值越高。一般用肉眼观察，如有明显的颗粒感，则质地较粗，如无明显颗粒感，则质地较细。蛇纹石玉以质地细腻温润者为佳。

《化境》蛇纹石玉摆件（唐帅）

◆ 透明度

透明度高的蛇纹石玉可大大增加其美感和价值，因此，无论什么颜色的蛇纹石玉，其透明度高则价值较高。

◆ 净度

蛇纹石玉内部常含点状、斑块状、条带状、不规则状的白色絮状物或黑色杂质，通透且少瑕者较为少见，因此，蛇纹石玉的净度越好其价值越高。

《难得糊涂》蛇纹石玉摆件（唐帅）

◆ 块度

对于相同品质的蛇纹石玉，块度越大，价值越高。

◆ 加工工艺

"玉不琢不成器"，除了玉质，雕刻工艺也在很大程度上影响着蛇纹石玉的价值。雕刻精细、抛光良好、富于创意的加工可以大大增加蛇纹石玉的价值。

《无量寿》蛇纹石玉雕件（唐帅）

蛇纹石玉的选购

蛇纹石玉由于产量大、产地多，市场上常见较大的蛇纹石玉雕件、摆件，也有吊坠、手镯等，在选购时消费者可结合评价标准和个人喜好进行购买。

◆ 蛇纹石玉雕件的选购

在购买蛇纹石玉雕摆件时，通常一看玉料质量，主要从玉料的细腻程度、颜色、透明度等进行评价；二看造型设计和雕刻工艺，高品质的蛇纹石雕件是上乘玉料和精湛雕刻工艺的完美结合，具有极高价值。

《竹韵》蛇纹石玉摆件（唐帅）

《萝财》蛇纹石玉雕件（唐帅）

【小贴士】对蛇纹石玉的清洁比较简单，玉器表面若有灰尘，宜用软毛刷或柔软的白布清洁即可。

◆ 古玉选购需谨慎

目前市面上充斥着很多蛇纹石玉仿古玉制品。消费者若看到商家陈列着批量雕刻造型及"沁色"外观相似的"古玉"，选购时一定要谨慎小心。消费者除了掌握不同时期古玉的历史文化及纹饰特点的知识外，还要仔细观察其雕刻技法，因为现代仿古玉器往往有机器雕琢的痕迹，有别于古代的人工雕刻手法，可作为鉴别依据。

【小贴士】在我国珠宝玉石的国家标准中规定玉石级蛇纹石，均以"蛇纹石玉"或"岫玉"统一命名。

辽宁岫岩地区产出的和田玉河料，称为老玉河磨玉，需与岫玉河磨玉区分。

有些蛇纹石玉随着时间推移会出现透明度变差、颜色变浅、杂质变清楚的现象，称为"跑色"，这是由于蛇纹石玉失水所致。通常，透明度好、质地细腻的蛇纹石玉跑色现象较少，透明度低、颗粒较粗的蛇纹石玉跑色现象较为明显。

东方翡翠

Dushan Yu

独山玉

独山玉颜色多样、色泽鲜艳、透明度及光泽度好、硬度高，高档独山玉中的翠绿色品种与翡翠相似，故有"东方翡翠"之誉。

独山玉是我国特有的玉种之一，英文名称为"DushanYu"，因产于河南南阳的独山而得名，又被称为"独玉"、"南阳玉"等。因其品种多样、绚丽多彩，早在新石器时代晚期就为人们开发利用，因此独山玉的应用历史悠久。

《力量》独山玉雕件（玉神作品）

独山玉的基本特征

独山玉是一种黝帘石化的斜长岩，主要矿物为斜长石（钙长石）和黝帘石，次要矿物为铬云母、透辉石、角闪石、绿帘石、黑云母、阳起石和绢云母等。

独山玉基本特征一览表

矿物组成	斜长石（钙长石）和黝帘石，可含有铬云母、透辉石、绿帘石、角闪石等
化学成分	钙长石 $CaAl_2Si_2O_8$，黝帘石 $Ca_2Al_3(SiO_4)_3(OH)$
结晶状态	晶质集合体
颜色	白色、绿色、紫色、青色、红色、黄色、黑色及其混合色和过渡色
光泽	油脂光泽至玻璃光泽
透明度	半透明至微透明
光性特征	非均质集合体
折射率	1.56 ~ 1.70
相对密度	2.90
摩氏硬度	6 ~ 7
紫外荧光	无至弱，蓝白、褐黄、褐红色

独山玉的种类

独山玉主要依据颜色划分品种，主要有白独玉、红独玉、绿独玉、黄独玉、褐独玉、青独玉、黑独玉和花独玉。

◆ 白独玉

白色、乳白色的独山玉，常为半透明至微透明或不透明。依透明度及质地的不同，商业上又可分为透水白、油白和干白3个品种。

白独玉摆件

◆ 红独玉

粉红色或芙蓉色的独山玉，其颜色深浅不一，一般为微透明至不透明，与干白独玉有一定的过渡关系。

◆ 绿独玉

翠绿色、蓝绿色、灰绿色、黄绿色的独山玉，常与白色独玉相伴，颜色分布不均，多呈不规则带状、丝状或团块状分布，透明度从半透明至不透明。依颜色色调不同又可分为翠绿、天蓝、灰绿、绿白、黄绿独玉等多个品种。

红独玉挂件

绿独玉摆件

黄独玉摆件

◆ 黄独玉

为深浅不同的黄色或褐黄色独山玉，常呈半透明，其中常有白色或褐色团块，并与之呈过渡色。

◆ 褐独玉

也称酱独玉，呈暗褐色、灰褐色、黄褐色，深浅表现不均，常呈半透明状，与灰青及绿独玉呈过渡状态。依褐色深浅不同分为红酱、黄酱独玉 2 种。

褐独玉摆件

◆ 青独玉

青色、灰青色、蓝青色的独山玉，常表现为块状、带状，不透明。

◆ 黑独玉

黑色、墨绿色的独山玉，颗粒较粗大，常为块状、团块状或点状，透明度较差，常与白独玉相伴。

◆ 花独玉

花独玉为独山玉特有的品种，通常为两种或两种以上颜色共存，分布面积大致均等，多为白色、绿色、黄色、青色、紫色相间的条纹、色带以及各种颜色相互浸染渐变过渡出现于同一块玉料上，不透明至半透明。

青独玉雕件

黑独玉雕件（张克钊）

花独玉摆件

经验鉴定

独山玉最典型的特征就是复杂多变的颜色组合及分布特征。

独山玉颜色鲜艳而混杂，原料或成品上常见同一块玉上呈现出两种或两种以上的颜色，甚至很小的戒面上亦会出现褐、绿、白三色并存，其中紫褐色和斑杂色是独山玉的独有特点。

独山玉常呈致密块状和细粒状结构，微透明到

独山玉摆件

半透明，颗粒较粗的独山玉可见解理和晶粒界面的反光。由于硬度较高，绝大多数独山玉呈玻璃光泽，少数如油白独玉呈油脂光泽。独山玉的摩氏硬度（6～7）较大，用小刀刻不动，相对密度2.90，性脆。由于独山玉的矿物组成较为复杂，所以其折射率跨度较大，为1.56～1.70。

此外，绿色独山玉在查尔斯滤色镜下变红。

独山玉与相似玉石的鉴别

与独山玉相似的玉石主要有翡翠、软玉、石英质玉石、岫玉及大理岩等，可根据其特征的颜色分布、细粒结构、透明度及折射率、相对密度、硬度等特征将这些玉石鉴别出来。

◆ 翡翠

翠绿色独山玉的颜色可与翡翠相近，但大多数绿色独山玉的颜色呈条带状分布，色调偏蓝偏灰，不够鲜艳，而翡翠的颜色比独山玉艳丽明快。翡翠的相对密度（3.33）、折射率（1.66）均与独山玉不同，且为变斑晶交织结构，致使韧性高于独山玉。

◆ 软玉

软玉多为毛毡状或纤维交织结构，油脂光泽，结构细腻，质地温润，颜色较均匀单一，多为白色、黄色、青色、菠菜绿色，少见翠绿色，韧性远高于独山玉。

◆ 岫玉

岫玉的硬度、相对密度、折射率均低于独山玉，岫玉颜色多样，单色多见且颜色均匀单一，很少出现色带，结构细腻，透明度较高，可与独山玉区别。

◆ 钙铝榴石、水钙铝榴石

钙铝榴石与水钙铝榴石均为粒状结构，绿色呈点或块状分布。水钙铝榴石常含黑色斑点。

◆ 石英质玉石

石英质玉石有显晶质和隐晶质之分，其折射率和相对密度均低于独山玉且颜色均匀。显晶质玉石（如东陵石、密玉等）结构与独山玉较为相似，隐晶质玉石（如玛瑙、玉髓等）结构细腻，透明度较高。

钙铝榴石原石

密玉摆件

东陵石珠串

◆ 天河石

天河石又称"亚马逊石"，是一种绿色至蓝绿色的长石，常见绿色或蓝色与白色形成格子或条纹，并可见解理面闪光。天河石的折射率、相对密度均比独山玉低。

天河石珠串

◆ 大理岩

大理岩，属于碳酸盐类玉石，多为白色和绿色，遇酸产生气泡。大理岩的硬度、相对密度，折射率均低于独山玉。

大理岩花瓶

独山玉与相似宝石鉴别特征一览表

名称	颜色	折射率	相对密度	摩氏硬度	结构特征	其他
独山玉	白、绿、褐及杂色	1.56～1.70	2.90	6～7	粒状结构	色杂不均匀
翡翠	绿、红、黄、紫、白	1.66	3.33	6.5～7	变斑晶交织结构，韧性较大	颜色不均，光泽强
软玉	白、绿、黄、墨绿	1.61	2.95	6～6.5	毛毡状或纤维交织结构，韧性大，质地细腻	颜色均匀，油脂光泽
岫玉	白、翠、黄绿、黄	1.56	2.57	2.5～6	纤维网格结构，性脆	颜色均一，油脂光泽
钙铝榴石	白、翠绿、暗绿	1.74	3.61	7～7.5	粒状结构，绿色呈点状嵌在白底上	颜色不均，光泽强
水钙铝榴石	浅黄绿、绿	1.69	2.90	6.5～7	粒状结构，有较多黑色斑点和斑块	颜色均一，玻璃光泽
东陵石	褐红、蓝绿、灰绿	1.54	2.66	7	可见闪光的铬云母片状矿物，粒状结构	硬度大
绿玉髓	绿、浅绿	1.54	2.60	7	质地细腻	蜡状光泽，颜色均一
密玉	黄绿	1.54	2.60	7	质地细腻	蜡状光泽，颜色均一
天河石	淡绿、天蓝	1.53	2.56	6～6.5	细粒状结构，可见钠长石条纹	颜色不均一
大理岩	白、绿	1.48	2.70	3	粒状结构	遇酸起泡

独山玉的评价

独山玉的品质评价以颜色、质地、块度、加工工艺为依据。

◆ 颜色

由于独山玉以"多色玉料"著称于世，多作为玉雕材料应用，少量颜色较为单一的优质独山玉可加工成首饰，其评价要依品种不同区别对待。

单色调的独山玉要求其色调浓艳、明亮、均匀。多色独山玉要求颜色过渡自然，具有美感。

◆ 质地

单色独山玉多做成常规首饰，质地要求致密、细腻、无裂纹、无白筋及杂质，而多色独山玉多被加工成雕件或摆件，对质地的要求并无统一的标准。

◆ 块度

独山玉的单色优质玉料主要用于琢磨首饰，块度可大可小，而多色且透明度差的玉料主要用于雕琢玉器或摆件，块度应较大。

独山玉挂件（玉神作品）

◆ 加工工艺

受内部结构及组成成分的影响，独山玉在颜色、质地、透明度等方面存在着许多差异。颜色单一鲜艳者可做首饰，色彩斑斓者特别适宜制作成俏色玉雕作品。设计得当、加工工艺精湛的俏色作品价值相对较高。

根据颜色、质地的不同，商业上可将独山玉原料分为特级、一级、二级、三级和等外品五个级别。对独山玉成品的评价不仅要考虑原料的分级，还要注重加工工艺的评价。

《妙算》俏色独山玉摆件

独山玉原料分级标准一览表

级别	分级标准
特级	浓艳的纯绿色、翠绿色、透水蓝绿色、透水绿白色；质地致密、细腻、坚韧，无白筋，无裂纹，无杂质，无棉柳
一级	透水白色、油白色、鲜艳的绿色，颜色均匀；质地致密、细腻、坚韧，无裂纹，无杂质
二级	干白色、绿色中带有其他色调；质地细腻，无裂纹，无杂质
三级	多色，质地致密细腻，稍有杂质和裂纹
等外品	多色，色泽暗淡，裂绺，杂质较多

透水蓝绿独山玉原石

翠绿色独山玉原石

油白独山玉挂件

独山玉的选购

独山玉种类繁多，其制品多为雕件，少数为首饰，选购时要区别对待。不仅要注意玉料的质量，更要注意其造型的设计、雕工的好坏、俏色的巧妙应用等。

独山玉手镯

◆ 选购独山玉首饰，重玉质

玉质是决定玉石好坏的首要因素，"大圭不琢，美其质也"。透明度高，质地细腻和无杂质裂纹的独山玉为最佳。

◆ 选购独山玉摆件，重设计

设计与创意是独山玉雕件的灵魂，从取材到设计直至最后成形，应体现出玉雕作品的意境，给人以美的享受，精神的升华。同时要注重雕刻工艺的精美程度，全方位地展现出材质的美与造型艺术的美。

【小贴士】独山玉性脆，佩戴独山玉手镯时要小心，谨防跌落或碰撞。

俏色独山玉摆件

独山玉摆件

《大唐飞歌》独山玉摆件（玉神作品）

《心路》独山玉摆件（张克钊）

成功之石

Turquoise

绿松石

宝格丽品牌绿松石项链

在中国，有一个这样的传说：九州裂，天地灭，女娲炼七彩石以补苍天，使万物重获生机。绿松石就是七彩石中之一。在西藏，珊瑚、蜜蜡、绿松石被视为三宝，藏民绝对不会将任何一块绿松石丢掉，相传这种对绿松石的不尊重会使藏民"身灵分离"而死亡。时至今日，当你身处西藏时不难发现藏民的颈上、腕上、头上所佩戴的都是代表"王者之灵"的绿松石。

中国出土的历史文物中有不少是绿松石制品，在我国绿松石有着漫长悠久的历史加之其丰富的矿产资源，因此绿松石也被认为是中国的四大名玉之一。

绿松石的英文名称为 Turquoise，源于法语 Pierreturqoise，意思是"土耳其石"。绿松石被冠以"土耳其石"，是因为古代波斯出产的绿松石最初是途经土耳其运往欧洲的缘故。绿松石因其形似松球，色近松绿而得名。

绿松石是古老宝石之一，有着几千年的灿烂历史，深受古今中外人士，特别是穆斯林、美国西部人民及我国藏传佛教徒所喜爱。绿松石，中国清代称之为天国宝石，被视为吉祥幸福的圣物，有"成功之石"的美誉。

优质的绿松石主要产自伊朗，此外在埃及、美国、墨西哥、阿富汗、印度、俄罗斯及中国等均有产出。我国的绿松石主要产自湖北郧县、安徽马鞍山、陕西白河、河南淅川、新疆哈密、青海乌兰等地。

绿松石鼻烟壶

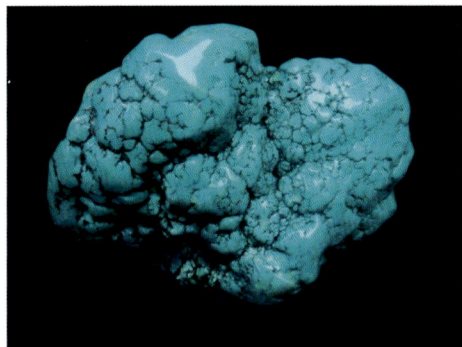

绿松石原石

绿松石的基本特征

绿松石为含水的铜铝磷酸盐，多为隐晶质体，罕见单晶体。

绿松石基本特征一览表

矿物组成	绿松石
化学成分	$CuAl_6(PO_4)_4(OH)_8 \cdot 5H_2O$
结晶状态	晶质体——三斜晶系；常呈隐晶质集合体
颜色	浅至中等蓝色、绿蓝色至绿色，常有斑点、褐黑色网脉（铁线）或暗色矿物杂质
光泽	土状、蜡状、油脂或瓷状光泽
透明度	单晶体透明至半透明；集合体不透明
光性特征	单晶：非均质体；隐晶质：非均质集合体
折射率	点测 1.62
相对密度	2.76
摩氏硬度	3 ～ 6
紫外荧光	长波：无至弱，淡黄绿色　　　　短波：惰性
吸收光谱	偶见 432nm、420nm、460nm 吸收带

绿松石的种类

目前珠宝界对于绿松石品种的划分，没有严格的标准。通常，可分别按照颜色、结构和质地对绿松石进行分类。

◆ 按颜色分类

绿松石的颜色可分为蓝色、绿色、杂色三大类。

蓝色包括蔚蓝、蓝；绿色包括深蓝绿、灰蓝绿、绿、浅绿以至黄绿；杂色包括黄色、土黄色、月白色、灰白色。

◆ 按结构分类

晶体绿松石

一种透明的绿松石晶体，极罕见，仅产于美国弗吉尼亚州，琢磨后的透明宝石重量不足 1 克拉。

各种色调的绿松石

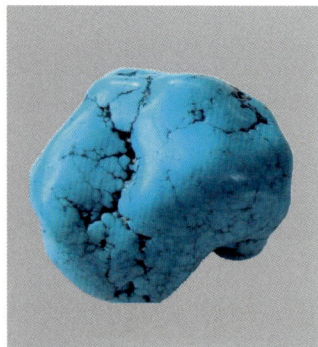

块状绿松石

晶体绿松石

块状绿松石

呈块状的绿松石，结构既可有致密者，也有受到不同程度的风化而变得疏松者，局部可呈球形、椭球形、葡萄形、枕形等形态，大小不等。块状的绿松石为首饰及玉雕的主要材料，相当常见。

铁线绿松石

绿松石中有黑色细脉呈网状分布，使蓝色或绿色绿松石呈现黑色龟背纹、网纹或脉状纹的绿松石品种，被称为铁线绿松石。

绿松石首饰

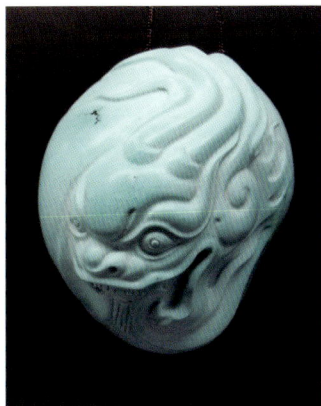

绿松石雕件

【小贴士】瓷度是指成品绿松石经过抛光后表面的质感和亮度，瓷度越高表面越光滑亮丽。一般来说绿松石的密度越大，硬度越高，比重就越大，这样的绿松石瓷度就比较高。

铁线绿松石

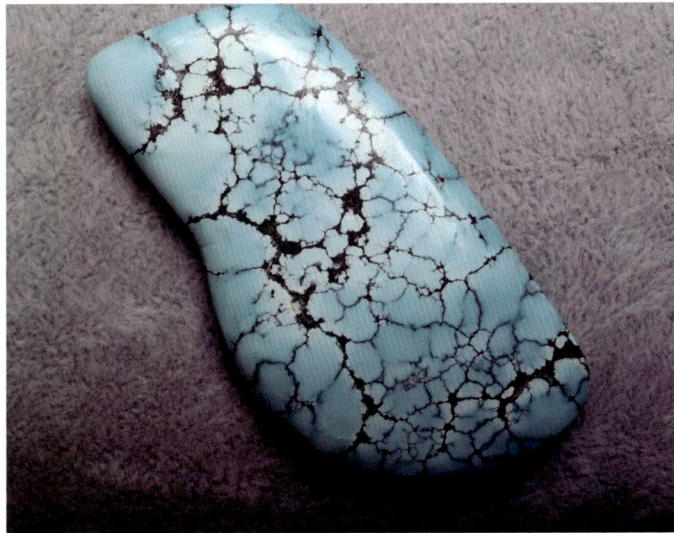

铁线绿松石

◆ 按质地分类

瓷松

质地最硬的绿松石（摩氏硬度为 5.5 ~ 6），色泽艳丽，质地细腻，坚韧而光洁。因断口近似贝壳状，抛光后的光泽质感均很似瓷器，故得名。

硬松

颜色从蓝绿到豆绿色，硬度在 4.5 ~ 5.5，比瓷松略低，质地较细腻。

泡松

又称"面松"，呈淡蓝色到月白色，硬度在 4.5 以下。因为这种绿松石软而疏松，只有较大块者才有使用价值。

瓷松

硬松

经验鉴定

市场上常见的绿松石主要是由绿松石矿物组成的致密块状集合体，颜色为浅至中等蓝色、绿蓝色至绿色，其独特的颜色被称为"绿松石色"。绿松石通常呈块状，不透明，蜡状光泽，结构致密者可达玻璃光泽，较疏松者呈土状光泽。绿松石绿色、蓝色的基底上常可见一些细小不规则的白色纹理和斑块，以及褐色、黑褐色的纹理或网脉和色斑（铁线）。

白泡松

土状光泽的绿松石

蜡状光泽的绿松石

绿松石与相似宝石及仿制品的鉴别

随着优质矿藏逐渐减少，高质量绿松石的价值也逐年增加，对于喜爱绿松石的消费者来说，将绿松石与相似宝石和仿制品区别开来至关重要。

目前市场上常见的与绿松石相似的宝石有硅孔雀石、天河石、三水铝石等，绿松石仿制品有染色三水铝石、染色羟硅硼钙石、染色菱镁矿、玻璃等，可通过放大观察结合测定折射率、密度等参数将其区分。这些相似宝石与仿制品的红外光谱也与绿松石有较大差别。

◆ 硅孔雀石

硅孔雀石是一种含水的铜铝硅酸盐，常为隐晶质集合体，呈钟乳状、皮壳状、土状，绿色、浅蓝绿色，蜡状光泽、土状光泽、玻璃光泽。

硅孔雀石外表与绿松石极相似，但硅孔雀石具有比绿松石鲜艳的绿色、蓝绿色，并为亚透明，且折射率、密度、硬度均比绿松石低。

◆ 天河石

天河石又称"亚马逊石"，是一种绿色至蓝绿色的长石，多呈绿色和白色格子状、条纹状或斑纹状，并可见解理面闪光。天河石的折射率、相对密度均比绿松石低，但硬度比绿松石高，且光泽较强，多为玻璃光泽。

硅孔雀石

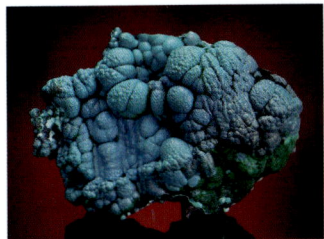

硅孔雀石原石

天河石晶体

天河石吊坠

◆ 三水铝石

三水铝石是一种铝的氢氧化物，与绿松石共生，呈白色、浅绿色，集合体呈结核状、皮壳状。外观与绿松石易混淆，但少有天蓝色，且为玻璃光泽，脆性大易崩落，而绿松石则韧性较大；同时其硬度、密度均低于绿松石。

较难鉴定的是染色同时被塑料充填后的三水铝石。这种三水铝石可具有绿松石的天蓝色，韧性加大，外表与绿松石更加接近，须准确测定其密度才可将其与绿松石区分开。另外在红外光谱中三水铝石具有与绿松石不同的吸收谱。

三水铝石原石

◆ 磷铝石

磷铝石可为无色、白色、浅红、绿、黄、天蓝色，常呈皮壳状、结核状、块状集合体。磷铝石的折射率和相对密度均与绿松石不同，且不会表现出优质绿松石所具的优美蓝色。

磷铝石原石

◆ 羟硅硼钙石

羟硅硼钙石又称软硼钙石，白色、灰白色的块状集合体，常具深灰色和黑网脉，俗称"白松石"，其折射率、相对密度等均低于绿松石，长波紫外光下呈褐黄色，短波紫外光下为弱至中等的橙色。

羟硅硼钙石易于着色，常染成绿色仿绿松石，简单的鉴别方法是在查尔斯滤色镜下显粉色，放大检查可见颜色集中于网脉中，会褪色。

染色羟硅硼钙石

◆ **染色菱镁矿**

菱镁矿是一种碳酸盐矿物，白色或浅黄白色。未染色的菱镁矿通常不会与绿松石相混，但市场上经常出现染色菱镁矿，在外表上与绿松石相似。

染色菱镁矿具有较高的密度，较低的折射率，放大检查可见绿色集中于菱镁矿的颗粒间，在裂隙处颜色变深，不具有白色条纹。有时可见到用黑色沥青等物质充填在裂隙或孔洞中模仿绿松石的褐黑色纹。

染色菱镁矿

◆ **蓝绿色玻璃**

不透明的蓝绿色玻璃也可以用来模仿绿松石，但是两者的折射率值明显不同。玻璃具有玻璃光泽、贝壳状断口，内部可见气泡和旋涡纹。

合成、再造与优化、处理绿松石的鉴别

优质绿松石原料日益缺乏，促使了合成、再造绿松石的出现，质量一般的绿松石也常见用注塑、注蜡以及染色等人工处理方法美化外观，需小心检查辨别。

◆ **合成绿松石**

由吉尔森生产的"合成"绿松石 1972 年面市，它被认为是原材料再生产的产品，而不是真正意义的人工合成品，合成绿松石通常较天然绿松石均匀、纯净但也可含有杂质成分。

合成绿松石成分单一，颜色分布均匀，一般无铁线，放大观察浅色基底中可见细小蓝色微粒（俗称"麦乳效应"）、蓝色丝状包裹体及人工加入的黑色网脉。人造铁线纹理分布在表面，仅表现出几条生硬的细脉，一般不会内凹，无天然绿松石中千变万化的构图。天然绿松石铁线往往是内凹的。此外，合成绿松石折射率比天然绿松石低。

合成绿松石串珠

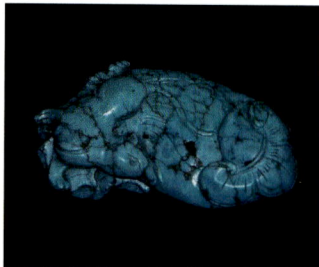

再造绿松石

◆ 再造绿松石

又称"压制绿松石"，是由一些绿松石微粒、蓝色粉末材料在一定温度和压力下压结而成。再造绿松石外表像瓷器，放大可见明显的晶质粒状结构、清晰的颗粒轮廓和蓝色染色粉末，相对密度随成分变化在 2.0 ～ 2.7 之间。再造绿松石的红外吸收光谱中具有典型的 $1725cm^{-1}$ 的吸收峰，为塑料粘结剂的吸收峰。

◆ 优化、处理绿松石

颜色质地欠佳的绿松石，常进行人工优化处理，以改善其颜色和外观。

浸蜡

浸蜡的绿松石可归于优化范畴。表面浸蜡的目的是用来封住细微的孔洞，可以防止绿松石失水并加深绿松石的颜色。此种绿松石呈蜡状光泽，密度低、热针靠近会"出汗"，长时间太阳暴晒或受热后会褪色，红外光谱上有蜡峰。

染色处理

染色处理是将绿松石浸于无机或有机染料中，将浅色或近白色的绿松石染成所需的颜色，并用黑色液状鞋油等材料染色，模仿暗色基质。染色的绿松石但颜色不自然，过于均匀，与颜色较深的裂隙没有过渡，与纯天然绿松石有明显的差别。部分染色绿松石用氨水擦拭会掉色。

注塑处理

注塑包括无色或有色塑料的注入，有时也添加着色剂。通过注塑可以弥补孔洞以提高绿松石的稳定性并改善外观。这种处理方法在市面上极为常见。

注塑绿松石的折射率较低，其较低的相对密度和硬度与其几近完美的外表相互矛盾，通常天然产出的高质量绿松石的结构较为致密，相对密度和硬度均较高。注塑的绿松石热针测试会产生特殊气味和烧痕。

另外，注塑绿松石的红外光谱中可出现由塑料引起的 1450cm^{-1} 和 1500cm^{-1} 之间的强吸收，较新出现的注塑绿松石中可出现 1725cm^{-1} 的强吸收峰。

未经优化

染色＋浸蜡

合成绿松石

浸蜡

注塑

染色＋注塑

未经优化与优化处理的绿松石对比

染色绿松石

合成、再造及优化、处理绿松石鉴别一览表

品种	鉴别特征
合成绿松石	放大检查可见浅色基底中大量细小蓝球及仅存在于表面的人造铁线
再造绿松石	具典型的粒状结构，放大检查可见清晰的颗粒界限及染料堆积
浸蜡	热针接近表面几秒后，可见蜡会渗出表面，有"出汗"现象
染色处理	颜色常呈深蓝绿或深绿色，分布均匀不自然，但可见裂隙处颜色加深；染色绿松石颜色很浅，沾氨水的棉球擦拭可掉色
注塑	折射率一般低于 1.61；相对密度较低为 2.0～2.48；摩氏硬度一般为 3～4，易出现刮痕；热针实验会产生特殊辛辣气味，而且会有烧痕

绿松石的评价

绿松石属优质玉材，质地细腻柔和，硬度适中，色彩娇艳。评价绿松石的因素主要有颜色、结构、净度、铁线、块度等方面。

绿松石首饰

瓷松吊坠

绿松石手串

绿松石雕件

◆ 颜色

颜色是评价绿松石的重要因素。颜色要纯正、均匀、鲜艳，最好的颜色是天蓝色，其次为深蓝色、绿蓝色、蓝绿色、绿色、黄色、灰色。

◆ 结构

优质绿松石的结构较为致密，抛光后显示良好的光泽，具有较高的密度和硬度，相对密度在 2.7 左右，摩氏硬度在 6 左右。需要说明的是，透明绿松石非常罕见，价值极高。

【小贴士】警惕绿松石的合成、再造及优化处理产品。市场上出售的绿松石多存在着合成、再造及各种优化处理品，消费者在选购时应擦亮眼睛，可要求商家出具权威鉴定证书，避免经济损失。

◆ 净度

绿松石内常含粘土矿物和方解石等杂质，过多的杂质会影响绿松石的品质，故绿松石内杂质应越少越好，

◆ 铁线

通常情况下铁线越少越能表现出绿松石颜色的美感，但若铁线与绿松石构成了富有美感的图案，其价值将有所增加。

根据绿松石的颜色、质地及净度特征，可将绿松石分为四个等级。人们也将一级称为波斯级，二级称美洲级，三级称埃及级，四级称阿富汗级。

绿松石原料品级划分一览表

品级 评价因子		颜色	质地	净度
一级（波斯级）	1	天蓝色，颜色均匀、纯正、鲜艳	细腻坚硬，微透明，具玻璃感，光泽强而柔和	无褐黑色铁线、无暗色或浅蓝色斑点
	2			具有一定美感的蜘蛛网状花纹
	3			含有不同数量和形式的铁线
二级（美洲级）	1	深蓝色、深蓝绿色，颜色较鲜艳、较均匀	细腻坚硬，不透明，光泽稍暗，呈瓷状或蜡状光泽	无铁线
	2			有细的蜘蛛网状铁线
	3			含有不同数量和形式的铁线
三级（埃及级）		绿蓝、蓝绿和绿色，颜色明快但不均匀	质地较细腻，孔隙较小，不透明	含铁线较多，在浅色底上有深蓝色斑点
四级（阿富汗级）		暗黄绿、灰绿、月白色，颜色较部纯正	质地较粗糙，孔隙较多，土状光泽，不透明	含铁线较多

◆ 加工

除颜色、质地、净度因素外，还需考虑绿松石的加工工艺。市场上的绿松石成品主要为绿松石雕件、吊坠及戒指。块状绿松石作成雕件，要考虑整体造型和加工棱线是否圆滑、平整。弧面型绿松石则要求其形状规整、宽厚适中、比例恰当。

◆ 块度

绿松石的块度也影响其价值。绿松石多为块状，一般在 50 克以下，大块多为 100 ～ 4000 克之间，5000 克以上的大块少见，同样质量块度越大越好。

◆ 关注绿松石饰品种类及镶嵌工艺

优质的绿松石既可以制作成雕件、手串、项链、吊坠等，又可以用贵金属镶嵌成首饰佩戴。

购买绿松石首饰时，不仅仅考虑绿松石的质量，也应该考虑配石的大小和质量、贵金属的材质、设计款式以及镶嵌工艺等。对于耳坠、耳钉、手链等套饰还需考虑各粒绿松石颜色形状之间的协调性，使首饰整体和谐有美感。

绿松石雕件

宝格丽品牌 diva 项链

宝格丽品牌绿松石、碧玺高级腕表

清代绿松石持珠

绿松石戒指

绿松石串珠

清代绿松石钿花

绿松石的选购

文化背景不同的群体对不同类型的绿松石有着各自的审美和喜好，消费者可结合绿松石的评价标准，根据个人的需求选购心仪的绿松石饰品。

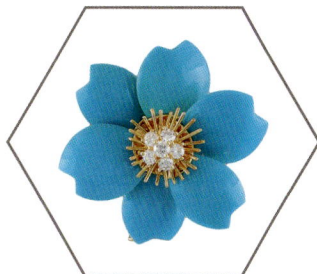

梵克雅宝品牌
绿松石胸针

◆ 关注颜色

绿松石最美最诱人之处在于它的颜色别具特色，蓝得像雨过天晴的天空，绿得像春天充满希望的田野，纯净而清凉，柔和而秀美，给人以清新、平静和幽远的感觉。以蓝色、深蓝色不透明或微透明，无褐色铁线者质量为佳。

◆ 注重质地

质地好的绿松石密度及硬度相对来说也较高，结构致密，表面光滑有一定的瓷度，表面少孔，不易褪色。

蒂凡尼品牌流苏耳坠

◆ 关于铁线

绿松石常有铁线和包含杂质，选购时不应过分苛求完美，有时绿松石上的铁线会与底色相得益彰，交织的铁线纹路有可能组成一幅山水画，显现出人物动物植物等奇妙的图案时反而更有意趣。

梵克雅宝品牌绿松
石红宝石项饰

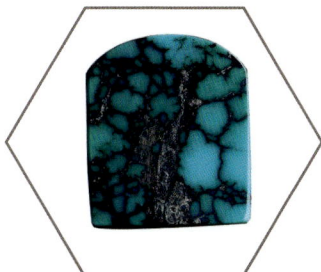

铁线绿松石

◆ 了解重量

若品质相近的绿松石，重量越大价格越高。目前市场上，超过 15 千克的绿松石佳品十分罕见，极具收藏价值。

【小贴士】绿松石有一定孔隙度，应避免与茶水、肥皂水、油污、铁锈和酒精等接触，以防渗入宝石致使变色。绿松石含水，不能直接火烤和阳光直射，以免褪色、炸裂、干裂。绿松石硬度小、性脆，不要与其他硬物磕碰，佩戴时也应引起注意。某些绿松石经长期佩戴后有可能变绿或变蓝或更加光亮，属正常现象。

阿富汗国石

Lapis lazuli

青金石

　　青金石是一种古老而神圣的玉石，因其具有鲜艳的蓝色，自古就深受世界各国人民的喜爱。阿富汗出产青金石历史最为悠久，品质格外优异，因此青金石被称为阿富汗的国石；在古印度、伊朗等国，青金石与绿松石同属名贵玉石品种；而在古希腊、古罗马，佩戴青金石更被认为是富有的标志；尤其是在古埃及，青金石与黄金价值相当；在我国古代，由于青金石具有蓝天般的颜色，被视为天穹的象征，格外受到帝王的青睐，素有"天青"、"帝青"的美称。青金石颜色端庄，易于雕刻，也是天然蓝色颜料的主要原料。

　　青金石，英文名称 Lapis Lazuli，来源于拉丁语，在我国古代称为璆琳、金精、青黛等，佛教称其为吠努离或璧琉璃，属于佛教七宝之一。

　　青金石的主要产地有美国、阿富汗、蒙古、缅甸、智利、加拿大、巴基斯坦、印度和安哥拉等。

青金石项坠

梵克雅宝品牌青金石胸针

青金石手链

青金石手镯   青金石平安扣

青金石的特征

青金石是一种以青金石矿物为主的多矿物集合体，可含有黄铁矿、方解石、方钠石和蓝方石等矿物，有时可含少量透辉石、云母、角闪石等矿物。常见深蓝色的青金石集合体中分布有白色方解石和星点状黄铁矿。

青金石基本特征一览表

矿物组成	青金石
化学成分	$(Na,Ca)_8(AlSiO_4)_6(SO_4,Cl,S)_2$
结晶状态	晶质集合体
颜色	深蓝色、紫蓝色、蓝色、绿蓝色等
光泽	油脂光泽至玻璃光泽
透明度	微透明至不透明
光性特征	均质集合体
折射率	1.50
相对密度	2.75
摩氏硬度	5 ～ 6
紫外荧光	长波：方解石包裹体可发粉红色　　　短波：弱到中等的绿色或黄绿色
其他	查尔斯滤色镜下呈赭红色

青金石的鉴别

青金石的外观比较特征，通常在蓝色（青金石）基底上伴有黄色（黄铁矿）星点和白色（方解石）斑块。

◆ **经验鉴定**

放大检查可见青金石呈粒状结构；黄铁矿颗粒呈各种不规则的浑圆状，零星散布；方解石呈不规则状白色斑状。青金石中的方解石可与酸反应，产生气泡。此外，青金石在查尔斯滤色镜下呈赭红色。

【小贴士】由于青金石中的方解石遇酸会发生反应，产生气泡，故佩戴时应避免接触酸性溶液。

优质青金石原石

质量较低的青金石原石

◆ **青金石与相似宝石及仿制品的鉴别**

在市场上有些宝石常用来仿青金石，主要有方钠石、蓝铜矿、天蓝石、染色玉髓、染色大理岩等，可通过青金石独特的颜色分布和粒状结构来进行鉴别。

方钠石

方钠石多为蓝色，且常含白色条纹或色斑，因此与青金石外观相近。然而，方钠石的颗粒明显比青金石的粗大；放大检查有时可见方钠石的解理面，而青金石无解理；方钠石常呈不规则斑块状，且一般不含黄铁矿，而青金石常有黄铁矿斑点；方钠石的相对密度（2.15～2.40）比青金石小，手感较轻。

蓝铜矿

蓝铜矿多为深蓝色、天蓝至深蓝色，常以放射状、块

方钠石原石

状纤维状、钟乳状和土状集合体形式存在，呈玻璃光泽，半透明至不透明。性脆，可溶于酸，摩氏硬度为 3.5~4，比青金石软，易于抛光。折射率（1.73~1.83）比青金石高。相对密度为 3.7~3.9，手掂较重。紫外荧光下惰性。

蓝铜矿原石

天蓝石

天蓝石常见蓝色、紫蓝色，含白色斑点，呈粒状、致密块状集合体，玻璃光泽，半透明至不透明。折射率为 1.612 ~ 1.643，相对密度密度 3.09，均比青金石高。摩氏硬度 5 ~ 6，与青金石相近。紫外荧光下惰性，可微溶于盐酸。

天蓝石原石

染色碧玉

染色碧玉商业上称为"瑞士青金石"。由于碧玉的不同部位孔隙变化较大，并常有同心圈纹存在，因此，染色碧玉中存在染料分布不均匀导致的颜色不均匀及同心圈纹更加突出的现象，而青金石中是不可能有同心圈纹存在的。此外，染色碧玉其内部不含黄铁矿，易与青金石区分。

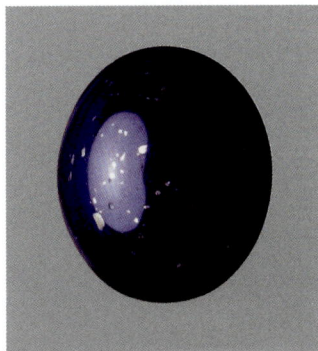

合成青金石戒面

染色大理岩

染色大理岩是指染成蓝色的白色大理岩。大理岩是粒状结构，仔细观察其颜色的分布，便会发现蓝色染料富集在颗粒边缘及裂隙中，而且染色大理岩中见不到黄铁矿。

◆ 合成及优化、处理青金石的鉴别

近些年，在一些国际著名珠宝品牌（蒂芙尼、卡地亚、宝格丽）的推动下，宝石级的青金石受到了更多消费者的青睐。然而优质青金石产量并不高，因此市场上出现了合成青金石及优化、处理的青金石制品。

与天然青金石相比，合成青金石完全不透明，颜色分布均匀，相对密度较低（2.33 ~ 2.53），长、短波紫外光下呈惰性，无白色方解石斑纹。部分合成青金石产品可见人为添加的黄铁矿颗粒，但黄铁矿颗粒边界平直，颗粒大小较一致且分布均匀，而天然青金石中黄铁矿颗粒大小不一且边界浑圆、随机分布。

　　某些青金石经上蜡或浸无色油可以改善其外观，属于优化手段，浸油或上蜡的青金石在放大观察时，可发现局部有蜡质脱落的现象，且用热针靠近其表面，可有蜡或油析出；含较多白色斑纹的劣质青金石常用蓝色染料染色，经过染色的青金石外观很像优质青金石。染色青金石经放大观察，可见微细裂隙中存在蓝色染料，用沾有丙酮、酒精或稀盐酸的棉签擦试染色青金石，棉签上会留下蓝色痕迹；将劣质青金石粉碎后用塑料粘结而成的大块青金石，放大检查时，可见粘合青金石有明显的碎块状构造，并且热针测试有异味。

青金石的评价

　　青金石的质量评价主要包括颜色、质地、净度、加工工艺、块度重量等方面。

◆ 颜色

　　颜色是选购青金石时需重点考虑的因素，以浓艳、纯正、均匀为最佳。如果蓝色基底中交织过多白色方解石或金色的黄铁矿，就会影响颜色的浓度、纯正度和均匀度，其品质也会降低。

　　目前公认的颜色以略带紫的深蓝色为最佳，其次是蓝、紫蓝色、浅蓝色和绿蓝色。

【小贴士】某些染色青金石在染色后会再涂上一层蜡，因此采用棉签擦试检验之前需先把蜡去掉。

各种色调的青金石

◆ 质地

质地也是评价青金石品质的一个重要因素。质地致密、坚韧、细腻的青金石为上品。

◆ 净度

青金石内部所含杂质矿物的种类与含量，以及裂纹的多少影响其净度的高低。

青金石中的杂质矿物主要为黄铁矿和方解石。

少量细小且均匀分布的黄铁矿颗粒并不影响青金石的品质，但如果黄铁矿过多或者在局部呈片分布，则会降低其价值；同样，优质青金石中不能明显含有白色方解石条纹或斑块，白色方解石的存在会大大降低青金石的价值。

裂纹的存在会明显影响青金石的质量。裂纹越明显的青金石，其价值越低。

◆ 加工工艺

青金石饰品种类较多，除了原石摆件类很少进行加工外，串珠类、戒面和雕件类饰品都需要一定的设计和加工才能实现其首饰应用和工艺价值。质地细腻、颜色均一、净度高的青金石原料通常加工成不同形状的首饰用戒面，块度较大、质地较粗且有瑕疵的原料则可设计雕刻成青金石摆件。

同品质的青金石因加工工艺的水平不同，其价值差异很大。

青金石手串

青金石摆件

青金石戒指

◆ 块度重量

一般来讲，同品质的青金石块度重量越大其价值越高。

青金石饰品的选购

佩戴青金石饰品不仅能体现男士的自信沉稳，还能衬托出女士的优雅气质。优质的青金石多用于做戒面、佛珠、耳环、吊坠等饰品，消费者可在详细了解不同饰品特点的基础上，根据自身喜好和需求进行选购。

◆ **青金石的选购要领**

首先切忌青金石有裂，一定要杜绝有裂的青金石，即使颜色、品相再好，带裂的青金石也会使价值大打折扣。

其次青金石中的交织白色石线以及白斑会降低其颜色的浓度、纯正度和均匀度，所以不要贪图价格便宜而去挑选一些白色很多的青金石饰品。

对青金石的"金"字，理解不应过于片面，其实带金星不一定就不好。青金石的金星也可以使青金石光彩夺目，可以挑选金星分布较为有序、发亮的青金石。除此之外，青金石的蓝色浓度也要够，蓝色越蓝，金星也会被衬托得更加漂亮。

尽量避免一心追求纯蓝无金无白的心态。天然的青金石，大多会有一些杂质在里面，纯净无瑕的纯蓝色青金石很少见，除非极少部分精品。市场上也有一些仿制或染色的青金石，要牢记"一分价钱一分货"，碰到品相好的青金石，而其价格又出乎意料的便宜，那就要注意青金石的真假问题。

青金石镶嵌首饰

青金石雕件

青金石原石摆件

◆ **青金石玉雕工艺品的选购**

在选购青金石雕件时，要注重雕工、俏色、寓意等。

青金石袖扣

伯爵品牌 Altiplano 腕表

青金石雕件主要有青金石雕牌、手把件、摆件等。雕工主要看玉器的线条是否流畅，弯转是否圆润，还有整件玉器的比例是否适当，是否能产生整体的和谐美感。青金石摆件的造型往往会有很多寓意寄托其中，在选购时可以根据自身喜好进行选择。

卡地亚品牌 PARIS NOUVELLE VAGUE 系列青金石、绿玉髓戒指

◆ 青金石首饰饰品的选购

在选购青金石镶嵌首饰时，还要注意与贵金属及其他颜色宝玉石的搭配、创意等。青金石特有的蓝色与黄金色贵金属搭配最为合适，搭配颜色适宜的透明宝石也会给人眼前一亮的感觉。

在选购青金石手串、佛珠等饰品时，还要注意各珠子的大小、圆度、匹配度等。在与其他品种玉石珠子匹配时还应注意颜色搭配、光泽、透明度等因素对手串及佛珠美观的影响。

卡地亚品牌 PARIS NOUVELLE VAGUE 系列青金石戒指

【小贴士】目前很多国际著名珠宝品牌陆续推出了以青金石为主的实用饰品，主要为袖扣、表盘、表壳等。佩戴以青金石打造的饰品可以体现佩戴者的高雅品位，因此，在选购时，要综合考虑青金石的颜色、净度及与金属外壳的搭配效果。

卡地亚品牌 AMULETTE DE CARTIER 系列青金石戒指

卡地亚品牌 PARIS NOUVELLE VAGUE 系列青金石、彩宝手镯

宝格丽品牌青金石戒指

梦幻霓裳

Chalcedony and Agate

玉髓、玛瑙

玉髓 (Chalcedony)、玛瑙 (Agate) 同属于隐晶石英质玉石家族，其历史源远流长，是已知最古老的玉石之一，早在新石器时代人们就已使用玉髓、玛瑙制品。我国汉代以前称玛瑙为"琼""赤琼""赤玉"或"琼瑶"。佛经传入中国后，梵语称玛瑙为"阿斯玛加波"，即马脑，至此，"玛瑙"之名流传至今。《本草纲目》亦曾云："马脑（玛瑙）赤烂红色，似马之脑，故名。"古苏美尔、古希腊以及古罗马流行使用玛瑙作为护身符、容器及装饰品。玛瑙还是《圣经》中记载的"火之石"之一（《旧约》）。

玉髓、玛瑙身着梦幻般的霓裳乘风踏云从遥远的天边走来，红、黄、蓝、绿、紫那多变的颜色是玉髓、玛瑙的花容月貌，内部包裹体构成的图案是她的性格，变化莫测的条带、花纹是她的灵魂。她婀娜多姿、美轮美奂，让人沉湎于她的绝代风华中。

玉髓、玛瑙在世界各地均有产出，分布范围广，产量大，著名的产地有巴西、澳大利亚、马达加斯加、印度、中国等。

缠丝玛瑙

玉髓、玛瑙的基本特征

玉髓为隐晶质石英质玉石，在学术界，通常将含条带构造的玉髓称为玛瑙。随着现代宝石市场的不断发展与繁荣，新的玉髓与玛瑙的品种层出不穷。在商界，玉髓与玛瑙似乎脱离了原有的归属关系而相对独立成为两个平等的宝石品种。二者的基本性质大致相同，但颜色均匀程度、透明度等略有差异。

玉髓、玛瑙基本特征一览表

矿物组成	石英，可有少量绿泥石、粘土矿物、褐铁矿等杂质
化学成分	SiO_2，另外可有少量 Ca、Mg、Fe、Mn、Ni 等元素存在
结晶状态	隐晶质集合体，呈致密块状，也可呈球粒状、放射状或微细纤维状集合体
颜色	纯净时为无色或白色，当含有不同的杂质元素（如 Fe、Ni 等）或混入不同的有色矿物时，可呈现不同的颜色
光泽	玻璃光泽，断口呈油脂光泽
透明度	半透明至微透明
光性特征	非均质集合体
折射率	点测 1.53 ～ 1.54
相对密度	2.60
摩氏硬度	6.5 ～ 7
紫外荧光	惰性；偶见弱至强，黄绿色
吸收光谱	一般无特征光谱，仅个别品种因含少量致色元素可产生相应特征的吸收光谱

玉髓、玛瑙的种类

◆ 玉髓

玉髓是隐晶质石英集合体，通常以块状产出。由于含有 Fe、Al、Ca、Ti、Mn、V 等微量元素或其他矿物的细小颗粒而使玉髓呈现多种颜色。根据颜色以及所含矿物的不同，玉髓可主要分为以下六种：

白玉髓

白玉髓是指白至灰白色的玉髓，其成分单一，质地均匀。通常为半透明，少数为微透明。

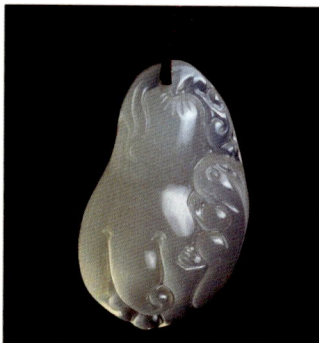
白玉髓挂件

白玉髓手镯

绿玉髓

当玉髓含有 Fe、Cr、Ni 等元素或均匀分布的细小绿泥石、阳起石等绿色矿物时可呈不同色调的绿色，称为绿玉髓。绿玉髓通常呈微透明至半透明。

产于澳大利亚的绿玉髓，由 Ni 致色，常呈苹果绿色，颜色均匀，又称澳洲玉或澳玉。

澳大利亚绿玉髓

绿玉髓手串

蓝玉髓

蓝玉髓常呈灰蓝、绿蓝、蓝色，由内部所含的铜元素或蓝色矿物致色。不透明至微透明。

著名的台湾产蓝玉髓由铜（Cu）致色，常呈蓝色或绿蓝色，颜色均匀，有"台湾蓝宝"之称。

"台湾蓝宝"套装首饰

黄玉髓

黄玉髓是指黄色、浅黄色的玉髓，主要由 Fe 致色，其常见品种为黄龙玉。

黄龙玉是指主要产于云南省保山市龙陵县以黄色为主色调的玉髓。近年来，黄龙玉市场较为活跃，引起业内外人士的广泛关注。

紫玉髓吊坠

紫玉髓

紫玉髓常呈浅紫、灰紫和蓝紫色，主要产地有巴西、印尼和中国。中国大同产出的紫玉髓多为浅紫、紫、蓝紫色，在当地被称为"大同紫玉"；中国的辽宁阜新所产的紫玉髓为浅紫、灰紫色，经检测，其致色元素为 Fe 和 Ni，且内部含有大量的结构水和分子水。

黄玉髓手镯

"碧玉"

市场上将含杂质较多的玉髓称为"碧玉"，其杂质含量可达 20% 以上，主要为氧化铁和粘土矿物，多不透明，呈暗红色或绿色。红色者称红碧玉（又称羊肝石），绿色者称绿碧玉。

市场上还有一种带有特殊条纹的碧玉，称为"风景碧玉"，是一种由不同颜色的条带、色块交相辉映组成美丽风景画的玉髓。

"大同紫玉"吊坠

红碧玉

风景碧玉

【龙胜玉】

"水作青罗带，山如碧玉簪"，在以山水甲天下著称的广西桂林龙胜各族自治县，近几年新产出了一种颜色绚丽多彩的玉石——龙胜玉。龙胜玉的主要矿物组成为微粒石英和玉髓，次要矿物为赤铁矿、白云石、绿泥石、黄铁矿等，因此龙胜玉的颜色非常丰富。依据龙胜玉的颜色特征可将其划分为单色、双色和多色三种类型，以双色和多色龙胜玉为主。

单色龙胜玉是以一种颜色为主的龙胜玉，如红色、黑色、白色、黄色、绿色、灰色龙胜玉等。单色龙胜玉中以红色、黑色和白色者最为常见；双色龙胜玉是两种颜色组合出现在一块玉石中的龙胜玉，常见黑底红、白底青、白底红、黄底红等不同品种，其中黑底红品种中红色区域往往漂浮灵动，是龙胜玉区别于其他种类石英质玉石的特色之一，恰如鸡血红色，被当地人称为"桂林鸡血玉"或"桂林鸡血红碧玉"；多色龙胜玉是指多种颜色组合出现在一块玉石上的龙胜玉，可见三彩色、四彩色、五彩色、七彩色等。

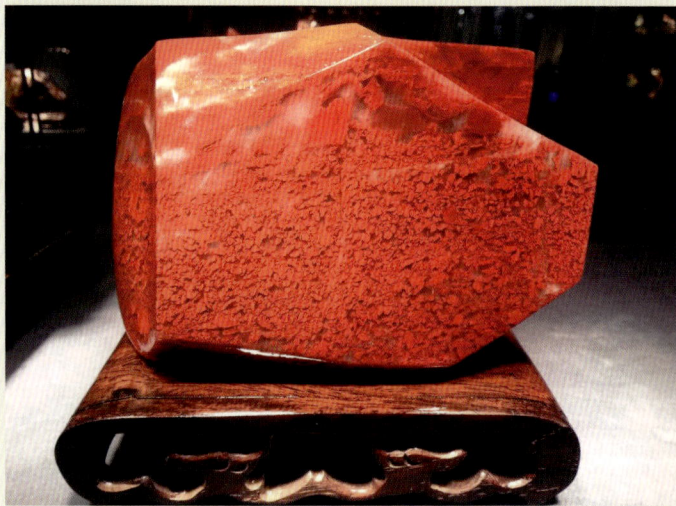

红色龙胜玉

黑色龙胜玉

黄色龙胜玉

灰色龙胜玉

白色龙胜玉

三彩龙胜玉

白底青龙胜玉

黑底红龙胜玉摆件

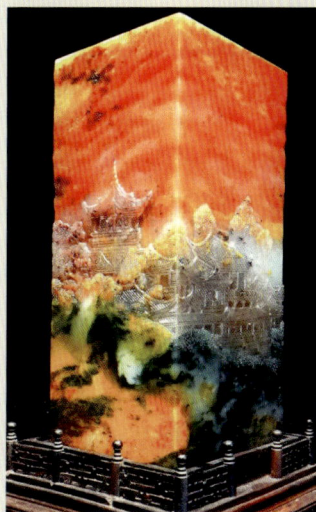

多色龙胜玉

◆ 玛瑙

玛瑙是具条带状构造或特殊包裹体的隐晶石英质玉石。玛瑙品种繁多，新品种层出不穷。为便于识别，本书将市场上最为常见的玛瑙依据颜色、条带、包裹体等特征分为三类八种，并对目前市场上较为追捧的南红、战国红和水草玛瑙做了进一步的描述。

玛瑙手串

玛瑙	按颜色分	白玛瑙：白至灰白色，其条带构造由颜色、透明度细微差异引起
		绿玛瑙：多呈浅灰绿色，其颜色由所含绿泥石或其他细小矿物产生
		红玛瑙：多为较浅的褐红、橙红色。最著名的是南红玛瑙
	按条带分	缟玛瑙：条带清晰的条纹玛瑙，当条带十分细窄时，又称缠丝玛瑙
		战国红玛瑙：红黄相间的条带，质地温润，形态多样
	按包裹体分	苔纹玛瑙：含苔藓状、树枝状包裹体，也称水草玛瑙或"海洋玉髓""海洋玛瑙"
		火玛瑙：光照下，可产生五颜六色的晕彩
		水胆玛瑙：封闭晶洞中含有天然液体（一般为水）

不同品种的玛瑙其变幻的图案给人以丰富的想象空间，颇具美感。

"海洋玉髓"

水草玛瑙手镯

水胆玛瑙

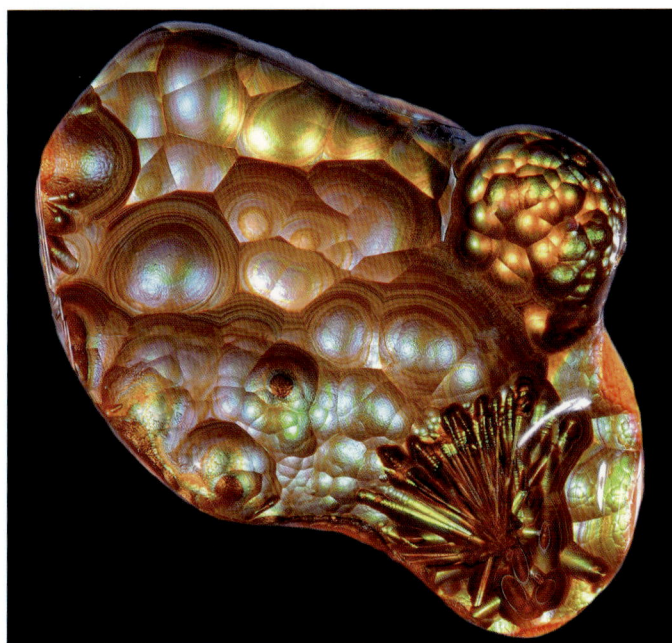

火玛瑙原石

【南红玛瑙】

目前，市场上较流行的南红玛瑙原指产于云南保山的红玛瑙。近几年，在四川凉山地区也有红玛瑙矿床发现，被称为"川红"，也在以南红玛瑙的名义进行销售。因此，商业上的南红玛瑙范围已进行了扩展，既包括云南保山的红玛瑙，也包括了"川红"，甚至还包括了"甘红"（甘肃南部所产的红玛瑙）。

商业上将南红玛瑙的颜色分为锦红、玫瑰红、朱砂红、樱桃红、柿子红、柿子黄等，除此之外，还有冰飘、红白料、缟红料、冰飘、火焰纹等多个品种。

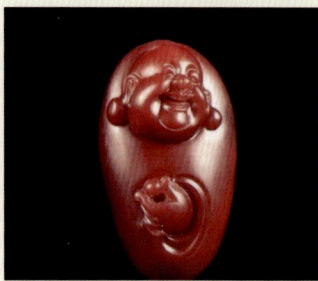
玫瑰红

柿子红

缟红料

柿子红

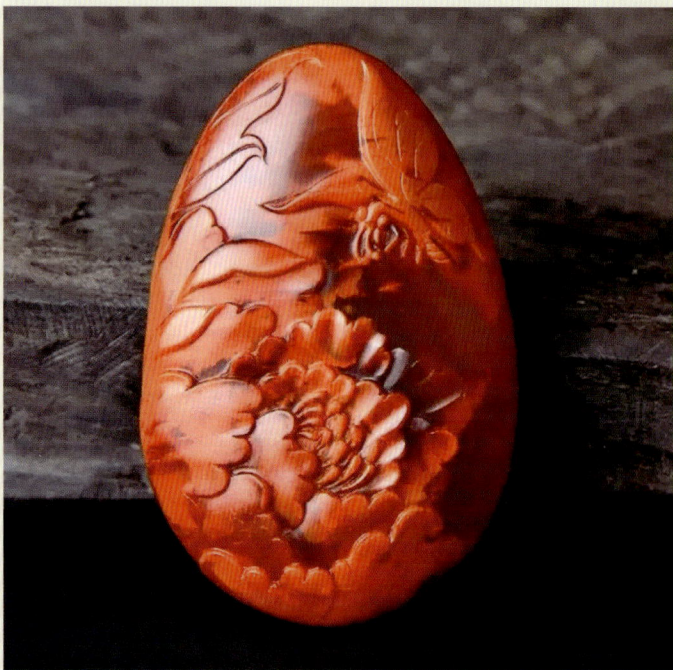
火焰纹

红白料

冰飘

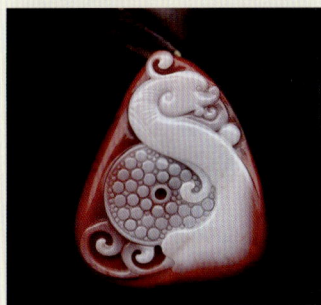

红白料

柿子黄

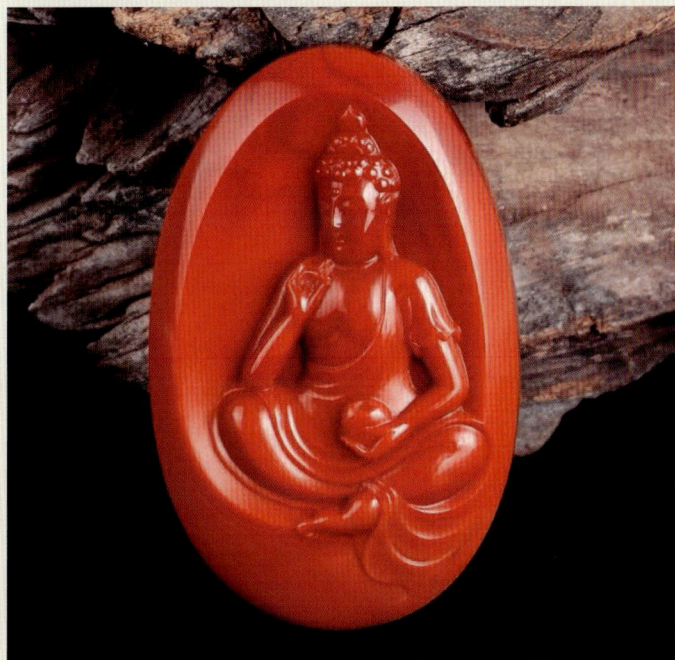

锦红

【战国红玛瑙】

　　战国红玛瑙是产于辽宁北票、河北宣化的一种条纹玛瑙。战国红玛瑙之美在于其浓艳纯正，质地细腻温润，形态变化万千。战国红玛瑙的条带或丝主要为红色和黄色，并且红、黄两色有着广泛的色域，黄色可以从浅黄、土黄到明黄、艳黄，红色可以从暗红、棕红到橙红、鲜红。战国红玛瑙的条带或丝之间可为无色或为不同色调的红、黄、紫的过渡色，如此之多的颜色和复杂的缠丝相结合，形成了战国红玛瑙千变万化的特点，甚至有的战国红玛瑙颇具象形意义，更加丰富了战国红玛瑙的文化内涵。

战国红玛瑙挂件

战国红玛瑙挂件

战国红玛瑙象形牌

战国红玛瑙挂件

战国红玛瑙原石

战国红玛瑙挂件

战国红玛瑙雕件

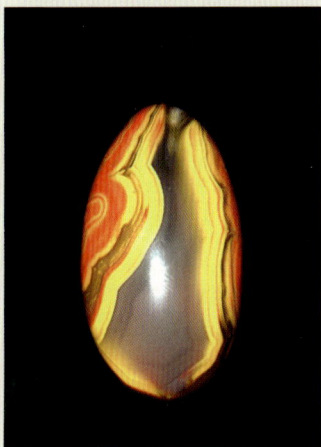

战国红玛瑙挂件

战国红玛瑙手串

玉髓、玛瑙，质地细腻，硬度高，耐磨性好，表面较光滑，呈玻璃或油脂光泽。

有经验的人士可根据其特有的色泽，与其他玉石品种进行区分。通常，玛瑙因其典型的环带状或平行纹理结构、包裹体特征以及特有的颜色从而非常易于识别。

玉髓、玛瑙与相似宝石及仿制品的鉴别

与玉髓、玛瑙相似的宝石主要有翡翠、月光石、蛋白石、贝壳等；玉髓、玛瑙的仿制品主要为玻璃。通过折射率、相对密度、摩氏硬度、光性特征等方面性质的测定，并结合放大观察其内外部特征的方法可以将这些相似宝石和仿制品快速鉴别开来。

玉髓、玛瑙与相似宝石及仿制品的鉴别特征

名称	折射率	相对密度	摩氏硬度	鉴别特征
玉髓、玛瑙	1.54	2.60	6.5～7	显微隐晶质结构(玛瑙具条带构造)；玻璃光泽；半透明；玉髓颜色均一；无解理，贝壳状断口；正交偏光下全亮
翡翠	1.66	3.34	6.5～7	颜色不均一；变斑晶交织结构；翠性；特征的吸收光谱
月光石	1.52	2.58	6～6.5	格子状双晶纹；常见两组解理，阶梯状断口；偏光镜下四明四暗现象
蛋白石	1.45	2.15	5～6	无色、白色或绿色无变彩者与玉髓相似
贝壳	1.55	2.86	3～4	贝壳雕与白玛瑙和白玉髓浮雕易于相混；硬度低，遇酸会产生气泡
玻璃	1.470～1.700	2.3～4.5	5～6	内部可见气泡、漩涡纹；镀膜玻璃的颜色鲜艳且均匀

◆ 优化、处理玉髓与玛瑙的鉴别

玉髓、玛瑙的优化处理具有悠久的历史，主要采用热处理和染色两种方法，另外还

有水胆玛瑙的注水处理。对于优化处理的玉髓、玛瑙，主要依据实践经验仔细观察其颜色鲜艳与自然程度，并结合放大检查和检测可见光吸收光谱等方法进行鉴别。

烧红玛瑙

染色玛瑙

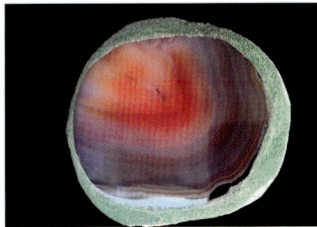

注水玛瑙

优化、处理玉髓、玛瑙的鉴别特征表

名称	优化、处理方法	鉴别特征
热处理	将浅褐色的玉髓、玛瑙热处理成鲜艳的红色，称"烧红玉髓"、"烧红玛瑙"	颜色鲜艳，光泽增强，透明度降低，脆性增大，硬度降低；烧红玛瑙颜色鲜艳且相对均一，色带模糊，边缘多有渐变现象
染色处理	用化学试剂将玉髓染成红、绿、蓝、黄和黑色	色彩鲜艳，色调不自然、不柔和，颜色均一且稳定；染色玛瑙条带不明显；铬染色绿玛瑙在可见光吸收光谱中出现3条模糊的铬吸收线
注水处理	将水注入中心有空洞的玛瑙并用胶封堵细小的孔缝	放大检查，表面可见打孔及胶粘痕迹

玉髓、玛瑙的评价

评价玉髓、玛瑙时，主要从色泽、质地、透明度、条带、块度、特殊图案及加工工艺等方面考虑。总体来说，以颜色鲜艳纯正，质地均匀、细腻，包裹体构成的图案富有美感，加工质量高，块度大者为佳。

◆ 玉髓

通常优质的玉髓呈玻璃或油脂光泽，色泽艳丽明快、自然纯正，表面光洁。

白玉髓、绿玉髓、蓝玉髓、黄玉髓和紫玉髓均以颜色鲜艳、透明度高、质地细腻、无杂质、无裂纹者为佳。黄龙玉的颜色以暖色调中最活跃最有感染力的橘黄、金黄、鲜黄为上，其质地越细腻质量越好。通常，优质玉髓的加工工艺先进、把控严格，故表面光亮，无划痕和裂纹。

玉髓挂件

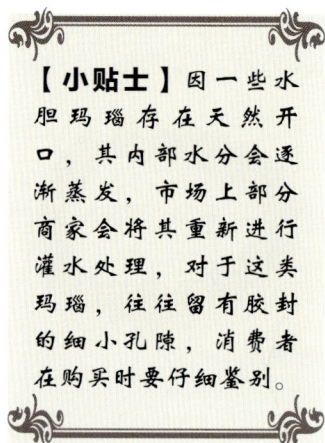

红碧玉和风景碧玉则以外形美观、纹理构成自然美丽景观或动植物形象，可以引起人的无限遐想和美的共鸣者为佳。

◆ 玛瑙

玛瑙的颜色和图案决定了其价值的高低。玛瑙以颜色分明、层次感强、条带明显、构成的图案奇特美观者为佳。颜色多为

白色、红色，其中无色通透、带有辉光的玛瑙价值也较高，不透明且颜色暗淡的玛瑙价值较低。

玛瑙常常制作成大型摆件，以体现其颜色、条带之美。摆件以造型独特并具有深厚意蕴者为佳。

水胆玛瑙产量较少，以"胆"大"水"多者为佳。透明度高、无裂纹和瑕疵的水胆玛瑙可作为极好的玉雕材料。

水草玛瑙透明度越高，水草的颜色越鲜艳、颜色搭配越协调，价值越高。以水草所构成的图案美观、寓意美好者为佳。

南红玛瑙的价值与其颜色色调及其浓艳程度密切相关，颜色均匀且无条带者价值较高。

优质的战国红玛瑙红色纯正厚重，黄色凝重温润，白色飘逸如丝。红缟和黄缟集于一石或全为黄缟者较为珍贵，带白缟的更为少见。

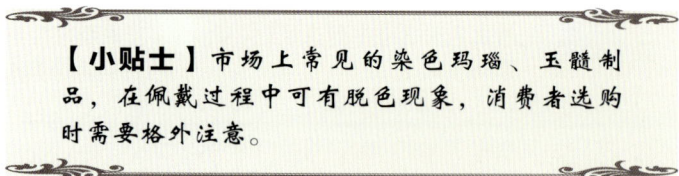

玉髓、玛瑙的选购

◆ 玉髓

市场上的玉髓饰品主要为手镯、吊坠、戒指。选购时，要特别关注玉髓的颜色。黄玉髓（黄龙玉）、绿玉髓、蓝玉髓、紫玉髓由于其特征的颜色深受人们喜爱，但是目前市场上销售的玉髓，有些经过了加热或染色处理，导致其颜色比较呆板、不自然，购买时需注意。

此外，玉髓硬度较大，需要一定的雕刻工艺与技巧才能完成，因此也要注重玉髓饰品的加工工艺水平。在选购玉髓雕件时，也可根据其雕刻与加工的精美程度进行辨别，一些仿玉髓（如玻璃）的雕件工艺粗糙，可作为辅助的判断依据。

◆ 玛瑙

选购玛瑙饰品时，要重点观察其颜色、条带及造型。值得注意的是，天然产出的红玛瑙很少，颜色纯正者更为罕见。市场上的红玛瑙大都经过加热或染色处理，选购时要特别注意。

选购水胆玛瑙时，要特别注意玛瑙表面细微处是否有开口注水痕迹。

市场上的水草玛瑙大多都是天然的，很少经过人工加热或染色处理，但有时会在玛瑙内打孔充入暗色染料，从而形成奇特的造型。在选购水草玛瑙时，要特别注意其表面有无孔洞，是否有充填的可能。

购买南红玛瑙手串的时候，注意观察珠子的大小是否均匀，珠子的圆润程度，是否有裂纹，是否有条带，有无杂质。购买南红雕件或摆件时，则应首先关注整件作品的设计造型。雕刻大师往往通过俏色巧雕，变废为宝。消费者可根据其个人喜好，选择不同寓意的南红雕件。

战国红玛瑙料少珍贵，多用来制做珠子、手串、较小雕件、半原石作品。选购时要注意，磨制的珠子有时大小不均；小的雕件、挂件和手把件往往也依其自然状况进行雕琢。战国红玛瑙雕件不多，摆件多以围岩与战国红同为一体简单切割打磨成具有一定观赏价值的产品出现在地方市场上。战国红玛瑙的丝色繁复，可以充分发挥玉雕设计者的想象力，创作出与众不同的个性作品。但由于还未充分受到玉雕业的重视，目前珠宝玉石市场上，工艺细腻、附加值较高的战国红作品较为少见。

【小贴士】烧红玛瑙属于优化范畴，销售过程中无需额外声明。

战国红玛瑙戒指

绿野精灵

Malachite

孔雀石

　　孔雀石的英文名称为 Malachite，由于颜色酷似孔雀羽毛上斑点的绿色而得名，有"妻子幸福"的寓意。中国古代称孔雀石为"绿青"、"石绿"、"青琅玕"或"铜绿"，曾被用作炼铜原料、绘画的颜料以及中药药物等。

　　早在 4000 多年前，古埃及人就认为在儿童的摇篮上挂一块孔雀石，一切邪恶的灵魂都将被驱逐。在德国，人们认为佩戴孔雀石的人可以避免死亡的威胁。孔雀石那鲜艳的微蓝绿色使其成为矿物中最吸引人的装饰材料之一。绿野精灵般的孔雀石，独具高雅气质，使其成为智利的国石。

　　世界上出产孔雀石的国家较多，著名产地有赞比亚、澳大利亚、纳米比亚、俄罗斯、扎伊尔、美国、津巴布韦等。中国的孔雀石主要产于广东阳春、湖北黄石和赣西北等地。

孔雀石观摆件

孔雀石的基本特征

孔雀石是一种含水铜碳酸盐，有单晶体与晶质集合体之分，其中集合体多见，呈多种绿色条带状分布，常与蓝铜矿共生。

孔雀石基本特征一览表

矿物组成	主要组成矿物为孔雀石，可含微量 CaO、Fe_2O_3、SiO_2 等机械混入物
化学成分	$Cu_2CO_3(OH)_2$
结晶状态	晶质体——单斜晶系；常呈纤维状集合体
颜色	鲜艳的微蓝绿至绿色，常有杂色条纹
光泽	丝绢光泽至玻璃光泽
透明度	单晶体透明至半透明；集合体不透明
光性特征	非均质体——二轴晶，负光性；非均质集合体
折射率	1.655～1.909，双折射率0.254；集合体不可测
相对密度	3.95
摩氏硬度	3.5～4
紫外荧光	惰性
其他特征	遇盐酸起泡

孔雀石的种类

孔雀石通常根据其形态、结构及用途进行如下分类：

◆ 晶体孔雀石

具有一定晶形的透明至半透明孔雀石单晶体称为晶体孔雀石，多呈细长柱状、针状，且颗粒度较小，非常罕见。

晶体孔雀石

◆ 块状孔雀石

此类孔雀石是指具葡萄状、同心层状、放射状和带状等纹理的致密块状孔雀石集合体，通常块体大小不等，大者可达数百吨，多用于玉雕和各种首饰原料。形态奇特的块状孔雀石也可直接用作观赏石。

◆ 青孔雀石

青孔雀石，又名"杂蓝铜孔雀石"，是孔雀石与蓝铜矿紧密结合构成的致密块状体。

块状孔雀石

青孔雀石

◆ 孔雀石观赏石

孔雀石观赏石是指自然天成、形态奇特的孔雀石，通常可直接作为盆景，用于观赏。

孔雀石观赏石

孔雀石的鉴别

无论是原石还是成品，孔雀石均以其典型的孔雀绿色、同心圆状或条带状、放射状、同心环带构造，遇盐酸起泡等特征，有别于其他宝玉石品种，容易识别。

孔雀石虽然有着独特的外观，但与硅孔雀石和绿松石相似，另外，市场上可见绿色塑料用于仿制孔雀石，较易混淆。

【小贴士】虽然孔雀石具有美丽的颜色、花纹和条带，但由于孔雀石硬度低、不耐用、不能长时间保持较好的光泽，通常多用于制做珠串、吊坠、戒面、胸针等。

梵克雅宝品牌孔雀石耳环

◆ 硅孔雀石

与孔雀石相比，硅孔雀石摩氏硬度（2 ～ 4）较低，相对密度（2.0 ～ 2.4）较小，折射率（1.461 ～ 1.570，点测法 1.50 左右）较低，可据此鉴别。

硅孔雀石原石

◆ 绿松石

与孔雀石相比，质量较好的绿松石摩氏硬度（5～6）较高，相对密度（2.4～2.9）较小，折射率（1.61左右）较低，且绿松石没有同心环带状花纹，较易鉴别。

◆ 绿色塑料

最近市场出现混合有绿色和白色粉末用塑料胶结的孔雀石仿制品，特征是没有放射状结构，从而缺少丝绢光泽。

孔雀石具特征的同心环带状结构，而塑料仿制品常为螺旋环带状结构，并且塑料表面多不平整，可有模具留下的痕迹。此外，塑料仿制品的相对密度仅为1.05～1.55，内部常有气泡等包裹体，用热针触及可有多种气味，不与盐酸反应。

绿色塑料仿孔雀石

合成孔雀石的鉴别

合成孔雀石的化学成分、颜色、密度、硬度、光学性质及X射线衍射谱线等方面与天然孔雀石非常相似，仅在差热分析中呈现出较大的差异。所以，差热分析是鉴别天然孔雀石与合成孔雀石最有效的方法。然而，这种分析属有损检测，在鉴定中应慎用。

合成孔雀石按纹理可分为带状、丝状和胞状三种类型。

◆ 带状合成孔雀石

该类合成孔雀石是由针状或板状孔雀石晶体和球粒状孔雀石聚合而成，颜色为淡蓝至深绿甚至黑色。条带宽度从0.1～4毫米不等，呈直线、微弯曲或复杂的曲线状，其外观与扎伊尔孔雀石相似。

带状合成孔雀石

◆ 丝状合成孔雀石

这种合成孔雀石是由厚 0.01 ~ 0.1 毫米、长数十毫米的单晶体构成的丝状集合体。平行于晶体延伸方向切割琢磨成弧面宝石时，可呈现猫眼效应；而垂直晶体延伸方向切割时，截面几乎呈黑色。

丝状合成孔雀石

◆ 胞状合成孔雀石

此类合成孔雀石有放射状和中心带状两种结构。放射状合成孔雀石是胞体从相对于球粒核心中央作散射状排列，胞状球体的颜色，在中央几乎是黑色，逐渐由核心向边沿散射而变成淡绿色；中心带状合成孔雀石，每个带是由粒度约 0.01 ~ 3 毫米的球粒组成的，颜色从浅绿到深绿色。胞状孔雀石是最高级的合成孔雀石，外观几乎与著名的乌拉尔孔雀石相同。

胞状合成孔雀石

孔雀石的评价

孔雀石的品质主要从颜色、花纹、质地、块度等方面进行评价。

◆ 晶体孔雀石

质优色艳的孔雀石，应当结晶完美、颜色鲜艳、纯正均匀，以翠绿、墨绿及天蓝色者为佳。

◆ 块状孔雀石

表面具不同颜色或色调的色纹带相绕而成同心环状、花纹状或放射状条纹，富有美感，质地细腻、结构致密无洞，硬度、密度较大，块度大者为佳。

若为孔雀石首饰饰品，还要考虑其加工工艺是否精美，以及镶嵌金属与孔雀石材质是否协调一致等。

◆ 青孔雀石

青孔雀石的绿色（孔雀石）与深蓝色（蓝铜矿）应达到交相辉映、相得益彰，方可作为名贵的玉雕材料。

◆ 孔雀石观赏石

作为观赏石、工艺观赏品，应重点考虑孔雀石是否具有天然形成的绚丽色彩、千姿百态的艺术造型，如葡萄状、钟乳状、绒毛状、杉林状等。具有钟乳状、羽毛状等形态的翠绿色孔雀石价值较高。

孔雀石的选购

在晶莹华美、绚丽多姿的玉石家族中，孔雀石以其致密细腻的质地、鲜艳的绿色、美丽的条带和同心环状花纹，展现出独特的风韵。目前市场上的孔雀石一般用来制作原石观赏石、项链、手串、吊坠、耳饰及戒指，还可制成印章料。消费者可根据自身喜好并结合市场现状进行购买。

◆ 应注重颜色与花纹之美

由于孔雀石不够坚韧，在选购孔雀石饰品时不必苛求硬度，应多关注其颜色以及条带和花纹之美。

◆ 不可忽视加工工艺与整体效果

块状孔雀石观赏石，一般是根据其原型稍微加工抛光即可，因此在选购时，应注意颜色、块度、整体造型及美感等方面。

孔雀石观赏石

在选购孔雀石印章时，应注意花纹的走向、美观程度、工艺等。孔雀石方章要求棱线平直，顶部的弧面形状规整、比例恰当。

在选购孔雀石手串和项链时，要注意各个珠子的颜色、大小、品质及匹配度等。手串的各珠子颜色和谐，大小一致，花纹的走向统一；孔雀石项链一般以塔链最为人们喜爱，其珠子直径大小的匹配程度尤为重要。

孔雀石印章

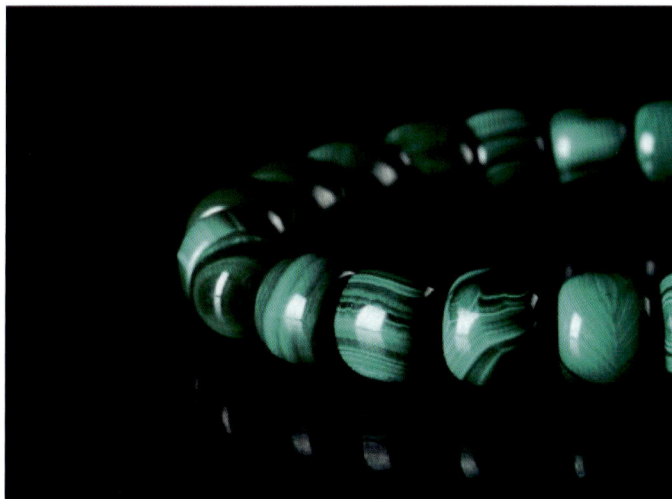

孔雀石手串

【小贴士】孔雀石硬度低且易碎，佩戴时应避免与其他硬度较大的物体接触，以防止碰撞或磨擦造成局部的破损及光泽损伤。

在夏季易出汗的时候，尽量将孔雀石饰品佩戴在衣服的外面；在洗澡或其他与酸碱性有关物质接触时，应将孔雀石饰品取下收藏好。

佩戴过程中，应给予适当的保养，经常用细绒布或羊皮擦拭，可保持孔雀石持久光泽。

伯爵品牌配椭圆形孔雀石表盘链带腕表

宝石皇后

Pearl

珠珠

  珍珠的英文名称为 Pearl，源于拉丁语"Pernula"，意思是"海之骄子"。珍珠在世界范围内拥有极为悠久的历史，长期以来，珍珠以其细腻的质地、独一无二的明亮光泽、含蓄而内敛的神韵，深得世界各国人民的喜爱。"珠宝玉石"中"珠"即专指珍珠。

  珍珠是带有生命特征的珍宝，其温润高雅的气质是其他贵重宝石无法比拟的，被宝石业界定为 6 月的生辰石和结婚 30 年的纪念石，有"宝石皇后"之美誉。

  随着珍珠养殖技术在世界范围内的广泛应用，目前珍珠的产地主要有中国、日本、塔希提岛、澳大利亚、印度尼西亚、菲律宾、泰国、缅甸等国家和地区。

珍珠的基本特征

  珍珠是一种有机宝石，主要产于海洋贝或江河湖蚌类软体动物体内，其主要成分为文石、有机质壳角蛋白（也称角质蛋白）、水以及微量元素如钠、钾、锂、镁、锰、铁、铜等。

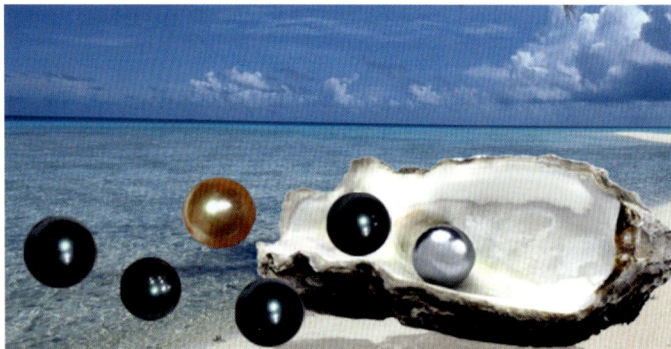

珍珠

珍珠基本特征一览表

化学成分	碳酸钙、有机质（硬蛋白质）、少量的水和微量元素
结晶状态	无机成分：晶质集合体　　　有机成分：非晶质体
颜色	无色至黄色、粉红色、绿色、蓝色、紫色等
光泽	珍珠光泽
透明度	半透明至不透明
光性特征	非均质集合体
折射率	1.53 ～ 1.56
相对密度	2.60 ～ 2.85，不同种类、不同产地珍珠的密度略有差异
摩氏硬度	2.5 ～ 4
紫外荧光	无至强，浅蓝色、黄色、绿色、粉红色

珍珠的品种和分类

　　根据生长方式不同，可将珍珠划分为天然珍珠和养殖珍珠。目前市场上流通的珍珠几乎全部为养殖珍珠，根据国家标准规定，养殖珍珠可直接命名为珍珠。

　　珍珠可按颜色、产出水域、有无珠核和产地等方式进行分类。

◆ 按颜色分类

　　珍珠呈现出来的颜色是体色、伴色和晕彩的综合效果。

　　珍珠的体色是本体的颜色，也称背景色，取决于珍珠所含的微量金属元素和有机色素卟啉的种类和含量。珍珠的体色可分为五个系列：白色、黄色、红色、黑色系列及其他系列（紫、青、蓝、褐、绿色）。

　　伴色是漂浮在珍珠表面的一种或几种颜色。伴色可有白色、粉红色、玫瑰色、银白色或绿色等。

白色

黑色

粉色

金色

紫色

珍珠的颜色

晕彩是在珍珠表面或表面下层形成的可漂移的彩虹色，是叠加在体色之上的，由珍珠表面反射及次表面内部珠层对光的反射干涉等综合作用形成的特有色彩。

◆ 按产出水域分类

根据产出水域的不同，珍珠可分为淡水珍珠和海水珍珠。

海水珍珠是指海水中贝类产出的珍珠。海产珍珠贝类主要有马氏贝、大珠母贝、黑蝶贝、金唇贝、银唇贝、企鹅贝等，另外牡蛎、海蜗牛、海螺也可产珍珠。

淡水珍珠是指淡水（江、河）里蚌类产生的珍珠。淡水珍珠蚌类有三角帆蚌、褶纹冠蚌、珠母珍珠蚌、背瘤丽蚌、池蝶蚌等。

◆ 按有无珠核分类

按珍珠内是否存在珠核，可将珍珠分为有核珍珠和无核珍珠。

有核珍珠是将完整的珠核（通常为珠母贝壳制成）置入贝类或蚌类的外套膜内，珠核上慢慢覆盖珍珠质层后形成的珍珠。

无核珍珠是用外套膜的微块替代珠核植入贝类或蚌类的外套膜中产生的珍珠，形态差异大、产量高，目前在淡水养殖的珍珠中占有相当重要的地位。

◆ 按产地分类

珍珠的产地很多，根据产出区域的不同，可有不同的称谓。

不同产地珍珠一览表

名称	产地
波斯珠	波斯湾地区，天然珍珠的著名产地，目前不再产出珍珠
南洋珠	澳大利亚、菲律宾、印度尼西亚、塔希提
南珠（合浦珠）	中国广西合浦
东珠	日本
澳洲珠	澳大利亚
孟买珠	印度
西珠	欧洲
中国淡水珍珠	中国浙江、江苏、湖南等地

珍珠的经验鉴定

珍珠颜色多样，质地细腻，多呈凝重的半透明状，具特有的珍珠光泽。珍珠光泽随珍珠质层薄厚不同和透明度不同而变化，从弱珍珠光泽到强珍珠光泽。海水珍珠和淡水珍珠在光泽、形状等方面均有所不同。

另外，珍珠遇酸起泡；牙咬有砂砾感；圆形珍珠自 1 米高度自由落到玻璃板上，可弹跳 25 ～ 40 厘米高度。

淡水珍珠

海水珍珠

塔希提不规则黑珍珠表面特征

淡水珍珠表面的生长纹及勒腰

海水珍珠和淡水珍珠鉴别特征一览表

	海水珍珠	淡水珍珠
外观特征	通常圆度较好，表面光滑，光泽较强；部分塔希提产不规则黑珍珠也可有生长纹及勒腰	常为椭圆、不规则形状，表面常见勒腰、褶皱纹
珠核	有珠核，与珍珠质层界限明显，透光可见珠核层状结构	多数无珠核
微量元素	钠、钾、锶、硫等含量较高	锰等含量较高
紫外荧光	弱蓝白色	黄绿色

优化处理珍珠的鉴别

珍珠常常通过一些优化或处理手段来改善其颜色或外观，主要方法有漂白、增白、染色处理、辐照处理等。

◆ 漂白

漂白是将珍珠层中的杂质去除以改善颜色和外观的优化手段。目前多采用过氧化氢漂白法和氯气漂白法两种。

◆ 增白

增白是在漂白的基础上添加增白剂以改善颜色的优化手段。

◆ 染色处理

珍珠的染色处理是将珍珠浸于某些特殊的化学溶液中上色的处理方法，常被染成黑色、棕色、玫瑰色、粉红色等。

染色珍珠颜色均一，光泽较差，局部颜色分布不均匀，钻孔旁、表面裂隙、瑕疵处放大检查可见色斑，表面有点状沉淀物；有核者珍珠质层及珠核均为黑色；用稀盐酸或丙酮棉签擦拭后棉签会变色；长波紫外光下发灰白色荧光或无荧光；银盐染色者可测出银元素的存在。

染色珍珠最常染成黑色，染色黑珍珠在颜色、光泽、形态、光致发光光谱、紫外可见吸收光谱等方面与黑珍珠有差异。

黑珍珠光泽强且柔和，可不均一，多为伴有钢灰色、孔雀绿色或古铜色的黑色；放大观察可见有核者从打孔处可见珍珠质为黑色，珠核为白色，刮下粉末为白色；在长波紫外光下发粉红或黑红色荧光。

另外，染色黄珍珠在市场上也较为常见，其紫外－可见光吸收光谱在356nm处无或具弱吸收带，在427nm附近可有强吸收带；而黄珍珠紫外－可见光吸收光谱在 330 ～ 385nm 和 385 ～ 460nm 处有吸收谱带，且前者强度大于后者。

染色黑珍珠

◆ 辐照处理

辐照珍珠是利用 γ 射线辐照的方法来使珍珠颜色发生改变的处理手段，可变成黑色、绿黑色、蓝灰色等，通常光泽较强。

经辐照处理的珍珠放大检查可见珍珠质层无色而珠核为黑色，有辐照晕斑；刮下粉末为黑色，拉曼光谱多具有强荧光背景。

辐照珍珠

珍珠与仿制品的鉴别

早在 17 世纪法国就出现了用青鱼鳞提取出"珍珠精液"（鸟嘌呤石溶于硝酸纤维液中形成）涂在玻璃珠上制成珍珠仿制品。随着科技的发展，市场上出现了越来越多仿真度较高的珍珠仿制品，主要品种有塑料仿珍珠、玻璃仿珍珠、贝壳仿珍珠和马约里卡珠等。

◆ 塑料仿珍珠

塑料仿珍珠是在乳白色塑料珠外表涂一层"珍珠精液"而制成。

塑料仿珍珠外观漂亮，手感较轻，且有温感；用针在钻孔处轻轻挑拨，会成片脱落，无细小鳞片状粉末，能看到珠核；放大检查，表面无生长纹，为均匀分布的近疹状或粒状面；紫外荧光惰性；不溶于盐酸。

塑料仿珍珠

◆ 玻璃仿珍珠

玻璃仿珍珠是将玻璃球浸于"珍珠精液"中制成，又分空心玻璃充蜡仿珍珠和实心玻璃仿珍珠。

玻璃仿珍珠手摸有温感；表皮可成片脱落；珠核有玻璃光泽，贝壳状断口，放大可见气泡和漩涡纹，钢针刻划不动；不溶于盐酸；无荧光。其中充填石蜡的空心玻璃仿珍珠相对密度较低（1.5），手掂较轻，用细针插入珠孔中，可感觉有柔软蜡的存在。

玻璃仿珍珠

目前市场上有一种手感、光泽均与海水珍珠很相似的珍珠仿制品，称为马约里卡珠，是将一种似珍珠光泽的银色液体涂在特殊的玻璃珠核上，再涂上一层保护膜制得。马约里卡珠光泽很强，具明显的彩虹色，折射率1.48，相对密度2.51 ~ 2.67，摩氏硬度2 ~ 3，珠孔边缘凹不平，表面无珍珠的特征生长纹，牙咬有滑感，不溶于盐酸。

◆ 贝壳仿珍珠

贝壳仿珍珠是将厚贝壳磨制成圆球或其他形状，然后再涂一层"珍珠精液"而制得。

贝壳仿珍珠的表面放大检查无珍珠特有的回旋生长纹，只可见到类似鸡蛋壳表面的高高低低的糙面；强光透射下可见平行条带状结构。

贝壳仿珍珠

珍珠的评价

评价珍珠质量的因素包括颜色、光泽、形状、大小、光洁度等。

◆ 颜色

珍珠的颜色包含其体色、伴色及晕彩的综合特征，评价时以体色为主，伴色和晕彩描述为辅。

珍珠的体色有白、红、黄、蓝、青、紫、灰、褐、黑等多种颜色，其中以白、淡黄色居多，黑色、金色珍珠以及玫瑰色、粉红色海螺珍珠较为稀少，因而价值较高。

黑珍珠的伴色以孔雀绿色为佳，粉红色珍珠的伴色以玫瑰色为佳，白色珍珠的伴色以粉红色、玫瑰色为佳。晕彩强可使珍珠的颜色价值得到提高。

不同色调的珍珠

◆ 光泽

珍珠光泽指的是珍珠表面反射光的强度及映像的清晰程度。珍珠光泽的产生是由其多层结构对光的反射、折射和干涉等综合作用的结果。

光泽的强弱程度可细分为极强、强、中、弱四个级别。优质珍珠的光泽应当为反射光明亮、锐利均匀，映像清晰。

【小贴士】珍珠受热会破裂或变色，遇到化学物质会腐蚀表面降低光泽。因此珍珠要避免接触化妆品、护肤品、香水等，佩戴之后应泡在中性溶液中清洗，擦干后小心存放，并避免与坚硬的物品相互摩擦。

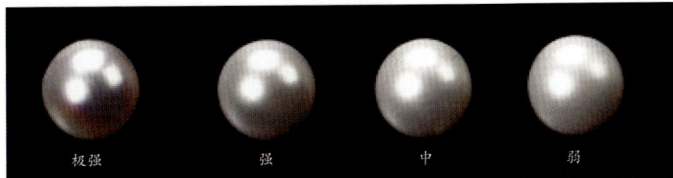

极强　　　　强　　　　中　　　　弱

不同强度的珍珠光泽

◆ 形状

珍珠的形状以球形为主，如圆形、椭圆形和水滴形等，此外还有不规则形状的异形珍珠。珍珠的国家标准将海水珍珠的形状分为正圆形、圆形、近圆形、椭圆形、扁平形、异形等，淡水珍珠的形状可分为圆形、椭圆形、扁圆形和异形类。

通常来说，正圆、圆形的珍珠价值较高，但有些异形珍珠也非常具有美感，结合巧妙的设计更有独特的价值。

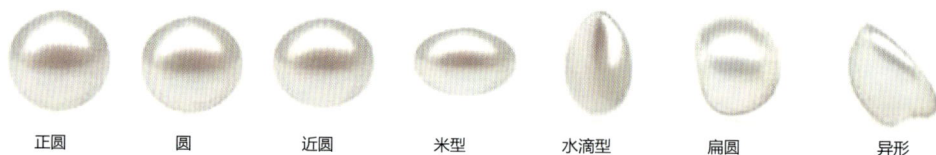

| 正圆 | 圆 | 近圆 | 米型 | 水滴型 | 扁圆 | 异形 |

不同形状的珍珠

◆ 大小

正圆、圆、近圆形珍珠以最小直径来表示大小，其他形状珍珠以最大直径和最小直径表示。珍珠的大小与价值关系极为密切，越大的珍珠越少见，在其它因素相同的情况下，珍珠越大，价值越高。

我国旧有"七分珠，八分宝"之说，即是说珍珠达到八分重（直径约为9mm的圆形珠）就是"宝"了，珍珠直径若为14、15、16mm，则为稀有品。

| 6mm | 7mm | 8mm | 9mm | 10mm | 11mm | 12mm | 13mm | 14mm | 15mm | 16mm |

不同大小的珍珠

◆ 光洁度

珍珠的光洁度由瑕疵的大小、颜色、位置及多少决定，可划分为无瑕、微瑕、小瑕、瑕疵、重瑕五个级别。表面的瑕疵较少的珍珠品质更好，优质珍珠肉眼观察表面光滑细腻，几乎不可见瑕疵。

| 无瑕 | 微瑕 | 瑕疵 | 重瑕 |

不同光洁度的珍珠

◆ 匹配性

　　珍珠的匹配性指的是多粒珍珠首饰（如珠串、套饰等）中，各粒珍珠的形状、光泽、光洁度、颜色、大小等方面的协调程度。评价时需对整件首饰中的珍珠作统一的评定，而非只取其中的一颗来决定所有珍珠的品质。习惯上将多粒珍珠首饰中珍珠的匹配性划分为三个级别：很好、好、一般。

　　匹配性好的多粒珍珠首饰中的珍珠形状、光泽、光洁度等质量因素应统一一致，颜色、大小应和谐有美感或呈渐进式变化，孔眼居中且平直，光洁无毛边。

珍珠首饰

珍珠的选购

　　珍珠可以制成项链、手链、耳饰、戒指等各种首饰。除了综合考虑珍珠的质量评价因素外，由于各地文化背景和流行趋势的不同，人们对珍珠的喜好也不尽相同，需根据需求和搭配进行选购，同时小心仿制珍珠。

◆ 挑选单粒珍珠饰品，注重质量

挑选单粒珍珠，应结合珍珠的评价标准，尽量选择无瑕疵的高品质珍珠，愈完美愈珍贵；其次可选择钻孔后完美的珍珠；再次可选择单面完美的珍珠进行设计镶嵌。

卡地亚品牌珍珠首饰

【小贴士】若购买收藏级珍珠，应将15mm以上的正圆无瑕强晕彩白色珍珠或14mm以上的正圆无瑕级强晕彩黑色、粉红色或金色珍珠作为选择对象。

梵克雅宝品牌珍珠首饰

海螺珍珠

◆ 购买多粒珍珠首饰，注重搭配

由多粒珍珠组成的饰品应考虑整件饰品中珍珠的光泽、光洁度、形状、颜色、大小及搭配的协调性，同时配石的大小和质量、贵金属的材质、设计款式以及镶嵌工艺等也会影响珍珠首饰的价值和美感。不同年龄段的消费者可根据需求选购珍珠饰品，搭配不同服饰在不同场合下进行佩戴。

御木本品牌珍珠戒指

御木本品牌珍珠胸针

御木本品牌珍珠戒指

【小贴士】购买珍珠项链时应注意珍珠串的长短，市场上常见的有单串链、双串链、三串链等。

项链的长度可根据个人喜好及服装的风格而定。长度有：短链（36~40厘米），项链（40~45厘米），中长链（60~80厘米），长链（90~107厘米）等。

珠串的绳子会因磨损而易于断裂，应注意按时检查及时重穿。

珍珠项链

海底之花

Coral

珊瑚

珊瑚是一种重要的有机宝石，英文名称为 Coral，来自拉丁语 Corrallium。

珊瑚需要在幽静神秘的海底度过漫长的岁月，通过千千万万只微小的珊瑚虫聚集在一起代代繁衍才能形成。我国藏族人认为珊瑚是护身符和祈祷上天保佑的寄托物；古罗马人认为珊瑚具有防止灾祸、给人智慧、有止血和驱热的功能；一些航海者则相信佩戴红珊瑚可以防闪电、飓风，保佑他们旅途平安。

珊瑚炫丽多彩、姿态万千，宛如海洋中盛开的花朵，随意取出一束都婀娜多姿，美丽动人，令人叹为观止。因此，珊瑚有"海底之花"之美誉，是生命的力量让珊瑚成为如此与众不同的宝石。

海洋中美丽的珊瑚

珊瑚的主要产地包括三大海区：（1）太平洋海区的日本琉球群岛和中国台湾东岸、澎湖列岛及南沙群岛，其中台湾是目前世界上红珊瑚产量最大的地区，约占全球珊瑚总产量的 60%；（2）大西洋海区地中海沿岸的意大利、阿尔及利亚、突尼斯、西班牙和法国等，其中意大利的那不勒斯是红珊瑚最著名的加工区；（3）夏威夷西北部中途岛附近海区，产出红、粉红色珊瑚。

珊瑚的基本特征

根据组成成分的不同，珊瑚可分为钙质型珊瑚和角质型珊瑚两种，其基本性质存在着一定的差异。

珊瑚基本特征一览表

	钙质型珊瑚	角质型珊瑚
化学成分	无机成分（碳酸钙）、有机成分	几乎全部为有机成分
结晶状态	无机成分：隐晶质集合体 有机成分：非晶质体	非晶质体
颜色	浅粉红至深红色、橙色、白色及奶油色，偶见蓝色和紫色	黑色、金色、黄褐色
光泽	蜡状光泽至玻璃光泽	蜡状光泽至玻璃光泽，可有微晕彩
透明度	微透明至不透明	
光性特征	非均质集合体	均质集合体
折射率	1.48 ～ 1.65	1.56 ～ 1.57
相对密度	2.65	1.35
摩氏硬度	3 ～ 4	
紫外荧光	白色珊瑚：无至强，蓝白色浅红至红色珊瑚：无至橙(粉)红色深红色珊瑚：无至暗(紫)红色	惰性
特殊性质	遇盐酸起泡	遇盐酸无反应

珊瑚的品种

珊瑚依据其成分和颜色可划分为两类五种。

蓝珊瑚

红珊瑚

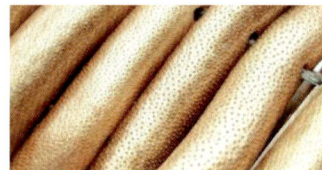

金珊瑚

白珊瑚

黑珊瑚

珊 瑚	钙质型	红珊瑚：呈浅至暗色调的红至橙红色，有时呈肉红色
		白珊瑚：白、灰白、乳白、瓷白色
		蓝珊瑚：蓝色、浅蓝色
	角质型	黑珊瑚：灰黑至黑色，几乎全由角质组成
		金珊瑚：金黄色、黄褐色。金黄色珊瑚外表有清晰的斑点和独特的丝绢光泽

珊瑚的经验鉴定

珊瑚原料具有特有的树枝状形态和条带状纹理，珊瑚成品则可从颜色、条纹、光泽几个方面进行肉眼的辨别。

钙质珊瑚原枝多呈树枝状、星状、蜂窝状等，遇盐酸起泡。肉眼观察呈树枝状的珊瑚，枝体上有平行的纵条纹。仔细观察珊瑚的横切面附近，在外皮剥落处可见明显的脊状构造；横切面上可见同心圆状及放射状纹，由颜色深浅不同的色圈组成，有些珊瑚的横切面上还可见白芯。

钙质珊瑚成品颜色多为红色、粉红色、白色，个体的颜色均匀，偶见虫洞，纵切面上可见颜色深浅不同和透明度不同的波状细密纵向纹理，光泽为蜡状光泽至玻璃光泽。

此外，钙质珊瑚的拉曼光谱显示无机成分（碳酸钙）的特征峰，并且粉红和红色珊瑚的有机色素峰位于 $1520cm^{-1}$、$1130cm^{-1}$ 左右。

黑珊瑚、金珊瑚等角质珊瑚横截面放大可见年轮状构造；珊瑚原枝纵面表层具丘疹状外观，横截面可见弯月形图案，角质珊瑚可有晕彩。

红珊瑚横截面的同心圆状和放射状条纹、纵切面的平行条纹示意图

不同颜色的红珊瑚

◆ 优化、处理珊瑚的鉴别

市场上对颜色不佳和质地疏松的珊瑚通常进行优化处理后再出售，目前常见的优化处理方法有漂白、染色、充填和覆膜处理等。

黑珊瑚漂白成金色珊瑚

◆ 漂白

将深色珊瑚用双氧水进行漂白处理，可得到浅色的珊瑚，如暗红色漂白成粉红色，黑珊瑚可漂白成金黄色等。有时也用于去除珊瑚表面杂色。漂白珊瑚不易检测，但其结构略显疏松，表面光泽略有损失。

◆ 染色处理

染色珊瑚是指将质量欠佳的白珊瑚或浅色珊瑚浸泡在红色或其他颜色的有机染料中染成相应颜色来冒充天然颜色的珊瑚，由于其具有天然珊瑚的结构特征，所以很容易与天然珊瑚混淆。

染色珊瑚的外观不自然，颜色单一；放大检查可见染料沿生长条带分布，在珊瑚的小裂隙间或孔洞中富集，其颜色外深内浅，有着色不均匀现象；用蘸有丙酮的棉签擦拭掉色；拉曼光谱中不显示天然有机色素峰，而出现染色剂的峰。

染色珊瑚

◆ 充填处理

充填处理的珊瑚一般用环氧树脂或似胶状物质充填多孔的海绵珊瑚而制得。经充填处理的珊瑚表面多为树脂光泽，不具波状构造，且相对密度低于天然珊瑚，热针探测可见充填物熔化。

蓝珊瑚

充填处理的蓝珊瑚

◆ 覆膜处理

覆膜珊瑚是对质地松散或颜色较差的角质珊瑚进行覆膜处理，以改善其外观和提高其耐久性。

覆膜珊瑚表面光泽较强，表面丘疹状突起平缓，放大检查钻孔处可见膜层脱落。

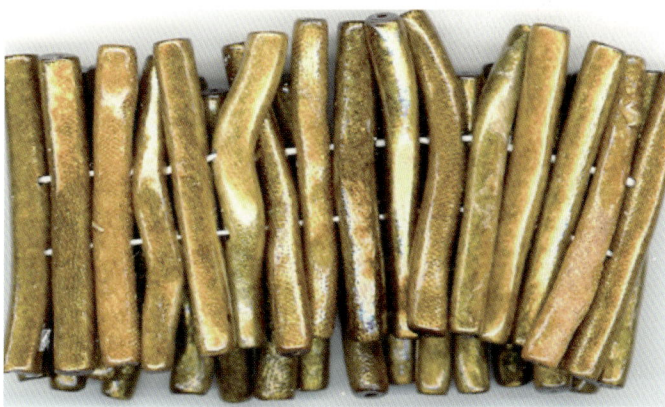

覆膜金珊瑚

珊瑚仿制品的鉴别

市场上常见的珊瑚仿制品有"吉尔森珊瑚"、染色骨制品、染色大理岩、海螺珍珠、玻璃和塑料等。

吉尔森珊瑚

◆ "吉尔森珊瑚"

"吉尔森珊瑚"是用方解石粉末加上少量的染料在高温、高压下粘制而成的，不是真正的合成珊瑚，与珊瑚的结构不同，相对密度较低。

红色塑料

◆ 染色骨制品

染色骨制品通常是用牛骨、驼骨、象骨之类动物骨头染色或者涂层而成的珊瑚仿制品，颜色不自然，有脱色现象，断口参差粗糙，叩之声闷浑浊。

红色玻璃

◆ 海螺珍珠

海螺珍珠是在海螺中慢慢形成的珍珠，常为粉红色，具有明显的层状粉红色与白色图案（被称为"火焰状"结构），相对密度较高。

海螺珍珠胸针（mikimoto）

海螺

AN

红珊瑚仿制品的鉴别特征

名称	颜色	透明度	光泽	折射率	相对密度	摩氏硬度	断口	其他特征
染色红珊瑚	红	微透明至不透明	油脂光泽	1.48～1.65	2.65	3～4	平坦状	颜色不均匀；染料沿裂隙及孔洞集中；丙酮棉签擦拭掉色；遇酸起泡
吉尔森珊瑚	红	不透明	蜡状光泽	1.48～1.65	2.44	3～4	粒状	颜色分布均匀；微细粒结构；遇酸起泡
染色骨制品	红	不透明	蜡状光泽	1.54	1.70～1.95	2.5	参差状	颜色表里不一，被摩擦部位色浅；具骨髓、鬃眼等特征；不与酸反应
红塑料	红	透明至不透明	蜡状光泽	1.49～1.67	1.40	1～3	平坦状	热针触及有异味；铸模痕迹明显；常有气泡；不与酸反应
红玻璃	红	透明至不透明	玻璃光泽	1.64	约2.5	5.5	贝壳状	常有气泡；不与酸反应
海螺珍珠	粉红	不透明	珍珠光泽	1.53～1.56	2.85	3.5	参差状	"火焰状"结构；遇酸起泡

珊瑚的评价

珊瑚的价值取决于颜色、块度、质地、工艺四个方面，其中颜色是最重要的因素。

◆ 颜色

颜色是珊瑚的主要魅力所在。一般来说，颜色越纯正鲜艳，价格越高。

在钙质珊瑚中，以鲜红色（商业上俗称"牛血红"）最佳，其他依次为深红色、暗红色、玫瑰红色、淡玫瑰红色、桃红色（商业上俗称"孩儿面"或"天使面"）、粉红色、橙红色。白珊瑚以纯白色为最佳，其他依次为瓷白色、灰白色。

角质珊瑚中的黑珊瑚、金珊瑚因产出稀少而名贵。

不同地区人们对不同颜色的珊瑚喜爱程度也不同。西方人除了喜爱深红色珊瑚外，对粉红色的珊瑚也极其珍视。

阿卡珊瑚

沙丁珊瑚

Momo 珊瑚

【小贴士】商业上所提及的阿卡珊瑚（Aka Coral）是指产于日本南部以及台湾附近岛屿的优质珊瑚，多为红色，少见粉红色及白色；沙丁珊瑚（Sardinia Coral）是指产于意大利南部沙丁尼亚岛附近的地中海海域的红色珊瑚；桃红珊瑚（Momo Coral）是指产于日本南部以及台湾附近海域的浅粉色至深桃红色的珊瑚。

◆ 块度

由于珊瑚生长缓慢，故块度越大、质量越好的珊瑚价值越高。另外枝干完整的珊瑚更为珍贵。

珊瑚质地越致密坚韧，瑕疵越少者，价值越高。若有白斑、白芯，则质量会有所下降。有虫蛀或虫眼、多孔、多裂隙者则价值较低。

市场上销售的海绵珊瑚，又称软柳珊瑚，商家也称草珊瑚，是珊瑚的近亲。海绵珊瑚通常多孔隙、质地疏松、颜色多样，价值较低，可作为普通装饰品使用。

质地致密的红珊瑚

多孔的海绵珊瑚

【小贴士】珊瑚的硬度较低，应避免磕碰使宝石表面出现划痕或凹坑。佩戴后，最好将珊瑚饰品擦拭干净，涂抹少许婴儿油或橄榄油后，单独存放于首饰盒中。

【小贴士】珊瑚的主要成分是碳酸盐和有机质，抗腐蚀性差，不宜接触化妆品、香水、酒精和醋等；尽量避免在炎热的夏天佩戴珊瑚，若接触到了汗液，应及时用温水或中性清洗剂清洗，并用软布擦拭干净。

◆ 工艺

珊瑚具有独特的外观，经加工后的造型和加工的工艺水平也会影响珊瑚饰品的价值。珊瑚饰品的工艺除了要评价其加工的精细程度，更要考虑其构思和创意。极具创意和美感的工艺往往能大幅提升其价值。

珊瑚雕件

珊瑚的选购

珊瑚以其明亮的光泽和浓艳的颜色深受大众的喜爱。珠宝市场上常见的珊瑚首饰有单独加工成的珠串、挂件、雕件、摆件等，也有与其他珠宝玉石（如碧玺、翡翠、珍珠等）搭配并采用不同颜色的贵金属材料镶嵌或采用绳结编织在一起制作成的戒指、耳环、项链、手链等，消费者可结合珊瑚的评价标准和个人喜好挑选珊瑚饰品。

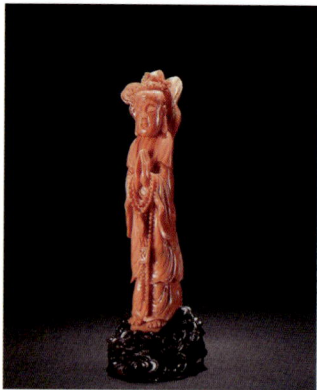
珊瑚摆件

◆ 到正规商家处购买

珊瑚产地品种多样，其仿制品和优化处理品在市场上也很常见。消费者应在正规商家处选购珊瑚，并要求商家出具权威机构的鉴定证书。

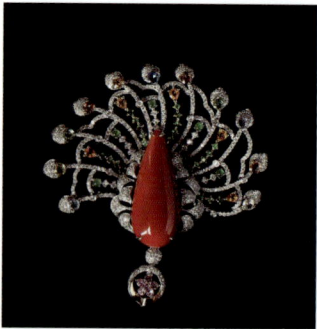
红珊瑚首饰

【小贴士】某些商家的珊瑚价格低于市场均价过多且不提供鉴定证书时，消费者需谨慎考虑，谨防买到仿制品或经处理过的珊瑚，以免造成经济损失。

◆ 珊瑚首饰的选购

选购珊瑚首饰时，不仅要考虑珊瑚本身的品质，也应当精心选择首饰的设计与搭配。不同设计风格的珊瑚首饰可以表现出不同的文化内涵和时代风尚，选购时应根据自身的喜好选择珊瑚的颜色和质地以及首饰款式，同时也要注重配石的大小和质量、贵金属的材质、设计款式以及镶嵌工艺等。

红珊瑚吊坠

【小贴士】选购珊瑚套装首饰，如耳环、项牌、戒指、手链、胸针等多颗珊瑚组成的套饰时，应关注首饰整体组合在颜色、光泽、质地、形状上协调一致的美学效果。

红珊瑚项链

红珊瑚项饰

红珊瑚首饰

大地之魂

Amber

琥珀

琥珀，其英文名称为 Amber，来自拉丁文 Ambrum，意思是"精髓"。古人早已认识到琥珀的成因，据《清一统志》记载：琥珀乃"松脂入地千年所化，松木精液凝成，其中亦有蚊蚁等形者"。近代科学考证，琥珀是中生代白垩纪至新生代第三纪树木分泌的树脂连同树木一起被泥土深深掩埋，经历数千万年以上的地质作用，在地下经石化而形成的有机宝石品种，故有"大地之魂"之称。

树干上分泌的树脂

琥珀的产地众多，主要有欧洲的波罗的海沿岸国家（波兰、德国、丹麦、乌克兰、俄罗斯等）、缅甸、多米尼加、意大利、黎巴嫩、罗马尼亚、墨西哥、挪威、捷克、美国、加拿大、智利、新西兰和中国等。琥珀多蕴藏于沉积地层、煤系地层、滨海砂矿甚至漂浮于近岸海水上，中国的琥珀主要产自辽宁抚顺的第三纪煤层中。

琥珀的基本特征

琥珀是由多种树脂酸组成的石化有机物，原石具有各种不同的外形，如结核状、瘤状、水滴状等。

琥珀基本特征一览表

化学成分	$C_{10}H_{16}O$，可含少量的硫化氢
结晶状态	非晶质体
颜色	浅黄色、黄色至深棕红色、橙色、红色、白色，偶见绿色
光泽	树脂光泽
透明度	透明到微透明
光性特征	均质体，常见异常消光
折射率	1.54
相对密度	1.08
摩氏硬度	2~2.5
紫外荧光	弱至强，黄绿色至橙黄色、白色、蓝白色或蓝色

琥珀的品种

琥珀按产出状态可分为海珀和矿珀。海珀是指漂浮于海面或被冲入海滨中的琥珀，多产于波罗的海沿岸国家；矿珀是指产于地层或煤层中的琥珀，如缅甸琥珀和多米尼加琥珀。

按照国家标准，琥珀的主要品种有血珀、金珀、蜜蜡、绿珀、蓝珀、虫珀及植物珀。

◆ 血珀

血珀是棕红色至红色透明的琥珀。

血珀

◆ 金珀

黄色至金黄色透明的琥珀称为金珀。

◆ 蜜蜡

半透明至不透明，呈金黄色、棕黄色、浅黄色等各种颜色，蜡状至玻璃光泽的琥珀称为蜜蜡。

◆ 绿珀

绿珀是指浅绿色至绿色透明的琥珀，较稀少，多产于意大利西西里岛。

绿珀

金珀

蜜蜡

◆ 蓝珀

蓝珀在透射光下呈黄色、棕黄色、黄绿色和棕红色等体色，反射光下呈现独特的蓝色，紫外光下蓝色可更加明显。蓝珀主要产于多米尼加和意大利。

蓝珀

虫珀

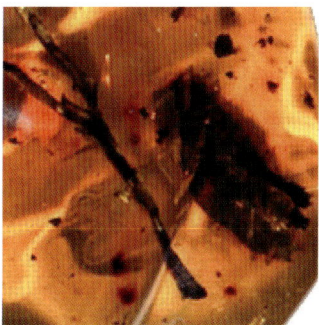

植物珀

◆ 虫珀

内部包裹有昆虫（如蜜蜂、蚊子、苍蝇等）或其他生物的琥珀称为虫珀。

◆ 植物珀

植物珀是包含有植物碎屑（如花、叶、根、茎、种子等）的琥珀。

琥珀的经验鉴定

琥珀的颜色较为特征，呈浅黄色、蜜黄色、黄色至深褐色、橙色、红色、绿色、蓝色、白色等，可因氧化而表面颜色变暗，树脂光泽。除了蜜蜡为微透明至不透明外，其他品种的琥珀透明度相对较高，可为透明至半透明。

琥珀相对密度较低，在饱和食盐水中可以悬浮；琥珀硬度较低，导热性差，接触时有温感，摩擦后能吸附纸片，松柏科树脂形成的琥珀还会发出芬芳的松香味。

另外，琥珀中常含有植物碎屑、动物、气液包裹体、杂质、漩涡纹等。

再造与优化、处理琥珀的鉴别

由于优质琥珀产量稀少，为提高琥珀的质量或利用价值，市场上出现了再造琥珀以及多种优化处理琥珀。目前常见的琥珀优化处理方法有热处理、加温加压处理、烤色处理、染色处理、覆膜处理、压固处理、充填处理等。

◆ 再造琥珀

再造琥珀是将无法利用的小块天然琥珀在一定温度和压力下烧结形成的较大块琥珀。

再造琥珀一般为橙色或橙黄色，具有粒状结构；正交偏光镜下可见斑状消光；短波紫外光下可见不同部位荧光不同；在抛光面上可见因硬度不同而形成的凹凸不平的表面；放大观察可见内部含有定向排列的拉长气泡和明显的流动构造或搅动构造。

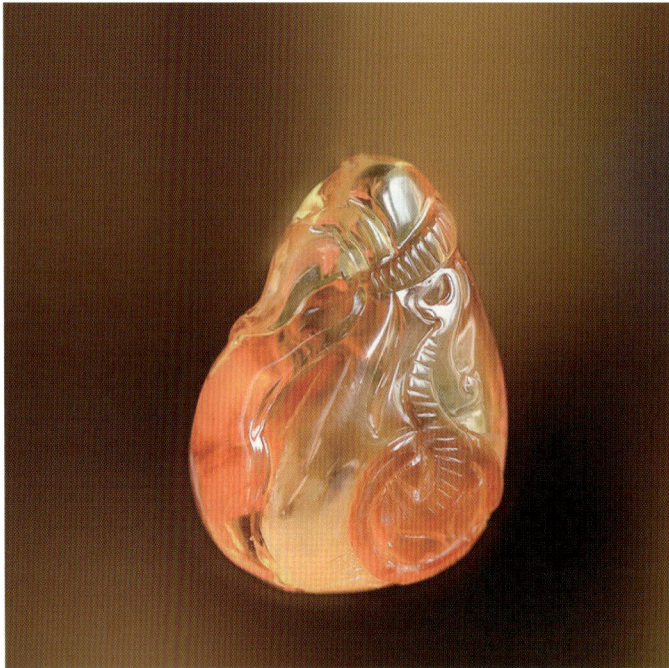

再造琥珀

◆ 热处理

对琥珀进行热处理，可使云雾状的琥珀透明度增加，同时在一定程度上改变琥珀的颜色，加热过程中其内部会产生片状炸裂纹，通常称为"太阳光芒"。国家标准中将热处理作为一种优化手段，证书中通常不注明。

热处理琥珀

◆ 加温加压处理

对琥珀进行加温加压处理，既可使颜色发生变化，改变为绿色或其他稀少的颜色，也可改善净度，提高琥珀的透明度，属于优化范畴。

加温加压处理琥珀

◆ 烤色处理

烤色处理是人工模拟大自然的自然氧化过程，使琥珀表面颜色变红，是仿老化琥珀的方法，属于优化范畴。

◆ 染色处理

染色处理是将琥珀染成棕红色、绿色或其他颜色的处理方法，放大观察可见染料沿琥珀裂隙分布。

烤色处理琥珀

◆ 覆膜处理

在琥珀表面可覆无色或有色膜，覆无色膜可以增强琥珀表面光泽和耐磨性，覆有色膜可同时改善琥珀的颜色。

覆膜琥珀放大观察可见表面颜色层浅，无过渡色；薄膜有时会成片脱落；红外光谱可测试出膜的成分。

覆膜处理琥珀

◆ 压固处理

琥珀在形成过程中可能会分层，可经过加温压固处理将此类琥珀原石变得致密。经压固处理的琥珀放大检查可见明显的分界线及流动状红褐色纹，多保留有原始表皮及空洞，可与碎块熔结的再造琥珀相区别。

压固处理琥珀

◆ 充填处理

充填处理常用于裂隙较多的琥珀，可提高其净度及耐久性。放大检查可见充填物多呈下凹状，并伴有填充过程中残留的气泡。

琥珀仿制品的鉴别

目前市场上琥珀的仿制品多种多样，常见的品种有松香、柯巴树脂、塑料等。

◆ 松香

松香是一种未经地质作用的树脂。淡黄色，不透明，有芳香味，相对密度与琥珀接近，硬度较小，用手可捏成粉末，近表面有油滴状气泡，导热性差，短波紫外光下呈强的黄绿色荧光。

松香

◆ 柯巴树脂

柯巴树脂与琥珀非常相似，但是地质年代较短，手摸有黏性，脆性大。在短波紫外光下，柯巴树脂发白色荧光，比天然琥珀明亮。另外柯巴树脂的红外光谱与琥珀有较大的差异。

柯巴树脂

◆ 塑料

塑料类主要有酚醛树脂、酪蛋白塑料、赛璐珞、有机玻璃、聚苯乙烯等材料。早期塑料中含有明显的流动构造，近期的塑料从颜色到太阳花都能仿制天然琥珀，可用饱和食盐水区分塑料和琥珀，大部分塑料都在饱和食盐水中下沉，天然琥珀则为漂浮或悬浮。另外，用小刀切时，塑料会成片剥落而琥珀会崩口。

塑料仿琥珀

琥珀的评价

评价琥珀的因素主要包括颜色、透明度、包裹体、块度等方面，对于琥珀成品，还要评价琥珀的雕刻与加工工艺水平。

◆ 颜色

琥珀的颜色要求浓郁纯正，通常透明的血珀、绿珀和蓝珀价值最高。蓝珀可依照蓝色荧光的浓郁程度分为多个等级，其中多米尼加产出的蓝珀荧光强，质地好，市场价值较高。

◆ 透明度

透明琥珀要求越透明越好，如金珀和血珀；而蜜蜡则以半透明、质地温润、花纹美观者为佳。

◆ 包裹体

琥珀的珍贵不仅仅在于出众的颜色和较高的净度，更在于其内部的动植物包裹体。作为几千万年时光的见证者，琥珀中包含的生物均远远早于人类的出现，具有重要的观赏和研究价值。

琥珀内部的动物或植物包裹体的完整程度、清晰程度、形态大小和数量决定了琥珀的价值高低，若含有稀有或已灭绝的动植物品种，则该琥珀的价值更高。

除虫珀和植物珀外，其他琥珀品种的包裹体应越少越好，以纯净者为佳。

◆ 块度

具有一定体积和块度的琥珀方能加工成饰品，故而琥珀的块度越大，其价值越高。

◆ 雕刻与加工工艺

琥珀通常被加工成珠串、戒面、手镯、雕件、手把件等。琥珀成品的评价还需要综合评定其设计题材、雕刻工艺及加工水平的优劣。

雕琢饰品，要依据原料形状和材质进行设计，要求题材新颖，造型美观，抛光良好；戒面及珠类饰品，要求琢磨精致，形状规则完整，表面光滑，无裂纹。

琥珀手镯

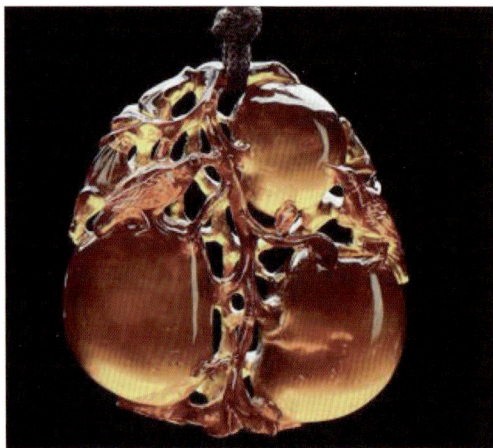
琥珀挂件

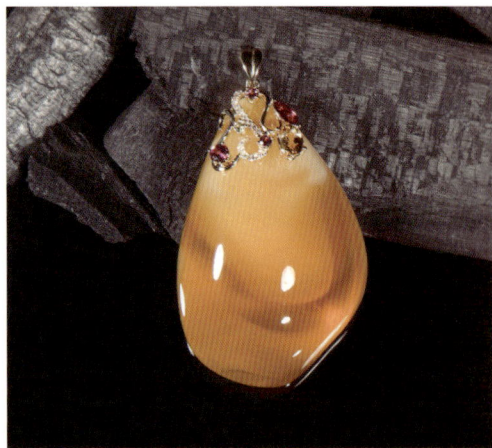
琥珀挂件

琥珀的选购

琥珀制品种类和样式繁多，消费者可按照自身喜好选购适宜的琥珀饰品。

◆ 珠串琥珀可与多种珠宝玉石搭配

市场上常可以见到与绿松石、象牙、南红玛瑙、珊瑚、珍珠、青金石、和田玉及翡翠一起搭配的琥珀珠串饰品，这些饰品蕴含着丰富的民俗色彩和宗教文化内涵，是当下非常流行的琥珀首饰品种，消费者可根据自身审美和需求进行随意搭配。

琥珀戒指

◆ 正确评价琥珀镶嵌首饰

绝大多数琥珀镶嵌首饰为吊坠、耳坠、戒指、项链等，选购时要考虑琥珀的大小和质量、贵金属的材质、设计款式以及镶嵌工艺等。对于多颗琥珀组成的首饰，如手链、耳环、珠串等，则要考虑琥珀颜色与形状之间的协调性，使首饰整体和谐一致。

◆ 要求商家出具鉴定证书

目前市场上存在着很多经过优化处理的琥珀、再造琥珀甚至琥珀仿制品，即使是经验丰富的人仅凭肉眼也很难辨别，因此普通消费者一定要谨慎，购买时应要求商家出具权威的鉴定证书，以防止上当受骗。

【小贴士】琥珀属于有机宝石，不宜接触挥发性和腐蚀性强的物质。

由于琥珀的熔点较低，不耐高温，应避免长时间受到暴晒，不宜放在高温、干燥的地方，否则容易脱水，从而产生裂纹。

琥珀硬度较低，应单独存放，避免摩擦受损。

海洋精灵

Tridacnidae

砗磲

砗磲——海洋中最大的双壳贝类，其外壳质地洁白细腻，润泽如玉。宋代沈括在《梦溪笔谈·谬误》中写道："海物有车渠，蛤属也，大者如其，背有渠垄如甘壳，故以为器，致如白玉，生南海。"砗磲，最早名为车渠，由于外壳坚硬如石，故又称砗磲，最大个体壳长可达 1.3 米。车渠的本义是指古代车子的轮子对地面长期碾压所形成的一道一道的凹槽，由于形似，故以之代称砗磲贝。

砗磲是软体动物门瓣鳃纲砗磲科生物的统称，广泛分布于热带珊瑚礁海域，也分布于太平洋、印度洋海域，特别是在印尼、马来西亚、缅甸、菲律宾等热带海域分布较多，我国海南省及南海诸岛也有分布。

活体砗磲贝

砗磲的基本特征

砗磲是有机宝石的一种，取自砗磲贝的外壳，非均质集合体，组成成分包括有机矿物与无机矿物，矿物成分以文石为主。

【小贴士】砗磲硬度较低，尽量避免长期在容易磨损的环境中佩戴，存放时注意避免被其他硬物划伤。

砗磲贝壳

砗磲基本特征一览表

化学成分	碳酸钙、壳蛋白质、水，并含部分微量元素和 10 多种氨基酸
结晶状态	无机成分：晶质集合体　　　有机成分：非晶质体
颜色	白色、淡黄色
光泽	珍珠光泽、油脂 - 蜡状光泽
透明度	半透明至不透明
光性特征	非均质集合体
折射率	1.53~1.62
相对密度	2.7~3.0
摩氏硬度	2.5~4
紫外荧光	弱至中等，蓝白色

砗磲的分类

砗磲的生物种属划分比较明确，但目前珠宝界对于砗磲的分类并无严格标准，根据颜色、透明度和质地等特征，市场上砗磲大致分为普通砗磲和玉化砗磲。

◆ 普通砗磲

纯白色、牙白色、淡黄色，微透明，部分靠近表面有一层美丽的晕彩，如漂浮的月光一般。南沙群岛出产的砗磲多具有黄白相间的条纹，市场上称其为"金丝砗磲"。

砗磲手串

"金丝砗磲"珠串

砗磲贝摆件

玉化砗磲手镯

◆ 玉化砗磲

玉化砗磲形成时间较长，需要几百年甚至上千年，在砗磲活体自然死亡之后形成，矿化程度高，透明度比普通砗磲高，质地致密，外观与白玉非常类似，深受消费者喜爱。

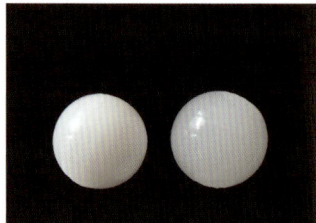

普通砗磲（左）与玉化砗磲（右）对比

砗磲的鉴别

◆ 砗磲的经验鉴定

完整的砗磲壳很厚，上下两壳大小、形状相同，均为三角形，较为规则。壳顶弯曲，略呈波浪形。壳表面十分粗糙，具有放射肋，生长轮脉较为明显。

白色是砗磲作为宝石的一个重要的特征，砗磲的白色干净，但是不呆板，光泽柔和。

砗磲是贝壳的一种，具有平行层状生长结构，在成品上表现为大致平行的条带，条带间透明度有所差异。

仔细观察，有的砗磲上会有虫孔或者裂纹。

透射光下观察砗磲的结构

◆ 砗磲与相似宝石的鉴别

与砗磲相似的宝玉石主要是月光石和白玉，可根据其特征的宝石学性质进行鉴别。

◆ 砗磲与月光石的鉴别

月光石与砗磲都可出现月光效应，皆因层状结构所致，但砗磲的晕彩只有白色，而月光石则可以出现蓝色的晕彩。月光石是单晶体，透明度较高，偏光镜下出现消光现象，且内部有解理纹，可出现"蜈蚣状"包裹体及其他矿物包裹体等；砗磲是非均质集合体，偏光镜下无消光现象，无解理。

砗磲的晕彩

月光石的晕彩

◆ 砗磲与白玉的鉴别

砗磲内部为层状结构，有平行条带，而白玉是软玉，具有毛毡状结构。二者硬度相差较大，砗磲主要无机成分是文石，摩氏硬度在3左右，脆性较大，而和田玉的主要矿物成分是透闪石、阳起石，摩氏硬度约为6，较耐磨损，韧性强，化学性质稳定。

◆ 砗磲与仿制品的鉴别

砗磲的仿制品主要是海螺及玻璃、塑料制品。

最常用于模仿砗磲的是马蹄螺等海螺，常染成黄色，并以"金丝砗磲"或"黄金砗磲"之名出售，其上常出现卷曲的螺纹或"太极图"样的图案，但由于结构致密程度不同，黄色常集中于某些结构较疏松的生长层处，形成黄白相间的效果，在酒精或酸中会掉色。

玻璃、塑料制品触感较温，可能出现铸模痕，内部有不同于砗磲纹理的流动构造及气泡等，塑料制品密度较小，可掂重区分。

砗磲仿制品

砗磲的收藏与评价

砗磲的质量评价因素主要包括质地、颜色、瑕疵、块度几个方面，如果是雕刻品，雕刻工艺也是影响其价值的一个重要因素。

【小贴士】砗磲主要成分是碳酸钙，遇酸反应强烈，会严重损坏首饰。

质地	砗磲的生长时长会影响其致密程度，质地越均匀细密者，产量越稀少，价值也越高。玉化砗磲的市场价格要比普通砗磲高很多
颜色	白色干净细腻，无杂色，晕彩不发灰，光泽柔和淡雅者为上
瑕疵	影响砗磲的主要瑕疵是虫孔和裂纹
块度	与其他宝玉石一样，其他评价因素相同的情况下，块度越大的砗磲价值越高
雕工	有雕工的砗磲，除了原料本身的价值，雕刻工艺的价值也应该在综合考虑的因素之内

砗磲的选购

砗磲自古以来被视为珍宝。据史料记载，在商、周时期就有人将砗磲作为珍宝献给统治者。清代《会典》规定：二品官员上朝时佩戴的朝珠和六品官员的顶子均为砗磲。《本草纲目》中记载，砗磲有镇心、降压、凉血、安神、治疗疱疮、咽喉肿痛的功效。

现代的砗磲首饰一般加工成圆珠或者作雕刻用，包括可用于佩戴的小型雕件和用作装饰的大型摆件。圆珠常穿成 27 粒或 108 粒佛珠，作为手串或者项链佩戴。也可按照个人喜好搭配不同颜色的其他宝石珠子，好看又个性。

选购珠串时，应注意从匹配性、雕工以及有无瑕疵等多方面来考量。首先，要考量珠串中砗磲的大小、品质是否一致，切磨形状是否标准，整体是否一致；其次，要仔细观察珠串中是否有虫孔和裂纹，可能的情况下打光检查。

砗磲珠串

砗磲摆件

宝石贵族

Ivory

象牙

"金为富，牙为贵。"象牙使用历史悠久，自古就是王公贵族才有机会接触的珍宝。

象牙的英文名称是Ivory。象牙洁白温润，质地细腻坚韧，是一种非常适合雕刻的材料。牙雕可以做到细如毫发，巧夺天工，无数能工巧匠穷尽一生，把牙雕绝技发挥到极

潘楚钜大师制作的《孔雀大牙船》

致，创造出一件又一件让世人叹为观止的艺术品。在各类出土和传世的文物中可见象牙篦、象牙扇等稀世珍品。象牙雕刻于 2006 年入选第一批国家级非物质文化遗产。

象牙的基本特征

象牙指的是大象的獠牙，整牙呈弧形弯曲角状，长度为 1.5~2.0 米，几乎一半是中空的，即"罐口"。同一根象牙横截面从牙根到牙尖逐渐变小，横截面上从中心至外表面具有分层结构。

象牙是有机宝石的一种，化学成分包括无机部分及有机部分，无机组成主要是羟基磷灰石，有机组成主要是骨胶原和少量脂类物，骨胶原中包括多种氨基酸。

象牙基本特征一览表

化学成分	羟基磷灰石、骨胶原和少量脂类物	
结晶状态	无机成分：晶质集合体	有机成分：非晶质体
颜色	白色，奶白色，淡黄色	
光泽	油脂光泽，蜡状光泽	
透明度	半透明至不透明	
光性特征	非均质集合体	
折射率	1.53~1.54	
相对密度	1.70~2.00	
摩氏硬度	2~3	
紫外荧光	弱至强蓝白色至紫蓝色荧光	

象牙的分类

现代象牙主要有非洲象牙与亚洲象牙两种。

非洲象牙，以白色为主，罕见绿色，质地更为细腻，主要分布于科特迪瓦、坦桑尼亚、塞内加尔、埃塞俄比亚等地。

亚洲象牙质地较疏松柔软，容易变黄，极少数珍品呈淡玫瑰白色，主要产于斯里兰卡、泰国、印度、巴基斯坦、马来西亚、缅甸、越南和中国云南等地。

经验鉴定

整牙长度可达一米以上，重量有几十甚至上百公斤。

象牙颜色常为牙白色，质地细腻油润，常做成各种带雕工的牌子、挂件、把件、象牙球，或者是素的平安扣（又称"面包圈"）等造型。

通常象牙制品表面会有独特的纹理，在垂直牙体的生长方向有"勒兹纹"，又称"旋转引擎纹"，状似旋转的网格线；在沿着牙体生长方向，有波状平行纹理线。在牙体中线部位可能带有深色的牙心。

象牙的"勒兹纹"

象牙与相似宝石及仿制品的鉴别

象牙产量历来稀少，随着相关法令的出台，市场上象牙的数量更是越来越少，于是一些相似品就在市场上出现了。

◆ 与猛犸象牙的鉴别

猛犸象生活在距今一万多年以前的冰河时期，跟现代大象同宗同源，其牙质也十分相似，但是猛犸象牙年代久远，多从冰层或冻土层里挖掘出来，质优者也是一种优质的珠宝首饰材料，其质地与现代象牙的质地有所不同。

就整牙而言，猛犸象牙比大象象牙更为卷曲。猛犸象牙有厚厚一层深色的牙皮，而象牙没有。相比猛犸象牙，现代象牙的质地更加温润，但优质的猛犸象牙质地通常也很细腻润泽，二者最大的区别在于"勒兹纹"夹角的不同，现代象牙横截面上勒兹纹以大于 115° 或小于 65° 角相交成的菱形图案，而猛犸象牙勒兹纹夹角约为 90° 或小于90°。

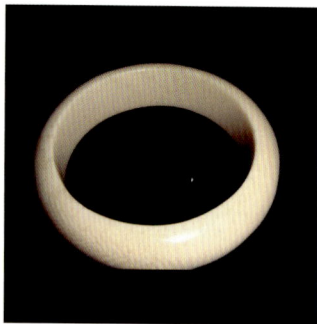

象牙手镯

猛犸象牙手镯

横截面"勒兹纹"的不同角度夹角

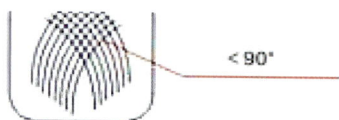

猛犸象牙

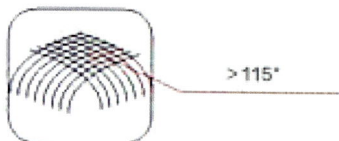

现代象牙

牛骨横截面

◆ 与骨制品的鉴别

动物骨骼具有空心管状结构，在骨制品的横截面上可以看到圆形或者椭圆形的骨眼，而不是"勒兹纹"，在纵截面上表现为线条状，若有污垢渗入管中，骨眼会更加明显。骨骼的摩氏硬度约 2.73，比象牙稍大。

◆ 与棕榈坚果的鉴别

棕榈坚果有一个大家更为熟悉的名称——"象牙果"，或者称"植物象牙"，其内部颜色、质地、光泽与象牙相似，甚至折射率和荧光特征都与象牙相似，常见的品种有杜姆棕榈坚果和埃及棕榈坚果。象牙棕榈坚果横切面上有蜂巢状或密集分布的繁星状结构，纵切面上呈平行粗直线或断续波纹线状，且相对密度比象牙低，为 1.36~1.43。

"象牙果"

◆ 与塑料仿制品的鉴别

最廉价的象牙仿制品是塑料，所以市场上不乏鱼目混珠充当象牙出售的塑料制品。模仿效果最好的塑料仿制品是赛璐珞，也可以做出平行纹理线，甚至是旋转的线条，但是其纹理样式终究与天然的象牙不同。

象牙外观呈油脂光泽或蜡状光泽，"勒兹纹"自然、细密，交叉的网格线是连续不断的，各个方向的纹理过渡自然，常有雕刻痕迹。塑料仿制品是压制而成，常呈树脂光泽，纹理线稀疏、不均匀、平直生硬或者过渡不自然，网格状纹理线细看之下是不连续的，有流动的感觉，部分有"雕工"的制品可以见到铸模痕。赛璐珞折射率比象牙稍低，为 1.50 左右。

象牙仿制品

优化、处理象牙的鉴别

象牙的优化处理主要有漂白、浸蜡和染色几种方法。

◆ 漂白

漂白可以使陈旧发黄的象牙或本身带有黄色的象牙褪色，外观更白净，处理效果稳定，不易检测，但是光泽可能变差，出现发干的现象。

◆ 浸蜡

象牙表面浸蜡可以增强光泽，改善外观，减慢氧化变黄的速度。浸蜡象牙表面可见蜡感，不易检测。

◆ 染色

用某些试剂或材料染色，可以使象牙达到一定艺术效果，也称"上彩"，或产生古象牙的外观。染色象牙可以染成多种颜色，放大检查可见颜色沿结构纹理、裂隙处浓集或者出现色斑。

河南省博物馆展出的象牙白菜

象牙的评价

象牙的品质评价以颜色、质地、透明度、块度、重量与加工工艺为依据。

◆ 颜色

绝大多数象牙以白色、奶白色、瓷白色为主，呈绿色或淡玫瑰白色的象牙非常罕见。白色系列的象牙，颜色越白越珍贵，带黄色调者次之。

◆ 质地

结构致密，质地细腻，润度好，纹理线细密者最为珍贵，价值较高。

◆ 透明度

象牙多呈微透明至半透明。优质的象牙制品有柔和美丽的半透明外观，受过热辐射或暴晒的象牙会变得干涩无光。

◆ 块度与重量

在品质相同的条件下，象牙的块度越大，重量越大，价值越高。较大块度雕刻作品通常要求其原料体积足够大且质地致密，不能有严重的裂纹，这也是导致大块度象牙价值较高的原因。

象牙摆件

◆ 加工工艺

象牙韧性很高，非常适合用作雕刻，牙雕艺术是中国传统工艺中的一绝。

加工工艺的优劣也是评价象牙品质的一个重要因素，好的雕工可以使象牙本身的价值得到很大提升。

有的传世牙雕珍品的工艺价值甚至可以超越象牙本身珍贵的材料价值。除了象牙簟（象牙席）、象牙扇，牙雕套球也是体现牙雕工艺价值的一个著名载体。牙雕套球又叫"同心球"、"鬼工球"，取鬼斧神工之意，制作繁复，工艺要求极高，是用整块象牙雕刻而成，球内套球，逐层镂空，每层厚薄均匀，球面刻上精细图案花孔，层层都能转动，套球到清末可做到25或28层，目前已知最多能至60层。

象牙扇

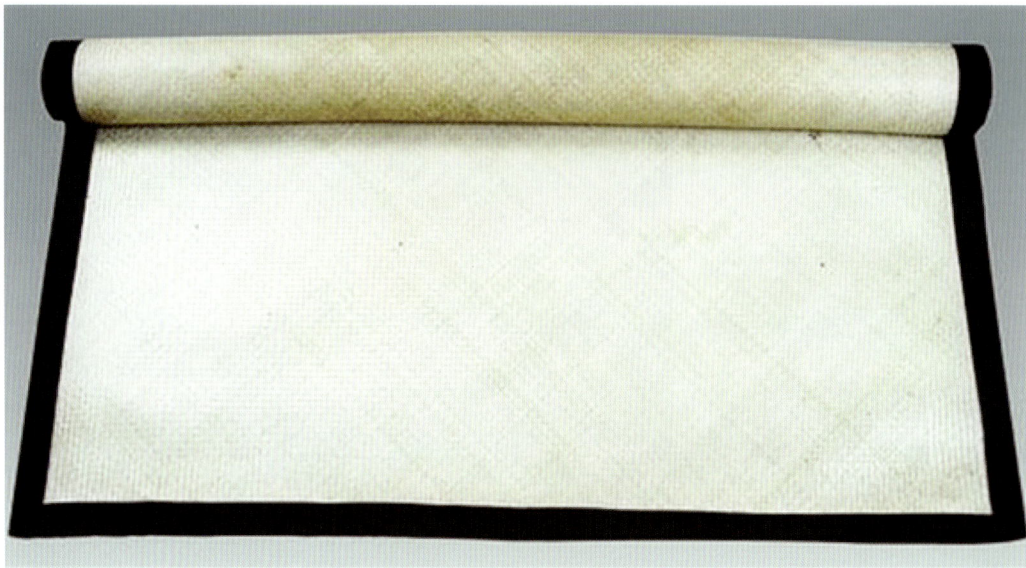

牙雕簟

象牙雕件

象牙套球

【小贴士】象牙遇酸会变软，注意避免与酸接触

象牙要避免干燥和高温、暴晒，干燥的环境可能使象牙产生龟裂纹，高温和暴晒下容易变黄、变脆。

象牙化学性质不稳定，要避免接触香水、化妆品、洗涤剂等，如果使用香水、化妆品应在佩戴象牙首饰之前。

象牙的选购

选购象牙时要注意法律问题。象牙的需求导致非法盗猎大象的现象增加，严重威胁大象种群的生存和繁衍，市场效应使大象濒临灭绝，CITES（《濒危野生动植物种国际贸易公约》）将亚洲象和非洲象列为保护动物。我国严格执行法律法规和国际公约的相关规定，禁止亚洲象和非洲象象牙及其制品的收购、运输、出售和进出口等活动，并依法对相关违法犯罪行为严厉打击。

在国外旅游也请不要购买携带象牙及象牙制品回国，国内销售象牙需要林业局的相关证明，消费者请勿盲目购买，以免承担相关法律责任。喜欢象牙制品的消费者可以购买猛犸象牙饰品作为替代品，也不失为一种明智的选择。

附录 1

珠宝玉石中英文名称对照表

English Name	中文名称	English Name	中文名称
Actinolite	阳起石	Demantoid	翠榴石
Agate	玛瑙	Diamond	钻石
Albite jade	钠长石玉	Diopside	透辉石
Alexandrite	变石	Dioptase	透视石
Alexandrite cat's eye	变石猫眼	Dolomite	白云石
Almandite	铁铝榴石	Dushan jade	独山玉
Amazonite	天河石	Emerald	祖母绿
Amblygonite	磷铝锂石	Enstatite	顽火辉石
Amber	琥珀	Epidote	绿帘石
Amethyst	紫晶	Euclase	蓝柱石
Andalusite	红柱石	Feldspar	长石
Andradite	钙铁榴石	Fluorite	萤石
Apatite	磷灰石	Gadolinium gallium garnet	人造钆镓榴石
Apophyllite	鱼眼石	Garnet	石榴石
Aquamarine	海蓝宝石	Glass	玻璃
Augite	普通辉石	Green quartz	绿水晶
Aventurine quartz	东陵石	Grossularite	钙铝榴石
Axinite	斧石	Hawk's-eye	鹰眼石
Azurite	蓝铜矿	Heliodor	金绿柱石
Barite	重晶石	Hematite	赤铁矿
Benitoite	蓝锥矿	Howlite	羟硅硼钙石
Beryl	绿柱石	Hydrogrossular	水钙铝榴石
Brazilianite	磷铝钠石	Iceland spar	冰洲石
Calcite	方解石	Idocrase	符山石
Carnelian	红玉髓	Iolite	堇青石
Cassiterite	锡石	Ivory	象牙
Celestite	天青石	Jadeite	翡翠
Chalcedony	玉髓	Jet	煤精
Charoite	查罗石	Kornerupine	柱晶石
Chiastolite	空晶石	Kunzite	紫锂辉石
Chicken-blood stone	鸡血石	Kyanite	蓝晶石
Chrysoberyl	金绿宝石	Labradorite	拉长石
Chrysocolla	硅孔雀石	Lapis lazuli	青金石
Olivine	橄榄石	Larderite	寿山石
Citrine	黄晶	Lazulite	天蓝石

English Name	中文名称	English Name	中文名称
Coral	珊瑚	Malachite	孔雀石
Corundum	刚玉	Marble	大理石
Danburite	赛黄晶	Melanite	黑榴石
Datolite	硅硼钙石	Moldavite	玻璃陨石
Moonstone	月光石	Shell	贝壳
Morganite	摩根石	Sillimanite	夕线石
Morion	墨晶	Sinhalite	硼铝镁石
Natural glass	天然玻璃	Smithsonite	菱锌矿
Nephrite	和田玉	Smoky quartz	烟晶
Obsidian	黑曜岩	Sodalite	方钠石
Onyx	缟玛瑙	Spessartite	锰铝榴石
Opal	欧泊	Sphene	榍石
Pearl	珍珠	Sillimanite	夕线石
Peridot	橄榄石	Spinel	尖晶石
Pertrified wood	硅化木	Spodumene	锂辉石
Phenakite	硅铍石	Strontium titanate	人造钛酸锶
Pyrophyllite	叶腊石	Sunstone	日光石
Plastic	塑料	Synthetic cubic zirconia	合成立方氧化锆
Prehnite	葡萄石	Synthetic moissanite	合成碳硅石
Pyrope	镁铝榴石	Synthetic rutile	合成金红石
Pyroxene	辉石	Taaffeite	塔菲石
Qingtian stone	青田石	Talc	滑石
Quartz	石英	Tanzanite	坦桑石
Quartzite	石英岩	tiger's-eye	虎睛石
Rhodonite	菱锰矿	Topaz	托帕石
Rhodonite	蔷薇辉石	Tortoise shell	玳瑁
Crystal	水晶	Tourmaline	碧玺
Rose quartz	芙蓉石	Tsavorite	沙弗莱石
Rubellite	红碧玺	Turquoise	绿松石
Ruby	红宝石	Uvarovite	钙铬榴石
Sapphire	蓝宝石	Yttrium aluminium garnet	人造钇铝榴石
Scapolite	方柱石	Zircon	锆石
Serpentine	蛇纹石	Zoisite	黝帘石

附录 2

国外著名珠宝品牌

中文名称	英文名称	创立时间	创立国家	品牌logo
通灵	TESIRO	1465	比利时	TESIRO 通灵珠宝
麦兰瑞	Mellerio dits Meller	1613	法国	MELLERIO dits MELLER
杰拉德	Garrard	1735	英国	GARRARD
尚美巴黎	CHAUMET	1780	法国	CHAUMET PARIS
梦宝星	MAUBOUSSIN	1827	法国	MAUBOUSSIN
蒂凡尼	Tiffany & Co.	1837	美国纽约	TIFFANY & CO.
蒂爵	DERIER	1837	法国巴黎	DERIER
爱马仕	HERMES	1837	法国巴黎	HERMÈS PARIS
莫内塔	MONETA	1846	比利时	MONETA Unique&Transforever
卡地亚	Cartier	1847	法国巴黎	Cartier
路易·威登	LOUIS VUITTON	1854	法国	LV LOUIS VUITTON
宝诗龙	Boucheron	1858	法国巴黎	B BOUCHERON PARIS
肖邦	Chopard	1860	瑞士	Chopard BOUTIQUE
伯爵	PIAGET	1874	瑞士	PIAGET
伯尔克斯	MAISON BIRKS	1879	加拿大	BIRKS
宝格丽	BVLGARI	1884	意大利	BVLGARI
莱俪	Lalique	1885	法国	LALIQUE
海瑞温斯顿	Harry Winston	1890	美国纽约	HARRY WINSTON Rare Jewels of the World
御木本	MIKIMOTO	1893	日本	MIKIMOTO

中文名称	英文名称	创立时间	创立国家	品牌logo
施华洛世奇	SWAROVSKI	1895	奥地利	
乔治杰生	GEORG Jensen	1904	丹麦	
万宝龙	MONTBLANC	1906	德国	
梵克雅宝	Van Cleef & Arpels	1906	法国巴黎	
布契拉提	Buccellati	1919	意大利	
玳美雅	DAMIANI	1924	意大利	
乌努埃尔	UNOAERRE	1926	意大利	
都彭	s.t.DUPONT	1930	法国巴黎	
香奈儿	CHANEL	1932	法国	
弗雷德	FRED	1936	法国巴黎	
卡纷	CARVEN	1945	法国	
H.史登	H.stern	1945	巴西	
迪奥	DIOR	1946	法国	
丽傲闪钻	LEO DIAMOND	1952	美国	
塔思琦	TASAKI	1954	日本	
格拉夫	Graff	1960	英国	
宝曼兰朵	POMELLATO	1967	意大利	
夏利豪	PHILLIPE CHARRIOL	1983	法国	
蓝色尼罗河	Blue Nile	1999	美国	

附录 3

常见宝石的主要产地

珠宝玉石名称	主要产地
钻石	澳大利亚、扎伊尔、博茨瓦纳、原苏联、南非、刚果、巴西、安哥拉、纳米比亚、印度、加拿大、中国等
祖母绿	哥伦比亚、巴西、赞比亚、津巴布韦、印度、坦桑尼亚、尼日利亚、南非、马达加斯加、奥地利、挪威、澳大利亚、阿富汗、巴基斯坦、俄罗斯、加拿大、中国等
红宝石	阿富汗、巴基斯坦、缅甸、斯里兰卡、泰国、柬埔寨、越南、坦桑尼亚、莫桑比克、马达加斯加、澳大利亚、中国等
蓝宝石	缅甸、印度、斯里兰卡、泰国、越南、柬埔寨、老挝、马达加斯加、澳大利亚、美国、巴西、中国等
金绿宝石	斯里兰卡、俄罗斯、巴西、缅甸、津巴布韦、马达加斯加、美国等
碧玺	美国、巴西、肯尼亚、马达加斯加、意大利、原苏联、缅甸、斯里兰卡、中国等
坦桑石	坦桑尼亚、美国、墨西哥、格陵兰、奥地利、瑞士等
石榴石	肯尼亚、坦桑尼亚、马达加斯加、俄罗斯、缅甸、澳大利亚、泰国、德国、墨西哥、肯尼亚、美国、捷克、斯里兰卡、巴基斯坦、韩国、南非、加拿大、印度、扎伊尔、法国、挪威、巴西、中国等
橄榄石	埃及、印度、巴西、墨西哥、哥伦比亚、阿根廷、智利、巴拉圭、俄罗斯、缅甸、澳大利亚、挪威、美国、中国等
海蓝宝石	巴西、斯里兰卡、印度、巴基斯坦、肯尼亚、美国、缅甸、津巴布韦、坦桑尼亚、阿根廷、挪威、北爱尔兰、尼日利亚、赞比亚、马达加斯加、中国等
水晶	巴西、原苏联、瑞士、墨西哥、马达加斯加、日本、缅甸、危地马拉、美国、加拿大、法国、意大利、澳大利亚、土尔其、印度、中国等
托帕石	巴西、斯里兰卡、美国、缅甸、原苏联、澳大利亚、马达加斯加、中国等
月光石	斯里兰卡、印度、缅甸、坦桑尼亚、巴西、马达加斯加、美国、中国等
尖晶石	缅甸、越南、坦桑尼亚、巴基斯坦、斯里兰卡、肯尼亚、尼日利亚、美国、阿富汗、马达加斯加、中国等
锆石	斯里兰卡、缅甸、法国、挪威、英国、俄罗斯、坦桑尼亚、越南、泰国、中国等
磷灰石	缅甸、斯里兰卡、印度、美国、墨西哥、巴西、加拿大、挪威、前苏联、西班牙、葡萄牙、意大利、德国、马达加斯加、坦桑尼亚、肯尼亚、中国等

珠宝玉石名称	主要产地
堇青石	斯里兰卡、马达加斯加、美国、加拿大、格陵兰、英国、挪威、德国、芬兰、坦桑尼亚、纳米比亚等
锂辉石	巴西、美国、马达加斯加、中国等
和田玉	俄罗斯、加拿大、韩国、新西兰、巴西、波兰、中国等
翡翠	缅甸、危地马拉、日本、俄罗斯、哈萨克斯坦等
绿松石	伊朗、埃及、美国、俄罗斯、中国等
独山玉	中国河南
蛇纹石玉	朝鲜、新西兰、美国、原苏联、中国等
欧泊	澳大利亚、墨西哥、埃塞俄比亚、巴西、美国、洪都拉斯、马达加斯加、新西兰、委内瑞拉等
青金石	阿富汗、原苏联、智利、缅甸、美国等
方钠石	美国、加拿大、俄罗斯、意大利、挪威、德国、玻利维亚等
孔雀石	赞比亚、澳大利亚、津巴布韦、纳米比亚、俄罗斯、扎伊尔、美国、智利等国、中国等
玉髓／玛瑙	世界上大多数国家都有产出，以美国、日本、印度、俄罗斯、巴西、乌拉圭、澳大利亚、斯里兰卡、印度、中国为主
蔷薇辉石	美国、瑞典、俄罗斯、澳大利亚、巴西、中国等
查罗石	俄罗斯
苏纪石	南非、日本等
葡萄石	美国、法国、瑞士、南非等
珍珠	中国、日本、塔希提岛、澳大利亚、印度尼西亚、菲律宾、泰国、缅甸等
琥珀	波兰、德国、丹麦、立陶宛、俄罗斯、多米尼加、罗马尼亚、捷克、意大利、挪威、英国、新西兰、缅甸、黎巴嫩、美国、加拿大、智利、伊朗、阿富汗及中国等
珊瑚	日本、意大利、阿尔及利亚、突尼斯、西班牙、爱尔兰、美国、中国等

续表

附录 4

珠宝玉石商业用语一览表

珠宝玉石名称	商业用语
澳宝	欧泊
澳玉	绿玉髓（澳大利亚）
台湾蓝宝石	蓝玉髓（台湾）
战国红	玛瑙
南红	
天珠	
海洋碧玉	
珊瑚玉	
金丝玉 贵翠 密玉 佘太翠 雨花石 乌石 / 碧玉 / 羊肝石 水沫玉	石英岩玉
雷公墨	天然玻璃
黄金陨石	天然玻璃（利比亚）
莫尔道玻璃	天然玻璃
红纹石	菱锰矿
京粉翠 / 桃花玉	蔷薇辉石
凤凰石	硅孔雀石
白松石	羟硅硼钙石
软水紫晶	萤石
加拿大青金石 / 蓝纹石	方钠石
紫龙晶	查罗石
舒俱莱	苏纪石
催生石 / 天青石 / 金格浪	青金石
海纹石 / 拉利马	针钠钙石
阿富汗玉 / 绿纹石	大理石
水沫子	钠长石玉
丹泉石	坦桑石
珠宝玉石名称	**商业用语**

珠宝玉石名称	商业用语
桂榴石	铁钙铝榴石
贵榴石	铁铝榴石
红榴石／波西米亚红宝石／亚利桑那红宝石	镁铝榴石
芬达石	锰铝榴石
沙弗莱	铬钒钙铝榴石
翠榴石	钙铁榴石
青海翠／不倒翁	水钙铝榴石
紫牙乌	石榴石
绝地武士	红色尖晶石（缅甸）
加州玉	符山石
风信子石	锆石
红绿宝	红刚玉与绿帘石共生
绿龙晶	斜绿泥石
摩根石	粉色绿柱石
帕德玛／帕帕拉恰	粉橙色蓝宝石
帕拉伊巴	霓虹蓝碧玺
太阳石	日光石
土耳其玉	绿松石
亚历山大石	变石
亚马逊石	天河石
南阳玉	独山玉
酒泉玉／信宜玉／鲍文玉／陆川玉／南方玉／威廉玉／台湾玉	蛇纹石玉
幽灵水晶 红兔毛／黄兔毛／绿兔毛／黑兔毛 钛晶 草莓晶	水晶
莫桑石／美神莱／美国钻	碳硅石
水钻／锆石／苏联钻	合成立方氧化锆
星彩石	人造玻璃

附录 5

生 辰 石

月份	生辰石	象征
一月	石榴石	信仰、坚贞、纯朴
二月	紫水晶	诚实、纯真的爱情
三月	海蓝宝石	沉着、勇敢、智慧
四月	钻石	恒久真爱
五月	祖母绿	爱和生命
六月	珍珠、月光石	健康、纯洁、富有、幸福
七月	红宝石	高尚、爱情、仁爱
八月	橄榄石	和平、幸福、安详
九月	蓝宝石	高贵、恬静、纯真
十月	欧泊、碧玺	希望、纯洁、快乐
十一月	托帕石	友谊、忠诚爱情
十二月	坦桑石、绿松石	希望、高贵、成功

附录 6

生 辰 玉

月份	生辰玉	象征
一月	南红	热情、幸福
二月	大同紫玉、舒俱来	浪漫、典雅
三月	台湾蓝宝	沉稳、恬静
四月	和田玉	高洁、仁义
五月	翡翠	高雅、端庄
六月	孔雀石、水草玛瑙	青春、希望
七月	战国红	吉祥、繁盛
八月	岫玉	温婉、儒雅
九月	青金石	威严、庄重
十月	独山玉	坚贞、睿智
十一月	黄龙玉	财富、友谊
十二月	绿松石	幸运、成功

主要参考文献

1. 中华人民共和国国家标准 GB/T 16553–2010，珠宝玉石鉴定.中国标准出版社
2. 中华人民共和国国家标准 GB/T 16552–2010，珠宝玉石名称.中国标准出版社
3. 中华人民共和国国家标准 GB/T 16554–2010，钻石分级.中国标准出版社
4. 中华人民共和国国家标准 GB/T 18781–2008，珍珠分级.中国标准出版社
5. 中华人民共和国国家标准 GB/T 23885–2009，翡翠分级.中国标准出版社
6. 张蓓莉.系统宝石学（第二版）.北京：地质出版社，2006
7. 何雪梅.识宝·鉴宝·藏宝.北京：化学工业出版社，2014
8. 何雪梅，李玮.宝石鉴定实验教程.北京：航空工业出版社，2005
9. 张培莉，［德］Dietmar Schwarz，陆太进.世界主要彩色宝石产地研究.北京：地质出版社，2012
10. 张培莉，王曼君.翡翠品质分级及价值评估.北京：地质出版社，2013
11. 何雪梅，沈才卿.宝石人工合成技术（第二版）.北京：化学工业出版社，2010
12. 陈汴琨.中国人工宝石.北京：地质出版社，2008
13. 吕麟素.宝石鉴定与商贸实务.北京：中国轻工业出版社，1994
14. 奥岩.玉独神光·独山玉雕刻艺术.北京：地质出版社，2010
15. 故宫博物院.卡地亚珍宝艺术.北京：紫禁城出版社，2009
16. 赖荣兴.珊瑚王国——台湾宝石珊瑚产业.台湾宜兰：珊瑚法界博物馆，2006
17. 王月要.璟璘璀璨——王月要珠宝结艺设计作品集.台北：淑馨出版社，2004
18. 国土资源部珠宝玉石首饰管理中心，北京珠宝研究所.珠宝与科技·中国珠宝首饰学术交流会论文集.北京：《中国宝石》杂志社，2013